陈经纶中学阅读课程群建设项目成果

百年经纶再扬帆丛书

丛书主编　李晓东　张德庆

走进
阅读课程与阅读教学现场

语文课堂教学实践成果

ZOUJIN YUEDU KECHENG YU
YUEDU JIAOXUE XIANCHANG

冯淑娟　主编

中国出版集团　现代出版社

图书在版编目（CIP）数据

走进阅读课程与阅读教学现场：语文课堂教学实践
成果/冯淑娟主编．—北京：现代出版社，2021.3
　ISBN 978-7-5143-9186-2

　Ⅰ．①走… Ⅱ．①冯… Ⅲ．①阅读课—课堂教学—教
学研究—中学 Ⅳ．①G633.332

中国版本图书馆CIP数据核字（2021）第067510号

走进阅读课程与阅读教学现场：语文课堂教学实践成果

作　　者	冯淑娟
责任编辑	杨学庆
出版发行	现代出版社
地　　址	北京市安定门外安华里504号
邮政编码	100011
电　　话	010-64267325 64245264（传真）
网　　址	www.1980xd.com
电子邮箱	xiandai@cnpitc.com.cn
印　　刷	昌昊伟业（天津）文化传媒有限公司
开　　本	787mm×1092mm　16开
印　　张	20
字　　数	350千字
版　　次	2021年9月第1版，2021年9月第1次印刷
书　　号	ISBN 978-7-5143-9186-2
定　　价	78.00元

目　录

导　　论

　　2016年9月，中国学生发展核心素养总体框架正式颁布，它以培养"全面发展的人"为核心，从文化基础、自主发展、社会参与三个方面，凝练出人文底蕴、科学精神、学会学习、健康生活、责任担当、实践创新六大素养。核心素养总体框架的发布，引发了社会的高度重视，成为中小学教育教学的主题词。我们从理论与实践相结合的角度做出系统回应，结合初中和小学的学段特点，把语文学科素养有机融入学科教学实践之中，运用语文课程丰富的人文内涵去感染和影响学生的精神世界，渗透社会主义核心价值观的教育，同时落实立德树人的根本任务。

　　阅读教学在语文教学中占有重要的位置。我们在研究和实践中，努力实现阅读教学价值的最大化，发挥阅读教学在形成学生语言素养过程中的重要作用。阅读是一切形式的个体学习和智力发展的基础，它关系到一个学生学习质量的高低和个人素养的形成。国际阅读素养进展研究认为，"阅读素养是学生从小学就应该掌握的最重要的能力"。基于以上的研究背景，陈经纶中学在课程上进行积极变革，定位"全人教育"思想进行阅读课程建设，回归语文教育的本质，为学生阅读提供丰富的课程选择，摸索适合学生阅读的方法，让学生在阅读中提高语文能力，发展学生的语文素养。

　　在阅读课程建设的过程中，我们首先将学生置于课程建设的核心地位，思考学生需要什么样的阅读课程，为学生选择适合阅读的书目，设计阅读课程结构，丰富学生的阅读体验。阅读课程建设我们还关注了学生的生活，关注社会大课堂资源的开发。学校阅读课程的建设过程，充分体现出师生在一定情境中展开文化探索的动态生成过程。为了让学生在课程学习中可持续发展，阅读课程还为他们提供了选择，促进学生在课程学习中提高学习兴趣，促进兴趣聚焦和潜能的匹配。我们以语文阅读为载体，将阅读的内容拓展，实现跨学科阅读和全科阅读。学生在阅读课程的学习中，将自身的成长与科技发展、社会需求、创新能力紧密结合起来，因此我们以多样性的阅读推进学生个性化知识的构成，立足于学生的阅读兴趣，进行潜质的开发，以及阅读素养的培养。

阅读课程的建设离不开阅读教学，在阅读教学设计上，我们从语文素养的角度出发，思考学生要达到的学习目标；为了衡量学生素养达成的情况，我们精心设计任务情境，引发学生言语实践行为；从学生留下什么样的学习成果与言语实践记录出发，判断学生是否已经达到了这一目标；从教师引导的角度思考学生活动的开放性与规定性的关系，同时思考文章拓展资源有哪些能支配和配合学生的学习活动，还需要补充哪些资源。如何从课程的角度出发去落实阅读教学课堂，我们有意识地通过整合去联系文章，关联知识，促进学生对上面问题的认识，更重要的是实现知识的运用，用已学到的知识来解决以前没有遇到过的问题。

我们思考课堂空间与时间发生的变化，立足于素养，通过必要的精简、补充、调整、组合，有利于学情和学科认知建构于发展的方式，教学时间也超过了40分钟的课堂，走向课内外的整合化实施。例如：以"1+X"的方式引入更多的阅读资源，调动学生采取多种阅读策略和方法，打通课堂内外，将学生自己可以学会的知识和记忆的知识内容，以及一些阅读任务放到课外，回到课堂后运用阅读解决新问题。基于"语用"观的思想，我们通过实践与研究发现，教学目标是通过阅读、写作、口语交际、综合性学习活动提升学生的语文综合素养。这个目标是由具体的教学行为，即通过一节一节语文课来推进的。这一目标由教师根据课程标准、教材特点、学生能力差异和兴趣设定，根据学生在具体的课程学习中及时调整。我们会在阅读课程建设和语文教学改革的道路上不断实践与探索，重视对学生人文素养的培养，重视语文课程的文化功能和育人功能。

书中提供的许多案例，对于阅读教学研究从经验型转向实证型，对于教学从知识为本转向核心素养为本，都具有既有理论高度，又有实操性的借鉴意义。特别值得一提的是，本书的第一章是从阅读课程角度进行阐述的，从课程角度讲，我们强调知识与人的具体关系，努力从学生的经验、生活、兴趣、爱好和个性出发，去选择、加深、拓宽课程资源和教学内容。使知识走进学生心灵。从学生角度讲，我们尊重学生的自主性和探索性，释放学生的心智、思维，激发学生的能动性、创造性，从而变认知的困苦为求索的乐趣，变学习的负累为生命的享受。本书的第二章到第四章内容分别从单篇阅读、群文阅读和整本书阅读角度进行教学实践与理论探索，在教学研究中，定位"立德树人"思想确定教学设计方向，基于课程意识和学科本质设计教学内容，基于学生主体设计教学活动。在教学中建立让学生的潜能得以充分发挥出来的教学文化和教学方式，通过这种方式，我们致力于打造一种新型的课堂文化，让学生的人格在学习过程中得到充分的尊重，让学生的思维得到充分的展开，让学生的自信得到充分的培养。

　　学校，是教会每个生命个体追求幸福的地方，正如德国著名文学家赫尔曼·黑塞的诗句所写："人生的义务，并无其他，仅有的义务就是幸福，我们都是为幸福而来。"学生作为生命的个体，具有不可复制性，在教学中，我们既要为他们创造幸福的未来，更要让学生享受幸福的当下。

第一章　以读促写　以文育人

——陈经纶中学本部初中阅读课程研究报告

　　"以读促写，以文育人"系列课程，是从阅读和写作的角度，让学生参与到阅读中来，在阅读中收获阅读体验，积累写作方法。通过一系列阅读课程的学习，提升学生个人文化素养，以此涵养学生独特的文化情怀，帮助学生"扩大阅读面，增加阅读量，形成较丰富的积累"。让阅读成就每一个学生的心灵成长，让每一个生命经历完整的精神发育。阅读课程建设，让学生在阅读体验中感受母语的魅力，丰富阅读方式，建立读写联系。在文学、文本和文化的阅读中，掌握阅读方法，享受阅读过程，进而提高学生的写作能力。基于阅读的重要意义，根据陈经纶集团"全人教育"思想对阅读课程进行开发与建设。在建设中我们将"育人"作为阅读课程建设的逻辑起点，以发展学生个性、注重阅读体验为目的，建设具有"素养底色"和"人文内涵"阅读课程，让学生走进丰富而有效的阅读世界。

一、阅读课程建设背景

（一）国际和国内背景

　　国际阅读素养进展研究认为，阅读是阅读者在阅读过程中积极建构意义、了解有效的阅读策略并反思所读的内容，因此阅读素养是阅读者理解和运用社会需要的有价值的书面语言的能力。这里的"阅读素养"提到了有价值的书面语言能力，而书面语言能力的培养是与一个人的阅读分不开的。基于此，学校阅读课程建设对于培养学生写作兴趣的意义也是显而易见的。

　　2009年上海市中学生首度参加PISA（国际学生评估项目）测试，取得了全球第一的佳绩。该年测试是以阅读为主测项目，科学和数学为监测项目。测试结果一经公布，立刻引发了我国语文教育界的普遍关注和热议。然而细心分析测试结果，虽然上海学生在基础认知方式各方面分量表上的平均成绩位居第一，学生比较擅长阅读小说等"连续性文本"，但在访问和检索"非连续性文本"，诸如通过阅读数据、表格、清单和凭证单、使用说明、地图、图示等文本元素进行说明和论证等，所暴露出的缺陷与问题，足以引起整个语文界的深省——记忆背诵的传统学习方式已经落伍了。如何在语文教学中培养学生捕获信息、解决实际问题的能力，是我们需要认真对待的问题。而且我们必须清醒地认识到在教学领域里表现出来的许多问题，往往不是简单的教学问题，恰恰是范围更大的课程问题。

我国现行的《义务教育语文课程标准》（2011年版），在第四学段阅读要求中增加了"非连续文本"的概念。学生无法从课程这一教学活动源头汲取丰富的语文学科知识，也难以在自然学习状态下发觉、掌握高级语文规则，进而无法在真实的生活中自发地创生出面对此类文本所应具备的阅读与写作技能。

新高考尤其注重学生的母语素养，近年来加强了对阅读能力的考查。各学科试卷的阅读量增大，不仅表现在文科、数学、理综亦是如此。如：理综的生物学科，以坐标图呈现实验结果，将科研论文转化为素材，让学生从全新的素材和结果中提取并加工信息，再进行思考或推理。阅读需要广度与深度相结合，需要读写一体。基于以上背景，语文阅读教学必须要开阔学生的视野，注重系统地、研究性地阅读，培养批判性思维、创新发散思维。还要注重学生的母语素养和阅读能力的培养。阅读教学应该力求做到读写一体，才会更好地积累阅读体验，培养学生的思辨性，提高学生表达的逻辑性。

"以读促写　以文育人"阅读课程建设，围绕学校提出的"全人教育"思想，让阅读为学生铺展广阔的智力背景，为学生的生命成长奠基。通过阅读课程的建设，让课外阅读成为阅读教学的重要部分，激发学生的阅读兴趣，培养学生的语文能力，提高学生理解能力和表达能力。"以读促写"强化对阅读能力的习得，让学习者在广泛的阅读中获得更加丰富的新经验，进而系统地，在不断模仿与写作练习中建立阅读与写作的联系。《义务教育语文课程标准》（2011年版）对"课程性质"做了如下的定位：语文是最重要交际工具，是人类文化的重要组成部分，是工具性和人文性的统一。"人文性"着眼于学生思想感情的熏陶感染。

（二）与学校课程的关系

学校课程建设包含四个课程群：阅读课程群、计算课程群、实践与研究课程群、哲学课程群。"以读促写　以文育人"阅读课程的建设与学校的阅读课程群建设相呼应，是学校阅读课程群建设的一部分，以语文阅读为基础，结合写作能力的培养，以文本阅读、文学阅读和文化阅读为内容，贯通读写通道。因此"以文育人"中的"文"是文章之"文"，文学之"文"，也是文化之"文"。在课程的实施中，我们培养的是个性之人、主体之人、真实之人。在读写之间感受语言文字之美，进而感受、体验人的精神之美，追求美好的理想，追求人与人之间的和谐，在人生的黄金阶段，赋予学生生命最基本的亮色。

二、阅读课程建设目标

（一）课程育人目标

阅读课程定位"素养"和"人文"两个关键词，确定阅读课程思想是"以人为本，基于人的发展需要，从学生的终身发展出发，满足学生成长与成才的需要"建设阅读课程。在阅读课程建设中我们将核心素养的内容消化、内化、转化为阅读课程建设的因素，结合语文学科素养内容，培养学生阅读、品味和研究作品的能力。走进作品中的"情""意""道"，借助文学作品加强对学生的人文熏陶、审美教育和价值观引领。在此基础上开阔学生视野，提升阅读品位，激发阅读兴趣和写作热情，优化写作语言，丰富学生思想，培养学生质疑能力和批判性思维，将思维的碎片整理内化成有深度的思想精华，进而陶冶情操，传承文化。我们将传统底蕴、时代精神、世界眼光作为人才培养的目标，育人目标的具体内容如下：

传统底蕴：在阅读课程的建设中，培养学生审美情趣和文学修养，学生不断吸收继承优秀传统文化，树立传统道德观、价值观，养成民族精神和家国意识。

时代精神：在阅读中培养学生的独立思考意识，批判性思维，开放的心态，开拓的精神，旺盛的求知欲，突出的学习能力和言语表达能力。

世界眼光：在阅读中培养学生拥有世界视野，且能够胸怀天下，跳出小我世界，具有创新意识和强烈的责任感、使命感。

语文课程总目标着眼于提升学生的语文素养，阅读课程是支撑语文素养教育的基础，语文课程内容指向学生的生活世界、语言世界和自我世界。

（二）阅读课程目标

（1）总目标

以"全人教育"思想为指导，以教育部颁发的《义务教育语文课程标准》（2011年版）为依据，以大量阅读为主要途径，引领学生阅读经典、阅读思想、传承文化、传承精神，发展学生阅读理解力和阅读鉴赏力，拓展学生的知识领域，开阔学生的视野，培养学生创新精神和实践能力。

第一，广泛阅读、培厚底蕴，博采众长，拓宽语文学习渠道，提高学生的人文素养，为学生的终身学习和健康发展奠定坚实基础。

第二，阅读历史故事、哲学和人文作品，获得理解和阐释复杂事件的能力，传承优秀文化。

第三，通过阅读文学和文化类作品，获得区分深沉与浅薄、精品与模仿，表达认识和见解的能力。

第四，建立读写架构，提升读写能力，提高文化品位，丰富学生的精神世界。

（2）具体目标

培养学生的读书习惯，掌握阅读方法，发挥个性特长，开发并加强学生的阅读理解能力和欣赏能力。背诵古典文化经典，开发记忆潜能、陶冶性情、吸收古今文化，健全人格，成为一个聪明健康和知书明理的人。在这个基础上，分年级制定读写目标。同时，自主选择书目运用有效的阅读方法，合理规划和安排阅读的进度。在阅读中能提出问题，对文字作出评价和判断。掌握阅读笔记、读后感、批注和摘记的方法，积累语文材料运用于写作。学生在体验活动中获得对文字的理解，感受母语的魅力，在阅读的基础上养成动笔和思考的习惯。

学校育人目标	分年级阅读课程目标		
	七年级	八年级	九年级
儒雅善学	具有基本阅读表达能力，掌握批注的阅读方法，能够用语言表达自己的阅读收获，培养学生较强的阅读兴趣	有阅读的兴趣和较强的表达能力。有正确的阅读方法，有自主阅读习惯和阅读兴趣	掌握并熟练运用阅读方法，有很强的表达能力。在写作上有初步的创新精神和实践能力。能主动并阅读不同类型的书籍
励志尚美	养成阅读和写作的习惯，初步具有阅读欣赏能力，有审美情趣。能用文字表达对美的认识	养成坚持阅读和写作的习惯，发展感兴趣的文体，掌握写作方法，具有高尚的审美情趣和写作追求	热爱阅读和写作，形成阅读与写作的习惯，善于用合适的方式表达心中想法。有积极的生活态度，有高雅的阅读和写作情趣

续表

学校育人目标	分年级阅读课程目标		
	七年级	八年级	九年级
思辨合作	养成良好的阅读和思考习惯，能自觉和主动阅读喜爱的书，对写作和表达充满期待	具有良好的读写习惯，懂得为人处世的基本准则，善于用合理的表达方式写作，表达自己对真善美的追求	具有思辨能力和良好的读写习惯，在阅读中形成正确的人生观，有良好的表达能力，对写作充满热爱

三、阅读课程结构与体系

1. 课程结构

学校的阅读课程分为三大类：基础性阅读、拓展性阅读、发展性阅读。

基础性阅读课程：以国家课程为基础，对国家教材进行校本化研究，对教材内容进行统整与开发，为学生学好语文，提升语文学科素养打好基础。

拓展性阅读课程：对国家课程内容进行延伸，为语文教材补充阅读资源，弥补阅读资源不足，以选修课方式，针对个性化阅读设置的课程，体现为发展性，以校本课程为主。

发展性阅读课程：根据研究性学习的需要，确定阅读和写作目标及内容，体现出个性化和情境化及运用性阅读特点，属于应用实践性阅读和探究性阅读。

以上三类阅读课程都是以阅读为基础，以读写为主线，在教学中为学生设置丰富的阅读写作方式，以实现阅读和表达为主要目的，配合文化因素的渗透和文化主题的研究作为阅读内容，用阅读促进思考，用思考深化阅读，最后用表达来固化思考成果，这三种类型的阅读都成为提升学生语文素养的有力支撑。

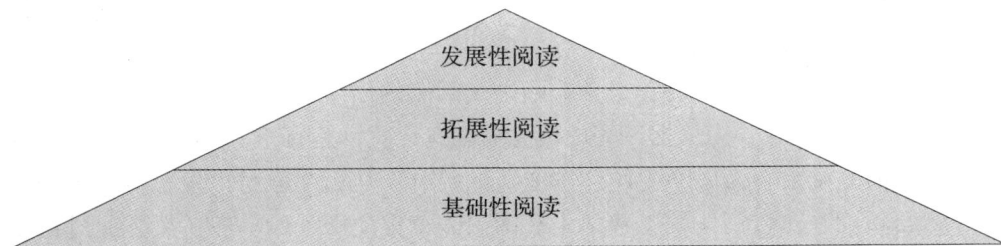

发展性阅读
拓展性阅读
基础性阅读

基础性阅读以国家课程为基础，完成国家教材规定教学篇目，根据国家课程标准适当补充和开发文化资源，开展专题阅读和主题阅读，提高学生语文核心素养；拓展性阅读是开发校本课程，拓展阅读内容，以电影、声音和写作为载体，丰富学生阅读方式，建立课内外阅读联系；发展性阅读，是以培养学生的阅读兴趣和爱好为目的，实现跨学科阅读，满足学生研究性学习需要，发展学生研究性学习能力和探究能力，以学科社团为平台对微课题研究进行实施。

2. 课程体系

经过几年的实践与研究，我校阅读课程建设形成了以"读写"为特色的完整阅读课程体系，课程体系以"两翼""三块"为特征，读和写是阅读课程的"两翼"，"三块"是课程、课堂和实践，读写"两翼"将"三块"内容贯通，形成经纶阅读内外和上下立体交织结构。

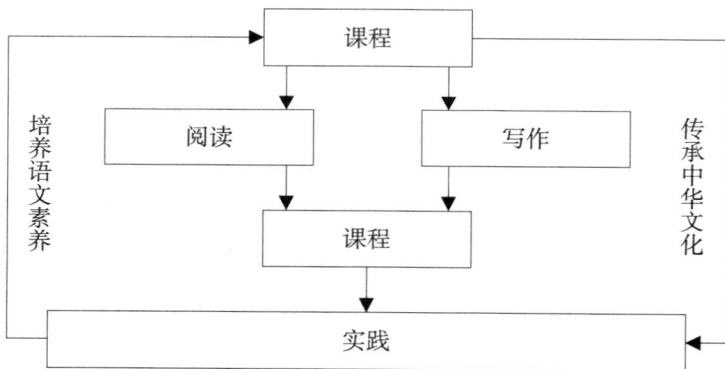

四、阅读课程设置

在阅读课时的设置上，我们在原有课时基础上做减法；阅读书目的选择以典型内容取代面面俱到；阅读专题的确立注重循序渐进和个性选择；阅读活动的设计注重任务、情境和问题的综合。在阅读课程内容的建设上，以素养立意为基本内容，关注语文外显知识的获得，兼顾语文阅读的内隐素养。以《义务教育语文课程标准》（2011版）为依据，完成《义务教育语文课程标准》（2011版）所规定的"量"的基础上，兼顾学生阅读"质"的提升。从语文教材出发，借助主题活动、专题阅读、比较阅读，搭建学生从课内阅读走向课外的一座桥梁，通过这座桥梁引导学生走向文化阅读、专题阅读和研究型学习的光明大道，进而进入人类文化的浩瀚海洋遨游。选择具有启示性、体验性、陶冶性的阅读内容，学生在阅读过程中将语文素养内化为自己的思想品质和行为方式。

（1）时间安排和课程宗旨

课程名称	基础性阅读	拓展性阅读	发展性阅读
课时安排	40分钟	40分钟	60分钟
课程宗旨	激发兴趣培养，掌握阅读方法，夯实读写根基	拓展阅读内容，丰富读写体验，延伸阅读内容	满足个性发展培养阅读和写作思维，丰富阅读体验
课程内容	语文教材规定篇目，开发读写和文化资源	丰富阅读方式，开展专题阅读和文化阅读实践	阅读与实践结合，创作与体验结合

（2）阅读课程实施流程

根据《语文学科改进意见》的内容，对于三类阅读课程我们摸索出如下基本实施流程：

初步自读（写感受） ➡ 比较阅读（写发现） ➡ 深度思读（写感悟） ➡ 拓展研读（写收获）

①初步自读

由学生初步自读教师所提供的材料，梳通文意，解决字词障碍，了解作品主要内容，同时鼓励学生大胆提出问题，这是学习的基础。学生筛选相关信息，认识写作方法，写出阅读感受，属于理解文本内容的层级。

②比较阅读

将初读的作品放在一起进行比较，设计问题和情境任务，思考作者在作品中渗透了哪些文化因素，借助阅读发现作者要传达的思想，写出阅读发现，属于分析概括层级。

③深度思读

经过前面比较阅读和探究分析，引导学生思考作家笔下作品的丰富内涵，经久不衰的原因和奥秘。思考在我们的现实生活中如何继续让作品中的文化生发出活力，结合历史背景，写出自己的感悟，属于创造能力层级。

④拓展研读

拓展研读阶段，教师给学生提供一些可以进一步探究的角度，让学生自由选择文学和文化的角度进行研读探究，侧重开放，尊重学生个性选择，写出研读报告，教师提供个别性指导和帮助。

（3）阅读种类与阅读层级

阅读课程实施中关注三类阅读：单篇阅读、群文阅读和长篇阅读。单篇阅读我们侧重于精讲，学生品味鉴赏，关注语言，仿写段落；群文阅读指导学生浏览、速读，我们侧重于引导学生探究，培养阅读思维，写出评价和发现，更多关注文学鉴赏；长篇阅读侧重预读、跳读、品读、赏读等多种阅读方法指导，学生吸收文化，积累语言，培养阅读速度，形成对社会人生的认识，关注文学和文化。

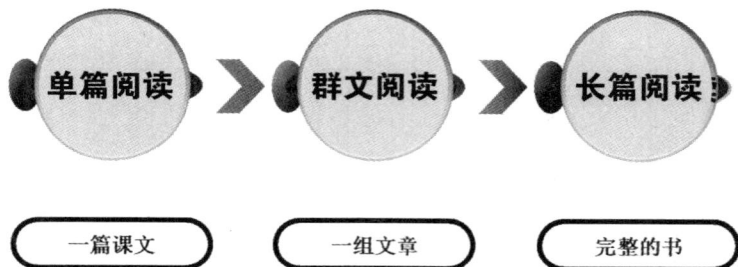

在阅读层级的设定上分类三层：基础层、拓展层和应用层。基础层以文体阅读为基础；拓展层以文学、文化为中心；应用层以写作应用为目的。形成融语文知识、文学阅读、文化传承和写作应用于一体的实施链条。以阅读为基础，拓展到文化和文学，最后到应用。

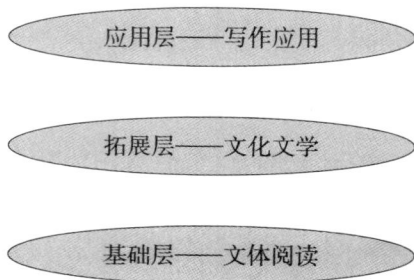

（4）阅读实践的设计

阅读实践的设计以阅读为基础，让学生在实践中呈现自己的阅读成果，加深阅读体验。将学生的写作、表达、思考和研究多方面能力进行整合。学生通过参与阅读实践，充分利用各种感官接触使用语言，在"做"的过程中，加深对语言知识的理解，并且不断验证已经掌握的知识，逐步将语言内化为语言能力。在阅读实践中与历史、美术、音乐、外语等学科进行整合，以多种形式开展语文阅读实践。

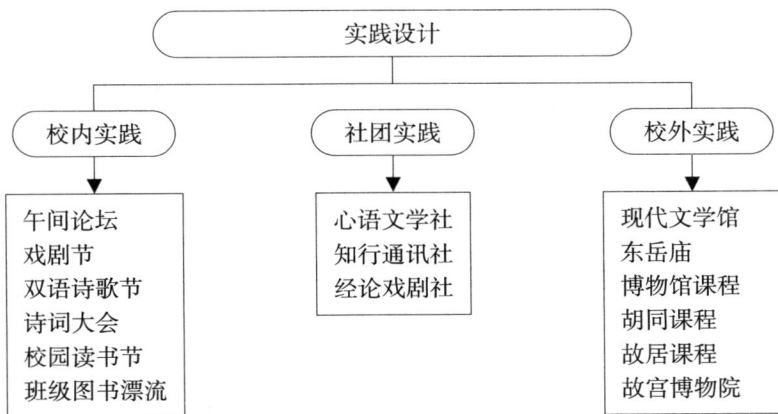

```
                    ┌─────────────┐
                    │   实践设计   │
                    └─────────────┘
        ┌──────────────────┼──────────────────┐
  ┌───────────┐      ┌───────────┐      ┌───────────┐
  │  校内实践  │      │  社团实践  │      │  校外实践  │
  └───────────┘      └───────────┘      └───────────┘
        │                  │                  │
  ┌───────────┐      ┌───────────┐      ┌───────────┐
  │ 午间论坛   │      │ 心语文学社 │      │ 现代文学馆 │
  │ 戏剧节     │      │ 知行通讯社 │      │ 东岳庙     │
  │ 双语诗歌节 │      │ 经论戏剧社 │      │ 博物馆课程 │
  │ 诗词大会   │      └───────────┘      │ 胡同课程   │
  │ 校园读书节 │                         │ 故居课程   │
  │ 班级图书漂流│                        │ 故宫博物院 │
  └───────────┘                         └───────────┘
```

（5）课程内容的安排

阅读课程内容的安排上，我们兼顾不同学生的阅读起点和不同爱好，本着适合学生阅读，促进学生发展的目的，为学生提供书目涉及小说、传记、报告文学、散文、诗歌等多类，作品中同时包含了历史、地理等学科的内容，辅助学生以相关学科知识作为背景和材料，加深对作品人物和作品内容的理解。在阅读中遵循"适合性"原则，适合读、适合写、适合思、适合编、适合演，力求最大化实现阅读的价值。

阅读课程内容与结构

三级课程分类	年级	学期	作者	书目	阅读能力培养
基础性阅读	七年级	第一学期	吴承恩	《西游记》	学生在阅读中吸收文学精华，感受作品的文化韵味。丰富审美体验，并在阅读中润泽文字，涵养
	七年级	第一学期	鲁迅	《朝花夕拾》	

三级课程分类	年级	学期	作者	书目	阅读能力培养
基础性阅读	七年级	第二学期	老舍	《骆驼祥子》	心灵，培养历史眼光，认识历史的复杂与丰富，养成实事求是的态度，学会多角度看问题，初步形成正确的历史观和价值观
	七年级	第二学期	儒勒·凡尔纳	《海底两万里》	
拓展性阅读	七年级	第一学期	孙犁	《白洋淀纪事》	在阅读中把握作品大意，捕捉有用信息，领悟和汲取作品中蕴含的民族精神和民族智慧，接受优秀文化的熏陶
	七年级	第一学期	屠格涅夫	《猎人笔记》	
	七年级	第二学期	罗广斌、杨益言	《红岩》	
	七年级	第二学期	阿西莫夫	《基地》	
发展性阅读	七年级	第一学期	史铁生	《我与地坛》	在阅读中理解作者的情感，在阅读中充分利用阅读的收获，对相关内容作出正确的解释，形成自己作品中人物和事件的阅读认识和感悟，提高学生文学阅读的鉴赏和评价能力
	七年级	第一学期	贾平凹	《贾平凹散文》	
	七年级	第二学期	曹文轩	《青铜葵花》	
	七年级	第二学期	理查德·巴赫	《海鸥乔纳森》	
基础性阅读	八年级	第一学期	施耐庵	《水浒传》	让学生在阅读中开阔视野，产生探索外部世界的兴趣，逐渐培养开放的胸襟与通达的情怀；在阅读中加深对语言文字和作品情感的认识。在阅读中进一步思考和感悟作品的价值
	八年级	第一学期	埃德加·斯诺	《红星照耀中国》	
	八年级	第一学期	亨利·法布尔	《昆虫记》	
	八年级	第二学期	奥斯特洛夫斯基	《钢铁是怎样炼成的》	
	八年级	第二学期	傅雷	《傅雷家书》	
拓展性阅读	八年级	第一学期	卞毓麟	《星星离我们有多远》	初步追寻思辨的奥妙，探求美好生活；帮助初中生提升融入社会生活的技能，从而走出书本知识，走进真实世界；注重呈现美感，让初中生通过阅读去感受美、欣赏美、创造美
	八年级	第一学期	李鸣生	《飞向太空港》	
	八年级	第二学期	王树增	《长征》	
	八年级	第二学期	蕾切尔·卡森	《寂静的春天》	

续表

三级课程分类	年级	学期	作者	书目	阅读能力培养
发展性阅读	八年级	第二学期	林清玄	《林清玄散文》	在阅读中加深对语言文字和作品情感的认识，在阅读中吸收文学精华，感受作品的文化韵味。丰富学生的审美体验
	八年级	第二学期	林语堂	《苏东坡传》	
	八年级	第二学期	罗曼·罗兰	《名人传》	
基础性阅读	九年级	第一学期	罗贯中	《三国演义》	改善提升思维的书，培养阅读方法，启迪学生智慧，弥补目前学生批判性思维的不足，同时把阅读与思维结合起来，使阅读真正有助于改善、提升思维
	九年级	第一学期	泰戈尔	《泰戈尔诗选》	
	九年级	第二学期	乔纳森·斯威夫特	《格列佛游记》	
	九年级	第二学期	夏洛蒂·勃朗特	《简·爱》	
拓展性阅读	九年级	第一学期	蒲松龄	《聊斋志异》	在阅读过程中通过新旧体验的联系，同其他作品进行比较、对照，从而提升自己的审美情趣和文化修养
	九年级	第二学期	钱钟书	《围城》	
	九年级	第二学期	孔子弟子及再传弟子	《论语》	
发展性阅读	九年级	第一学期	刘义庆编写	《世说新语》	根据阅读经验，延伸想象，从而产生一种思考和关照，进一步反思文本，使读者的认识超越作品本身
	九年级	第一学期	夏目漱石	《我是猫》	
	九年级	第二学期	契诃夫	《契诃夫短篇小说选》	

　　在具体实施时，我们将"内容线""文本线"和"技能线"紧密结合，读写教材的基本架构如下：基础阅读与写作（教材阅读与写段）；拓展阅读与写作（单元主题写作）；发展性阅读与写作（联系社会实际随笔写作）。三类阅读与写作内容关系到科技论文、人文写作、文艺写作（诗歌、小说、散文、戏剧、评论）和随笔写作几个方面，按照单元分布（共计24个单元）。

七年级下学期读写教学系列构成

单元	基础阅读与写作	拓展阅读与写作	发展阅读与写作	写作体裁	以文育人、读写能力
第一单元	《邓稼先》写推荐 《闻一多》写欣赏 《回忆鲁迅》写认识	《红岩》写评论 《最后一次演讲》写评论 《自题小像》写评价	阅读新闻写自己，写追求	记人记叙文	阅读课内外人物传记和散文，吸收作品中人物的做人美德，在写作中凸显作文的故事性
第二单元	《黄河颂》写批注 《最后一课》改写故事 《木兰诗》写感动	《白洋淀纪事》摘录 《猎人笔记》写评价 《神话传说》写精神	阅读诗歌写他人，写出个性	记人记叙文	阅读课内外文学作品诗歌和小说，对作品之中人性内容进行关注，在写作中进行人性的思考
第三单元	《阿长》写感受 《老王》写评论 《台阶》写点评	《山海经》写摘记 《杨绛散文》写摘记 《欧阳修》写摘记	读新闻事件学会详略	记事记叙文	阅读小说和散文作品，吸收作品中的文化因素，在写作中注入文化因素，培养写故事能力
第四单元	《叶圣陶》写主张 《驿路梨花》写公德 《最苦与最乐》写做人	《叶圣陶先生》写精神 《人类群星闪耀》写摘录 《短文两篇》写发现	阅读传记写社会和他人，写出精神	复杂记叙文	阅读议论文和人物传记，学习名人身上的美德，在写作中将做人因素融进表达中，写出故事性
第五单元	《紫藤萝瀑布》写见闻 《一棵小桃树》写感悟 《诗歌两首》写哲理	《我与地坛》写感想 《贾平凹散文》写赏析 《青铜葵花》写收获	写身边生活，借景抒情	复杂记叙文	阅读散文和诗歌作品，学习作者的做事态度，吸收作品的精华，掌握叙事视角

续表

单元	基础阅读与写作	拓展阅读与写作	发展阅读与写作	写作体裁	以文育人、读写能力
第六单元	《伟大的悲剧》写笔记	《黄金国的发现》写赏析	评价人和事，学会议论	复杂记叙文	阅读报告文学和科幻作品，在阅读中感受并学习作者的价值观，学习复杂故事的叙事结构
	《太空一日》写疑惑	《海鸥乔纳森》写批注			
	《带上她的眼睛》写发现	《基地》写想象			
	读写能力内隐和外显：输入—积淀—内化—生成—输出				

（6）阅读时间、地点保障

阅读课程的实施，每周从现有的语文课时中挤出1课时用于名著阅读，不额外增加课时，对于阅读时间我们统筹安排，学生自由阅读（校内早读、星期天、假期阅读、亲子阅读）。学生阅读得法于课内，得益于课外。阅读课不能挤用、挪用，也要确保阅读效率，因此，在阅读时间安排上要走出两个盲区：星期天、节假日。教师可视教学需要灵活安排。此外利用早读、午间等零碎时间阅读课外书。每学期要设计一份课外阅读单，按照阅读单上好课外阅读课。

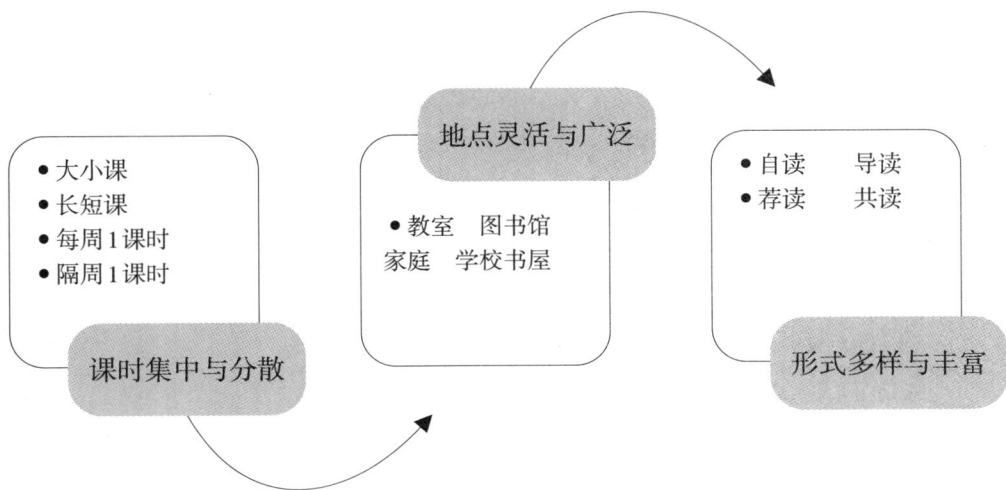

```
● 大小课              地点灵活与广泛
● 长短课
● 每周1课时          ● 教室　图书馆       ● 自读　　导读
● 隔周1课时          家庭　学校书屋       ● 荐读　　共读

  课时集中与分散                          形式多样与丰富
```

五、阅读课程实施

根据阅读课程的目标和学校人才培养的目标，我们阅读课程建设纳入学校课程建设之中，注重学校原有"三个层级"课程结构对培养学生阅读素养的作用，更好地满足学生阅读基础性、多样化和个性化阅读的发展与需求。强化学生语文阅读和写作的基本能力。传承经典，把中华传统文化经典作为语文阅读和写作教学的基本素材，重视历史文化的熏陶，加强语文阅读教学与文化传统教育的结合，使学生了解中华文化的悠久历史。以"阅读教学"为基点，探索阅读方法，贯彻新课程精神；以"阅读活动"为平台，设计学生阅读体验，打通读写通道，激发阅读写作兴趣，落实个性化表达，培养读写习惯，遵循以读写能力为主的"阅读课程化"原则，进行阅读课程的建设与开发。

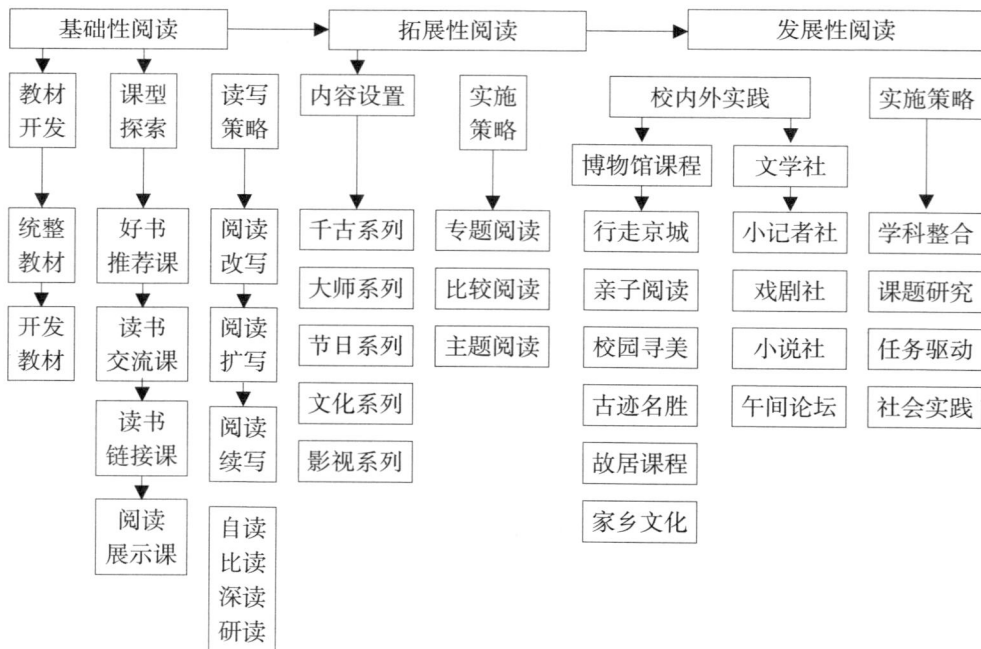

阅读课程图谱

（说明：1. 三个层级课程指基础性阅读、拓展性阅读和发展性阅读；2. 此处阅读课程是三级阅读课程实施策略和阅读课程实施的不同系列）

（一）基础性阅读实施

国家课程属于基础类阅读课程，国家课程的实施，为学生适当补充时文。培养学生热爱祖国语言的情感，具有正确的世界观和价值观，成为顺应国内和国际环境的合格人才。在单元主题之下开发文学、文化资源，在工具性基础上进行人文性渗透，帮助学生形成比较完整的知识系统和能力系统。此外，在读写体系上对教材进行调整，以适合学生为本，调整遵循四大系统：助读系统、范文系统、知识系统和写作系统。在单元学习上形成"点"与"线"的结合。围绕适合学生学习，适合学生发展的目标建设课程，逐渐形成具有"适教、适读、适写、适思、适学"的课程亮点。

1. 阅读教材开发

一是统整教材，以部编教材为基础，补充其他版本适合学生学的内容，把阅读、表达、思维、文化、文学、写作实践融进课堂教学，让教学、教材适应学生。

二是开发教材，挖掘阅读和文化因素，将文学、文化因素挖掘、分解和转化成阅读写作因素，给学生搭建写作思维的桥梁，跨越读写的障碍，适合学生自学。

为了将开发的阅读材料在日常的语文教学中落实，让阅读课程真正落地，我们具体实施途径和办法如下：围绕1+5安排语文课时，在语文课程表上安排固定时间，为学生设计阅读单。每周从现有的语文课时中挤出1课时用于阅读。学校课程表上反映出来的阅读内容包含了诗词阅读、文化阅读、名篇阅读和长篇阅读。

2. 探索阅读课型

为了保证学生达到语文课程标准规定的课外阅读量，就要进行"课外阅读课程化"实践，使之与课内阅读一样，除了有固定的教学课时以外，还有丰富的阅读内容。在这个前提之下，一定会催生出一种新的语文课型——读书课，就是在语文课上指导学生阅读课外读物。它是一种基于语文课程标准的有序教学，它与"放羊式"的课外阅读具有质的区别。学生阅读的过程不是简单的默读过程，是经过教师设计，学生采用读讲结合、读摘结合、读思结合、读写结合等方式完成的综合性阅读实践。读书课不是一般意义上的浅阅读，也不是浮光掠影式的粗阅读，而是教师对阅读内容作出设计，在读读、讲讲、议议、写写的过程中，潜移默化地培养学生良好的阅读习惯，这比纯粹地读一本本课外书更有意义。着眼于激发学生的阅读兴趣，分享阅读的快乐，培养阅读的习惯，指导阅读的方法。围绕阅读课程目标，对阅读内容和教学环节进行科学设计，既不能上成课内阅读课，也不能自由放任学生。可以采用如下几种课型进行实践。

（1）好书推荐课：推介阅读书目，激发学生的阅读兴趣，提出明确的阅读要求。教学时，教师可以向学生介绍书本内容、作家生平，挑选部分精彩段落引导学生读一读；有时候可以让学生互荐好书，每人准备一张荐书单，向同伴推荐好书。好书推荐完毕，要向学生讲清阅读时间和阅读要求。教师采用"展示图片、制造悬念、赏析片段"等形式向学生精心推荐读物，诱发兴趣。教师还可以讲解主要内容、朗诵精彩片段或通过讲故事等各种形式向学生推荐读物，也可以学生之间、小组之间互相介绍自己喜爱的文章，利用各种生动活泼的方式向学生推荐各种有益的课外读物。学生根据推荐的内容，选择自己感兴趣的读物，沉入理解读物内容，受到读物的感染，亲近和热爱母语。上好读物推荐课，对诱发学生个体的阅读兴趣，让孩子新近母语资源至关重要。

（2）读书交流课：学生在规定时间里阅读完书籍后，要及时进行读书交流。读书交流课既是阅读后的交流，同时也是对阅读的检测，能帮助教师了解学生的阅读情况，及时调整指导策略，使课外阅读达到一定的广度。教学时，可引导学生交流自己摘抄的语句，朗读文章精彩的片段，复述书中有趣的故事，谈谈自己读书的感想。

（3）读写链接课：在读书交流的基础上，还要进行读写链接，练习写作。教学时或仿写片段，或续写故事，或评价人物，或写读后感。以写促读，加深理解，使读和写紧密结合起来，使课外阅读达到一定的深度。

（4）阅读指导课：阅读指导课相对于长篇阅读而言是非常必要的，阅读指导课分为读前指导、读中指导和读后指导。读前指导：是指学生在没有阅读一部名著之前，教师指导学生阅读的方法，指导内容包括：引导学生如何搜集信息、处理信息；指导学生边读边思考的方法；指导学生理解文字的方法；评价人物和事件的方法；想象故事情节的方法；以及根据书上的内容做摘要，在书上进行批注和写读书笔记、读后感的方法等。读中指导：学生阅读作品进入了一个阶段，教师在学生阅读进行之中进行的指导，指导的内容涉及阅读收获、阅读感悟、情节扩写、评价人物和完成仿写等。目的是让学生进行读书分享，从微观的角度对作品的阅读收获进行检验，促进学生个性化的理解。读后指导：学生阅读一本书结束之后，不意味着结束，他们会对某些问题进行延伸思考，教师除了开展阅读活动进行成果交流之外，对于有研究能力的学生而言，可以从书内走向生活，研究与书上内容有关的文化，甚至去参观与书中内容有关联的博物馆。

（5）阅读展示课：学生在广泛阅读的基础上，展示自己在课外阅读中的感受与收获，展示形式可以有如下几种——读后叙述：组织学生自己读过的书籍的一部分或全部的内容；开展辩论赛：对读物中所提到的相关论点开展辩论，促进阅读效果的提高；交流评论：交流自己阅读的方法，对书中的人物及写法进行评点；表演展示：让学生把看过的内容自编成小品、课本剧等形式，在汇报课上进行表演。

（二）拓展性阅读实施

开发校本课程落实阅读拓展性阅读，拓展性阅读课程突出自主性、灵活性。教师坚持课程开发的多样性、差异性的原则，以培养学生兴趣和良好习惯养成为目的。

我们采用事先动员和自主报名的方式，不同教师结合自身研究专长，自主认领并开发课程内容，按照时间线索串联成一个系列，构成一期课程。这样既保证操作的丰富性与灵活度，又对接单元内容，形成对课内文化和知识拓展的深度和厚度，保证课程建设的整体性和连贯性。达到教师们长期接力完成一门课程的目的。

1. 阅读内容设置

借助校本课程落实拓展性阅读我们围绕几大系列进行阅读实践：大师系列、影视系列、千古系列、节日系列、文化系列等。

大师系列主要通过"大师级"文学人物和作品的介绍，让学生走近"大师"、了解"大师"、感悟"大师"，感知、了解"大师"的追求、境界、精神和品质，透过"大师"人物的成长经历，通过"大师"作品的形成过程，汲取个人的成长力量。

影视系列是观看《水浒传》《花木兰》《红楼梦》《红岩》等被拍成影视的文学名作，引导学生阅读、欣赏文学作品，评价电影音乐，结合画面感受人物、走进情节，写出特写镜头下的细节文字，补写人物对白或者心理文字，设计片头和片尾文字，对比影视作品和原著，培养对文学阅读和对艺术审美能力。

千古系列是针对"千古名人"的作品介绍，让学生走近杜甫、苏轼等古圣先贤，感悟古诗文名家的思想，了解古人的人生遭遇，感知古人的追求，境界、理想，学习品味诗词韵味方法，感受诗词之美，在文化的熏陶之下，汲取文学营养。

节日系列是结合中华传统节日春节、重阳节、清明节、端午节、元宵节，让学生了解节日的来历，典故、成语、传说，感受古人节日习俗、礼俗，学习传统文化的精髓，阅读有关作品，了解节日美食，诗词作品，了解节日内涵。

文化系列是让学生走进传统的文化中的建筑、剪纸、风筝、对联、书法、雕刻、瓷器、年画、笔墨纸砚、胡同、名人故居、汉字构字法、俗语、谚语、习俗、服饰、饮食、礼仪、古诗、节气、字谜、舞蹈、民间艺术、京剧、象棋、围棋、年画、雕塑、刺绣、生肖、姓氏、茶艺、器物、家具、园林等内容，了解文化内涵，传承文化精髓，甚至结合博物馆课堂研究和观察。

文化系列校本课程领域与内容描述

序号	领域	课程名称	内容描述
1	文学	诗歌阅读鉴赏	阅读诗歌，针对诗句、作者、背景和有关名句进行鉴赏和品味
2	文化	国学因素与经典	读《论语》，了解国学的发展历程，以儒家为核心的君子文化的探究
3	文化	传统节日的根与源	从文化传承的角度理解传统节日的内涵、传说、思想
4	文化	中国古代建筑文化之美	针对故宫建筑的色彩、藻井、柱子的设计，龙纹图案讲解古代建筑之美
5		年画的背后	了解古代年画的构图，思考画面的寓意，理解古人美好的愿望
6	文化	中国古代对联的知识	针对春节对联的渊源，进一步了解中国对联产生的背景、种类、含义、文化知识
7		古代瓷器花纹的意义	了解中国古代瓷器的种类，由此解读瓷器花纹的寓意，了解中国古代瓷器文化
8	艺术	古代服饰	提升对古代服饰认识能力，培养审美知觉，提高自己审美想象能力
9	写作	文学阅读与故事	掌握阅读方法与写作的方法，尝试对文学作品进行扩写、改写、续写

2. 阅读时间和地点保证

校本课程时间、年级、地点、教师安排

课程年级	负责人	参与人员	地点	内容	时间
七年级阅读课	全体语文教师	全体学生	教室	文化阅读	每周2课时
八年级阅读课	全体语文教师	全体学生	教室	群文阅读	每周2课时
九年级阅读课	全体语文教师	全体学生	教室	名著阅读	每周2课时
七年级校本课	熊素文、关宇、余慧	七年级个别生	书屋	文学阅读——声音戏剧	学期12课时
八年级校本课	杨海龙、闵宇霞	八年级个别生	教室	戏剧创编——圆你舞台梦	学期12课时
八年级校本课	谢涛、盛余辉	八年级个别生	教室	文学阅读——作品里的故事	学期12课时

3. 校本课程评价

在课堂教学过程中，我们通过学生的提问、课堂参与度、积极性、思维深度等指标对他们的阅读情况进行评价，以了解他们课堂学习的效果。同时，我们关注学生小组合作学习的有效性，通过教师参与小组讨论、小组共同回答问题等方式对他们的课堂表现进行评价。

课堂读写能力和思维评价量表　　　第（　　）组

评价要素	分值	得分
主动参与阅读和汇报，从文本中找到汇报依据	20	
写作思路清晰，语言精美，能迁移和使用写作方法	20	
阅读后能适度拓展，写作有文化因素	20	
参与小组团队合作、发挥个人魅力	20	
在阅读和应用上表现明显，体现阅读后的思辨思维	20	

（三）发展性阅读实施

发展性阅读课程的实施我们借助社团活动进行落实。社团类阅读课程是以阅读活动为主要方式，专为那些对阅读有特殊爱好的学生而设置，属于高端的阅读课程。此类课程以阅读为基础，学生在活动中呈现自己的阅读成果，加深阅读体验。课程体现了综合性，具体表现在学生将自己的写作、表达、思考、研究多方面能力进行整合。通过参与社团活动实践，利用各种感官接触使用语言，在"读写"过程中，加深对语言知识的理解，并且不断验证已经掌握的知识，逐步将语言内化为语言能力的课程。我们在阅读中与历史、美术、音乐、外语等学科内容进行整合，以多种形式开展语文阅读活动。

发展性阅读实施途径有三种：校内外读写、节日主题读写、文化主题读写。

1. 校内外读写

（1）校内读写实践

校内活动课程与校园文学组织活动相结合，文学组织活动主要形式有：开展文学社；创办文学社刊；开展"读书之星"评选活动；举办文学讲座；开展戏剧展示；双语诗歌朗诵、课本剧表演；读书经验交流；小记者站活动。活动内容和阅读内容进行整合的途径如下。

以读引读：前者是文本阅读，后者是课外阅读拓展，二者是有关联的阅读，如：读书节活动、双语诗歌节。

以读引说：前者是整本书阅读，后者是延伸交流、结合作品有关人物、情节，写出推荐词，开展班级好书推荐活动。如：图书漂流。

以读引演：前者是自由阅读，后者是结合美术、舞台表演的再创造，获得价值观的认同和审美愉悦，如：经论小舞台活动。

以读引写：写作活动主要有学生个体的随笔写作、主题竞赛、校内外写作大赛、剧本编写、诗歌创作、班级故事接龙等。

为了实现阅读课程目标，结合七、八、九三个年级学生的阅读实际，培养学生的阅读爱好，制订了可以操作和执行的课程计划，教师每周使用1个课时为学生进行阅读指导。阅读指导时长每节课为40分钟，以单篇阅读、群文阅读和整本书阅读作为阅读课程建设的主要内容。

读写内容和方式举例

分类	内容	方式
班级	阅读并研究同时推荐一本好书	自我推荐一本好书，学生互相换书，开展班级图书漂流活动
	阅读并研究名著人物精神品质	结合自己阅读过的一本书，采用演讲的方式，表达自己对书中内容人物的看法

分类	内容	方式
班级	阅读并研究中国传统文化	开展班级阅读研究典型作品评比
	阅读并研究名人爱国故事	开展班级研究成果评选
校园	阅读并创作诗歌——双语诗歌节	开展校园读诗、写诗比赛，语文诗歌和英语诗歌互译，朗诵、配乐展示活动
	阅读并比较两本书不同——开展"我读书 我快乐"读书节	校园开展名著阅读大比拼活动，学生先行出题，以抽签、盖章的方式参与比赛，营造校园阅读氛围
	阅读并研究古诗词——开展"古韵经论"诗词大会	学生参与读诗、背诗、赏诗活动，评选校园小诗人
	阅读并研究戏剧文学——开展"我的戏剧梦"戏剧节展演	学生自编课本剧或者自创剧本，参加戏剧节演出，以演员的身份体验文字的深意
年级	阅读经典——开展经纶杯写作大赛	以年级为单位开展校园读书与写作比赛活动
年级	阅读文化民俗——开展诵读经典比赛	以年级为单位开展诵读经典作品比赛活动
	阅读长篇文学——开展我的声音最美朗读比赛	以年级为单位开展阅读名著录音评比活动

（2）校外读写实践

校外活动课程主要包含行走京城系列——北京胡同、名人故居等内容；校外文学采风活动；博物馆、现代文学馆课程；山水名胜课程；等等。

实施过程：学生选择活动研究主题—教师根据活动主题推送文章—学生阅读文章形成摘要—活动参观—撰写研究报告。

实施时间：周末、节假日

例如：我们曾经为学生设计故宫课程，学生阅读《故宫博物院》这篇文章之后，亲自到故宫去参观，研究故宫的建筑、色彩、对联、楹联、龙饰等内容。学生以小组为单位，根据自定的研究主题，形成研究报告，在班级交流之后，借助学校的大屏幕，在年级和学校层面进行分享。

2. 节日主题读写实践

确定传统节日进行校园或者校外实践，教师在学生活动之前，组织学生进行定向阅读，推荐阅读篇目，帮助学生对文化活动的主题形成深刻理解，在阅读的基础上实施实践活动。

实施流程：选定节日主题—推荐文章，学生阅读—撰写感受、设计活动步骤—走进生活实践—撰写成果—展示交流

活动时间：课外时间

研究性阅读是以发展学生阅读思维，提高阅读与研究能力为目的的阅读。这类阅读课程为一些优秀学生提供了研究和阅读的空间。这类课程的实施体现为教师与学生合作，也体现为学生与学生的合作，还有学生与家长之间的合作。这类课程的实施我们还与社会大课堂的资源进行整合，借助社会资源和名胜古迹、北京胡同、名人故居的资源，指导学生阅读有关名著，研究其中的文化。

3. 文化主题读写实践

文化主题读写实践，我们精心策划阅读内容，选择阅读路径，创建阅读情境；拓展阅读时空，发展阅读思维、提升阅读能力。在此基础上我们坚持如下实施原则。

关联性：注重阅读与研究的关联性，让阅读与研究互为关联，促进学生心智发展。

有效性：注重阅读的有效和研究的有用，设计阅读研究主题，学生以搜集阅读信息为自己所用为目的，进行深入阅读体验。

合理性：注重阅读材料的选择，让阅读真正服务于研究，适合发展学生的思维。

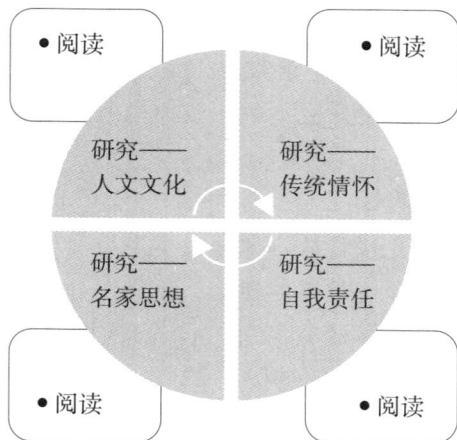

阅读研究中的育人渗透点

在阅读与研究中我们落实立德树人根本任务和语文核心素养，对于阅读和研究内容的选择，我们关注如下几个方面：在阅读中研究人文文化、在阅读中研究传统情怀、在阅读中研究名家思想、在阅读中研究自我责任。

例如，学校开发了《点一盏文化之灯》校本教材，教材选录古代美德故事和古诗，学生与家长一起阅读，家长朗读背景，学生诵读古诗，家长帮助录音，然后阅读老师推荐的几篇文章，学生根据内容确立研究的微课题。在研究中，学生吸纳做人、尊师、爱国、勤奋、诚信等儒家思想，将传统文化的精髓与自己当下的责任有机结合。

在阅读中开发研究资源，我们从长篇名著阅读入手，完成对名家故居的研究，从经典名作《论语》入手，开展对古人儒家思想的研究。同时，我们结合学生的游历活动，开发阅读和研究的因素，将二者整合起来，形成学生的阅读和研究收获。例如：学生阅读了长篇名著《红楼梦》之后，到大观园中继续开展体验式学习，将名著中出现的建筑特点与苏州园林江南的建筑进行比较，喜欢研究汉服的学生，在大观园的游览中，结合图片和有关介绍研究服装文化的变迁。

以文化为主题进行校园或者校外实践。教师在学生活动之前，组织学生进行定向阅读，推荐阅读篇目，帮助学生对文化活动的主题形成深刻理解，在阅读的基础上实施实践活动。

实施流程：选定文化主题—推荐文章—学生阅读—撰写感受、设计活动步骤—走进生活实践—撰写成果—展示交流。

活动时间：课外时间

与美同行——传统文化主题读写实践课程

年级	主题	项目线索	文化表现与学科
七年级	我的亲人——孝道文化	阅读一篇体现孝道的文章，学生以孝子的身份设计一个孝敬父母亲人的活动步骤，写出自己是一个怎样的孝子形象	文化——孝道 语文——阅读、写作
		学生询问父母的生日，采访父母的生日愿望，为自己父母设计生日贺卡，有图案。写出对父母的祝福语，要求格式正确	文化——感恩 美术——绘画 语文——口语、写作 应用——贺卡
		主题故事展览——我的孝亲故事	卡片、照片、作文、读后感

年级	主题	项目线索	文化表现与学科
八年级	我的学校——雕塑文化	为学校设计雕塑、利用生活中的废物、陶泥完成雕塑作品，写出雕塑名称，设想放在学校的地方	文化——雕塑 语文——命名、写理由
		阅读书法名家成才的故事，为班级设计一副书法对联，体现班级学生的追求，美化班级环境，选择美观的字体、写出理由	文化——对联 美术——字体 语文——阅读
		参观学校的雕塑艺术品，根据雕塑的名称写出鉴赏的文字（造型、想象、色彩、意义）	文化——雕塑 美术——意义 语文——观察与鉴赏
九年级	我的祖国——京剧文化	了解京剧，查阅有关资料	文化——京剧 语文——阅读 资源——上网、图书馆
九年级	我的祖国——京剧文化	欣赏一场京剧表演。参访演员和有关人士，深入了解京剧文化。思考后人传承京剧文化的途径和方式	学生与家长一同观看一场京剧艺术表演 语文——说、写 文化——传承
		印象京剧：搜集邮票上的京剧艺术、建筑上的京剧艺术、服装上的京剧艺术、瓷器上的京剧艺术、歌曲中的京剧艺术，分析京剧的多种表现形式。写出分析报告	文化——邮票、建筑、瓷器、歌曲、服装 语文——阅读、写作 资源——美术、建筑、历史

附件：七年级"文化"主题读写课程评价

序号	评价内容	非常好	不错	努力
1	我阅读了孝道文章，知道了孝道内涵			
2	我知道用什么方式表达对父母的孝敬，并实践了			
3	我向父母表达了生日祝福写出了感恩心语			
4	我在班级成果评选中的结果			
5	我在对待传统孝道和文化传承上的思考			

附件：八年级"与美同行"文化主题实践课程评价

序号	评价内容	非常好	不错	努力
1	我学会利用生活废物设计雕塑，利用陶泥设计了雕塑			
2	阅读文章，我知道了中国书法名人的励志故事			
3	我为班级设计了书法作品，字体美感和内容符合标准			
4	观察校园雕塑，我学会了欣赏方法，理解了雕塑的内涵和意义。			
5	我在对待传统文化和传承方式上的思考			

附件：九年级"与美同行"文化主题实践课程评价

序号	评价内容	非常好	不错	努力
1	我阅读了关于京剧的有关介绍，对国粹艺术有了认识			
2	欣赏了一场京剧表演，我对京剧艺术有了新的收获和认识			
3	从生活中的邮票、瓷器、服装、广告了解了京剧的不同表现形式，对京剧文化的魅力有了认识			
4	我写出了学习京剧、走进京剧文化的学习报告。			
5	我在对待传统戏曲文化上的思考			

此外，在评价策略上注意形成性评价和总结性评价相结合，对学生在课外阅读活动中的表现及取得的各项成果，我们都要给予及时的关注，让学生感觉到老师的关心无处不在。

六、阅读课程评价

我们注重过程性评价与终结性评价相结合，注重质的评价与量的评价相呼应，注重将评价指向教师的专业发展以及学生的快乐成长。我们立足两种评价进行定位：即评价教师重在指导，确保课程的有效落实。评价学生重在激励，保护阅读的积极性。

1. 对教师实施评价

教师落实阅读课程的评价从两个方面体现：其一，对课外阅读导读课和分享课的教学方式掌握情况，通过课例展示给予评价。其二，以学生阅读量和质的达标反馈情况给予评价。

2. 对学生进行评价

成果评价：阅读虽属于个性化的行为，根据学生的文档类成果，如摘抄、批注、续写、点评、读后感等进行量化评价。

活动评价：评价学生参与活动的过程、次数、等级。鼓励学生积极主动地参加学校举办的各种阅读活动。结合学生参与的各类活动过程进行评价，比如开展专题阅读的研究性学习活动、读书沙龙、读书演讲会、写作大赛活动。

过程评价：学生自评和教师评价相结合。"学生自评"占10%，"同学互评"占40%，"教师评价"占50%。学生自评可以让教师了解学生对于课程的喜欢程度，对于课程学习的真切感受，更有效地帮助教师调整和安排课程实践。教师评价包括学生阅读量的统计、阅读笔记的抽阅，目的是督促学生。

随机评价：评价注意随机性，教师随时关注学生的日常表现，及时给予必要的、适时的鼓励性、指导性评价。评价中体现个性化差异，对阅读困难的学生以激励为主，对有创意的阅读方法，要及时发现，认真总结和推广。

教师读写活动评价量表

要求	分值
阅读内容和文化研究符合要求，对阅读和写作能力有积极帮助	1~2分
阅读能挖掘学生本身的读写潜能，适合学生读写兴趣和习惯的养成	2~4分
具有完整的读写创意和策划，在读写过程中提升语文素养	3~6分

要求	分值
注重读写方法引导和结合，体现出读写特色	1~4分
有团队协作的表现和立德树人的因素	1~2分

3. 课程评价量表

学生读写学习过程评价量表

评价内容	评价等价		
	优秀	良好	合格
1. 学生能根据阅读任务自主深入思考，进行合理表达			
2. 学生主动阅读并加工信息，合理积极表达，有思维广度和深度			
3. 阅读有一定方法，表达生动有个性，文采和语言生动和有感染力			
4. 学生扎实掌握读写方法，能准确说出自己读写感悟和收获			

七、课程特色与创新

1. 课程建设有次第性

我校的阅读课程突出自主性、灵活性、多样性和差异性的特点，具有次第性特点，教师们长期接力完成一门课程，不同教师结合自身研究专长，自主认领并开发课程内容，按照时间线索串联成一个系列，构成一期课程。这样既保证操作的丰富性与灵活度，又对接单元内容，形成对课内文化和知识拓展的深度和厚度，保证课程建设的整体性和连贯性。最终培养了学生的兴趣和良好的阅读习惯。

2. 培养学生有渐进性

课程引导学生遵循兴趣—乐趣—意趣—志趣的层次逐步提高，具有渐进性的特点。例如：教师在"诱导学生确立正确的阅读态度、阅读动机，养成良好的阅读习惯、读书品质，掌握科学的阅读方法"上认真设计，使学生读书的目的尽量实现从外驱到内驱的转变。

3. 阅读满足个性需求

阅读课程指向学生的生活世界、语文世界、自我世界。定位"素养"和"人文"两个关键词培养人、发展人，满足学生成长与成才的需要。

4. 形成完整阅读流程

以"阅读教学"为基点，探索阅读课型，尝试新的教学方法；以"阅读实践"为平台，设计学生阅读体验，打通读写通道，培养读写习惯。建立起由浅入深的阅读桥梁，摸索三类课程基本实施流程：初步自读—比较阅读—深度思读—拓展研读。

5. 内外上下立体结构

课程在实施中建构起"两翼""三块"为特征的体系，读和写是课程"两翼"，"三块"是课程、课堂和实践。读写"两翼"将"三块"内容贯通，形成经论阅读课程内外和上下立体交织的结构，最终形成具有"经纬特色"读写课程常态。

八、课程建设展望

1. 书目需要完善

我们首先在阅读内容的选择上，注重作品的经典性，用经典文学作品，对学生进行精神熏陶。其次，关注阅读量的适宜程度，指导学生阅读与他们年龄特点、现实生活相适宜的书籍。最后，注重作品的种类的丰富，在这个前提下，既考虑到内涵丰富，又要科学严谨。

2. 打造读写常态

学生虽然掌握了阅读方法，也养成了阅读习惯，对于个别学生而言，他们缺乏动笔写作的习惯，虽然阅读了大量的名著内容，摘录了经典词句，但是在写作时，还是缺乏迁移。不会写作，今后，我们努力使课外阅读成为学生学习的一种习惯，贯穿于整个学习中，潜移默化地养成良好读写习惯，使学生形成有序、有恒、积极主动地去阅读。

3. 提升校园生活幸福指数

在未来的阅读课程建设中，我们将继续在阅读课程建设中提升语文素养，渗透育人因素，继续完善我们的阅读课程体系，让阅读课程建设保持一种内生力。通过供给侧改革丰富学生的语文学习内容，提高学生的校园生活质量和幸福指数。

在未来的课程实践中，我们继续用阅读为学生的未来做准备，用阅读为学生全面发展奠基，用阅读为学生个性发展助力，在阅读研究的路上，会继续前行。因为，我们一直在课程改革的路上。

第二章　横看成岭侧成峰

——单篇阅读教学文本解读与问题设计

第一节　单篇阅读教学文本解读有效策略

从课程的角度去解读语文教材，教师不能将教材神化，也不能将教材窄化。在新课程背景下，教材不再是一个封闭的、孤立的整体，而是开放的、完整的"课程资源"中的有机构成部分。教材成为学生与他人、生活、社会、自然等发生联系的桥梁和纽带。对于教师而言，掌握了解读教材的策略，他的教学过程不再是一个照本宣科的过程，而是开发和利用课程资源的过程。

教材中的文章是学生的阅读平台，是作者、读者进行交流的试验田。一些文章具有内容丰富、语言优美、情感真切的特点。学生要实现对文本的解读，就必须走进文本，与文本深入对话，进而产生独特的情感体验和阅读感受，最终获得自己独特的见解。教师要想引导学生实现以上的目标，就必须对文本作品有真诚解读、原始解读和原始体验的能力，在尊重文本、尊重作者的前提下，对同样一篇文章从不同角度进行解读，引导学生对文本形成"横看成岭侧成峰"的阅读体验。特别是在解读教材之后，教师进行教学设计时应将学生已有的经验世界、熟悉的现实世界和想象中的未来世界联系起来，进行整合、拓展、深化学生对生活的认识和体验，让实践和生活成为学生个人发展的源头活水。

一、文本解读策略

《语文课程标准》提出："逐步培养学生探究性阅读和创造性阅读的能力，提倡多角度的、有创意的阅读，利用阅读期待、阅读反思和批判等环节，拓展思维空间，提高阅读质量。"要真正走进文本，就不能迷信文本，不能唯文本是从，而要学会辩证地审视文本，批判式地解读。这样才能更深地理解课文的内容，也有助于培养创新精神。

1. 知人论世，广涉材料

在阅读教学中，由于许多课文所表现的主题往往都与作者自身经历或者思想变化有着密切的关系。对这些文章进行解读中，要尽可能开发与作者生活时代和生活经历有关的教学资源，教学中尽量调动学生的思维，让学生尽可能地掌握作者的资料，利用这些资料理解文章内容和作者追求，这就是知人。与此同时，教师还可以提供一些链接材料，指导学生链接作者所处时代特点或者作者写作这一特定作品时的历史背景去思考，这就是论世。当然，为学生提供一些与课文内容有关的其他文字材料，以便起到引证、映衬或者辩驳的作用也是必要的。如在教学柳宗元的《江雪》时，对其中的诗句"孤舟蓑笠翁，独钓寒江雪"，有一学生提出这样的质疑："这么冷的天，诗人为什么还要出去钓鱼呢？"

生1：因为他家里穷，有了上顿，没了下顿。

师板书：贫困说。

生2：因为他迷上了钓鱼。

师板书：兴趣说。

生3：因为他喜欢清静，独享清静。

师板书：清静说。

生4：因为诗人家里遇到了不愉快的事，他的心情很不愉快。

师板书：郁闷说。

师：那你们觉得哪一说法更正确呢？我们看看柳宗元在写这首诗的时代背景。

接下来老师讲述背景，在学生知晓柳宗元是在被贬、不愿与人同流合污的情况下写下这首诗的，答案也就一清二楚了。在这个环节中，老师让学生不断地猜想，激发求知的欲望，学生自然产生浓厚的学习兴趣，探索问题。对于文本中"这么冷的天，诗人为什么还要出去钓鱼"这个空白，教师善于弥补空白，挖掘文本，在这个挖掘的过程中老师采用了"后发制人"的教学方法，老师并没有事先交代时代背景，而是让学生亮出自己的观点，再道出时代背景，不但让学生有充分思考时间，而且让学生对文本有更深刻的认识。在语文教学中，我们要潜心文本的同时，还要知人论世，了解作者的生平、写作时代背景及其他作品。

2. 多元解读，读厚读薄

新课程实施之后，在教学内容的价值取向和解读作品的策略主张方面与以往的语文教学有了明显区别。在教学内容的价值取向上，由过去主要关注教学内容的思想教育意义到现在不仅关心文章内容的思想教育价值，同时更多地关注教学内容的文化认同、文化积淀的价值和情感熏陶、艺术审美的价值；在解读文学作品的策略上，按照由教参的定论形成的一元解读，发展到现在所倡导的在教师、学生与文本对话的基础上的"多元解读"。我个人认为，语文教学中我们应该将二者辩证统一起来，既要体现读者个性的多元解读，也要尊重和还原作者创作主旨一元解读，二者是共存与共生关系。

无论是一元解读还是多元解读，教师解读教材需要将文本"读厚"，再将文本"读薄"。读厚，就是对文本中的字、词、句、段、篇进行准确、详尽的理解和阐释，包括词句的解析、深层含义的揭示、省略义的补充、隐含义的挖掘、写作意图的阐释等。不仅如此，还要尽量结合具体事例用通俗明白的语言来阐释文意，并征引课外材料丰富学生对文章主旨的理解。读薄，就是对课文具体内容的概括，对课文信息进行依次筛选，对文意予以逐层归纳。具体的手段是抓住关键词、中心句以及"文眼"，然后理清思路、梳理文脉、撰写提纲、提炼主旨等。莫怀戚的《散步》是一曲用580字凝成的真善美的颂歌。讲的是一家人祖孙三代，在初春的田野上散步，和和美美、相亲相爱的故事。教师可以从亲情、人性、生命这三点构成的轨迹上进行解读，也可以解读成一家人互相包容、互相体谅的亲情，教学中根据学生的理解，还可以生成为可贵的亲情、温馨的气氛、尊老爱幼的美德、春天美丽的景色、生命的气息等。

3. 置于整体，品味细节

在进行文本解读时，教师一定要将文本的解读置于单元整体之中，在单元整体内容的大背景下，去解读单篇文章。从单元和整个教材系统来看，一篇课文并不是一个孤立的存在，而是单元整体和整个教材体系中的有机构成。这就要求教学时对单元整体进行把握，把文本解读置于单元整体之中，否则就会出现偏读文本的现象。

细节，是构成人物形象、故事情节和环境特征的最小单位。细节也是表现事物各种感性特征的具体而细小的材料，细节描写就是对这些细枝末节的描绘。细读文本，就要引导学生从凝神聚气地阅读开始，让学生先入境再入情，就要向学生讲述需要从文本中关注哪些重要的字、词、句，这些字、词、句是理解文本、感受文本、感悟作者表达情感的重要提示点，也是一个作者不同于另一作者表情达意的风格之异。细读就是充分阅读。充分阅读的一层含义就是对文本进行反复阅读。所谓反复阅读绝不是重复，而是要用全新的眼光去审视文本，发掘新的意义。优秀的文学作品，总是经得起反复阅读的，也只有经过反复阅读才能对文本做出丰富、深刻、个性化的解读。

教材文本是一个完整而独立的艺术品，具有其独特的形式和结构，也表现其相对独立存在的独特的文本意义。教师对文本的解读，既是发现和领悟文本的意义，也是在亲近文本的过程中建构新的意义。教师引导学生在与文本接触的过程中读出来的意义，其实是读者的认知与重建而形成了的新的意义，被称为读者的意义。同时，作者创作则是为了表情达意，自然在文本中注入了作者的情意与思想，但作者的情意与文本所蕴含的意义又未必是完全一致、完全等同的，甚至因为作者采用了艺术手法恰好使自己的情意与文本所表达的意义会产生更大的差异，甚至会发生矛盾，所以教师如果要把握作者究竟要借助文本来表达什么样的本意，不但需要借助文本来进入作者的内心世界，还需要了解作者创作时特定的人生处境以及历史文化背景。

教材解读是真实的阅读，是孕育创造性品质的阅读，解读教材的策略还有很多。建议我们继续从实践中摸索，在教材的多元化解读过程中，引导学生在语文学习中不断张扬个性、完善人格、塑造人文精神。

二、文本解读与实施案例

感受图画之美　探究园林文化
——《苏州园林》教学设计

北京市陈经纶中学本部初中　申军娟

一、教学背景

1. 课程标准要求

《义务教育语文课程标准》（2011版）中对说明文阅读提出"阅读说明性文章，能提取主要信息，把握说明对象的主要特征，明确说明文的说明顺序，了解文章是如何使用恰当的方法来说明的；还要体会说明文语言严谨、准确的特点，增强思维的条理性和严密性""对课文的内容和表达有自己的心得，能提出自己的看法和疑问，并能运用合作的方式，共同探讨疑难问题"等要求。

基于以上要求，引导学生用江南研学所拍的照片，印证作者在文中体现苏州园林特点的语句，建立图片与文本内容的联系，理解文本内容，体会苏州园林图画美的特征。学生结合文章说明顺序为照片排序，梳理文章的说明顺序，增强思维的条理性和严密性，使自己的思维走向深刻。在阅读和理解文本的基础上，感受苏州园林的图画美和自然之趣，在感受图画美的基础上，学生通过为文章有关段落配上合适的古诗词，深入体会苏州园林诗意之美，以此提升他们审美情趣和鉴赏能力。引导学生结合补充材料将大观园和苏州园林进行比较阅读，发现江南园林与皇家园林风格的不同，在比较基础上，探究江南园林所蕴含的丰富文化内涵。

2. 学习任务分析

《苏州园林》是八年级上册第五单元的一篇文艺性说明文，与茅以昇的《中国石拱桥》、法布尔的《蝉》、毛宁的《梦回繁华》同在一个单元。本单元的文章在体裁上都是说明文，通过阅读中国建筑、园林、绘画艺术的文章，可以了解我国人民在这些方面的卓越成就，感受前人的非凡智慧与杰出创造力。

《苏州园林》是叶圣陶先生为陈从周《苏州园林》这本图册所作的序言，是一篇文艺性说明文，作者叶圣陶从小生活在苏州，对苏州园林非常熟悉。这篇文章是从游览者的角度，概括了数量众多、各具匠心的苏州园林的共同特点，并从多方面说明了苏州园林图画美的特点。教学上运用图片与文本互相印证的方法，建立文字阅读与图片的联系，形成图文结合的一种教学方式。在此基础上，让学生掌握阅读文艺性说明文的方法。此外，本文的语言精美，在教学上我还给学生设计了一个为文章段落配上古诗词的任务，让学生在阅读文章的同时，学会调动学习积累，形成新旧知识的联系。课文像一把钥匙，打开了苏州园林之美的奥秘之门，本节课学习说明文写作方法，掌握说明文写作顺序的同时，引领学生感受苏州园林这一独具中国特色的建筑形式，体会中国古典园林的艺术美。

3. 具体学情分析

八年级的学生对于说明文并不陌生，之前已经学习了一些说明文，有了一定的阅读积累，初步了解了阅读说明文的方法，为学习《苏州园林》一文打下了一定基础。苏州园林是中国古典园林的典范，中国园林艺术与诗画艺术相通，中国园林一向被誉为如诗如画，《苏州园林》是一篇文艺性说明文，在作者叶圣陶笔下，苏州园林富有诗情画意，引领学生体会苏州园林图画美的特征，就成为这节课的教学重点，通过开发学生江南研学的资源，让学生用照片印证书中的文字，来体会苏州园林的图画美，从而突破教学重点。这篇文章在介绍苏州园林特色的同时，蕴含着丰富的文化内涵，这一点不容易理解，成为本课教学的难点。教师通过补充材料，引导学生通过比较阅读，合作探究，从而突破教学难点。

二、教学目标

（一）教学目标

1. 学生通过用图片与文本互证的方法，感知苏州园林图画美的特点；

2. 学生结合文中的关键语句，为图片进行排序，梳理文章说明顺序；

3. 学生结合文章内容，为文段配诗词，体会苏州园林诗意美的特征；

4. 学生结合补充材料比较阅读，探究中国园林蕴含的丰富文化内涵。

（二）教学重难点及教学策略

1. 教学重点及突破策略：

（1）学生通过图片与文本互证的方法，感知苏州园林图画美的特点；

（2）学生结合文中的关键语句，为图片进行排序，梳理文章说明顺序；

（3）学生结合文章内容，为文段配诗词，体会苏州园林诗意美的特征。

突破策略：学生抓住文中关键语句，用图文印证、为图排序、为文配诗的方法，体会苏州园林图画美和诗意美的特点，感受苏州园林独具特色的建筑之美。

2. 教学难点及突破策略：

学生结合补充材料比较阅读，探究江南园林蕴含的丰富文化内涵。

突破策略：学生通过补充材料、比较阅读，探究江南园林所蕴含的传统思想和文化内涵。

三、教学过程

教学环节、教学活动、核心素养		
教学环节	教学活动	核心素养
感知图画之美	用照片印证文章，体会图画美的特点	语言建构与运用、思维发展与提升
梳理文脉之美	抓住文中关键语句，梳理说明的顺序	语言建构与运用、思维发展与提升
体会诗意之美	通过为文配诗，感受园林诗意美特点	语言建构与运用、审美鉴赏与创造
探究文化之美	补充材料比较阅读，探究其文化内涵	语言建构与运用、文化传承与理解

主要教学过程			
教学环节	教师为主的活动	学生为主的活动	设计意图
环节一 感知 图画之美	引导学生用照片印证作者说明的文字，体会苏州园林的图画之美。充分开发学生江南研学活动中的资源，增强学生学习的乐趣	导入：园林是掌上的江山，于咫尺间造乾坤，使人不出城郭而获山林之怡，身居闹市而有林泉之趣。今天我们一起随着语言艺术家叶圣陶的文字走进苏州园林，感受苏州园林的画意诗情 活动设计：图文互证 选取江南研学时体现苏州园林特点的照片或用自己设计的插图，印证作者文中说明的文字，并结合段落关键词句概括苏州园林的特点 要求： 1. 组内分享并推选最能体现苏州园林特点的图片； 2. 把图片贴在黑板上并进行解说，解说时要对应段落相应的文字； 3. 抓住段落关键语句概括苏州园林的特点	这一环节学生通过图文互证的活动，学生充分调动了自己游览苏州园林时的鲜活体验，学生在分享图片的过程中，在图与文之间不停地穿梭中，建立了语文与生活之间的联系。在分享交流中提升学生提取信息、整合信息、整体感知文本的能力。同时图文互证的活动，给学生留有灵活的生成空间，可以激发学生对文本独特的感受
环节二 梳理 文脉之美	引导学生结合文章说明顺序为自己拍的能体现苏州园林特征的照片排序，更清晰地把握本文说明顺序	活动设计：为图排序 苏州园林是我国各地园林的标本，作为课文的《苏州园林》也是语文里园林的标本，叶圣陶笔下的苏州园林讲究章法，脉络清晰 阅读文章，观察图片，结合文章内容和图片信息，按照你的理解将图片进行排序，从文中找到排序的根据，并概括文章说明顺序 评价标准： 1. 观察图片，根据自己的理解进行合理排序； 2. 阅读文章内容，理解图片信息，用简洁的语言说明排序理由； 3. 概括文章说明顺序	设计这一环节意在让学生结合文章关键语句，通过为图排序的活动，梳理文章的脉络，理清说明的顺序。学生充分发挥创造性，关于这几幅图片同学们可以有很多富有创意的摆放方法，分享过程中可以生成丰富的学习资源，充分享受学习的乐趣，在此过程中让思维走向了深入

教学环节	教师为主的活动	学生为主的活动	设计意图
环节三 体会 诗意之美	通过开发诗词资源，引导学生在诗文互证的活动中，吸引学生细读文本，体会苏州园林的诗意之美	活动设计：为文配诗 活动设计：文章第4段中为了说明池沼配合的画意美，引用了"鱼戏莲叶间"的诗句。请你自选一个段落中的一处景致，为它配上一句合适的诗词（可引用，可自创），感受苏州园林的诗意美，体会文章语言生动典雅的特点 句式：游览者看"_____"，又是入画的一景。 诗句提示： "听雨入秋竹" "芭蕉叶上潇潇雨" "庭院深深深几许" "水晶帘动微风起，满架蔷薇一院香" "寒花瘦竹岸边生，小阁回廊叠画屏" "石幢一尺桃花雨，便有红鱼跳绿萍"	设计为文配诗这一活动意在引导学生通过为文章配上合适的诗词，结合文中具体语句，感受苏州园林的诗意之美。"为文配诗"的活动，可以调动学生平时的诗歌积累，建立文本与诗歌之间的联系。学生还可以为文章配上自己创作的小诗，在创作的过程中充分体会苏州园林的画意诗情。通过开发诗词资源，丰富学生的学习内容，在诗文互证的活动中，吸引学生细读文本
环节四 探究 文化之美	引导学生结合《红楼梦》中大观园的有关内容，和苏州园林进行比较，对中国园林的特点形成更清晰的认识	活动设计：比较阅读 "中国园林如画如诗，是集建筑、书画、文学、园艺等艺术的精华，在世界造园艺术中独树一帜。"（陈从周语）艺术都是相通的，你看曹雪芹笔下的大观园被认为"是一个南北名园的综合" 阅读《红楼梦》第十七回中描写楼台轩榭、假山池沼和花草树木的内容，说说大观园有哪些特点，与课文所写的苏州园林有什么异同 提示： 这一环节中教师为学生开发了《红楼梦》选段的学习资源，选段包括"曲径通幽""沁芳亭""潇湘馆""稻香村""省亲别墅"等有关文字，	江南园林有别于皇家园林，通过苏州园林和大观园的比较阅读，发现两者的异同点，对苏州园林的特色有更进一步的认识通过开发《红楼梦》相关的学习资源，让学生充分感受到了苏州园林画意诗情的特点，也领略到了园林主人对诗意人生的追求。师生在课堂对话中，展开思想的碰撞交流；学生在质疑争

续表

教学环节	教师为主的活动	学生为主的活动	设计意图
		学生在阅读基础上和苏州园林进行比较，发现二者之间的异同点 追问：似乎造园主人们一直追求的是_____ 预设： 自然之趣、安静闲适、淡泊宁静 小结：德国诗人荷尔德林曾说："人，诗意地栖居。"生活不只眼前的苟且，还有诗和远方。愿大家能诗意地栖居在大地上	论中，将思维引向深入。师生在丰富的语文活动中，充分感受到了语文学习的魅力同时，通过探究园林文化内涵，提升学生文化传承与理解的素养
作业布置	学生进行拓展阅读，读写结合，创写一个小片段，表达自己对身边美的独特认识	1. 推荐阅读《陈从周园林随笔》中的《说园》，进一步体会中国古典园林的特色 2. 陈经纶中学本部初中未来要建一座园林式的校园，向同学们征集设计方案，请写出你的创意设计 要求： （1）借鉴苏州园林诗情画意的特点； （2）设计方案要有创意，有特色； （3）字数在300字左右	语文阅读课程分类：单篇、群文和整本书阅读三类，在作业的设计上也体现出我们的课程设计特点。设计这个作业意在体现读写结合的课程设计理念，引导学生学以致用，写出自己的生活片段，从而提升语言建构和运用、文化传承和理解的素养

四、自我评析

1. 开发有效教学资源

《苏州园林》是语言艺术家叶圣陶先生的一篇说明文，文章脉络清晰，讲究章法结构。作为一篇说明文范文，怎么才能突破说明文的一般教法，让学生对本文的学习既有切实的收获，又能体验到学习过程的乐趣？

恰巧上这节课之前，学生去江南开展了研学活动，游览了苏州园林最具有代表性的一所园林——拙政园，于是借助学生的活动资源，本节课开发了江南研学资源，让学生把对苏州园林的印象绘成图画，以充分感知苏州园林的图画美。

苏州园林是一种独具中国特色的建筑形式，除了具有图画美的特征之外，还有内在的诗意美，为了让学生充分感受这一特点，我开发了苏州园相关的诗词资源。另外，我还开发了大观园的相关阅读资源，这样可以辅助学生深入理解文本内容，把学生思维引向深入。

2. 设计丰富学习活动

语文课堂上如何激发学生学习的积极性，使学生主动参与？如何使学生的语文学习生动活泼，充满趣味，有灵动的生成？如何让学生充分感受到语文学习的魅力？我发现在深入解读文本，充分了解学情基础上，创设有效的学习活动至关重要，这样才能为课堂注入生命的活力，从而让师生享受课堂的乐趣。

这节课设计了图文互证的活动，在这一学习活动中，每名同学都将能够体现苏州园林特点的照片在组内进行了分享，擅长绘画的同学还为文章设计了插图。然后每个小组推选出本组最合适的照片（或插图），把图片贴在黑板上，并由一名同学给全班同学进行解说，解说时不仅要描述照片的构图，朗读文中对应的文字，还要抓住段落关键语句概括出苏州园林的特点。由于开发了江南研学时学生所拍照片的资源，创设了图文互证的活动，学生充分调动了自己游览苏州园林时的鲜活体验，作者笔下苏州园林图画美的特征不再抽象，而变得非常具体。学生分享图片的过程中，在图与文之间不停穿梭，建立了语文与生活之间的联系。学生在图文互证的活动中，提升了语言建构与运用的能力。另外，还设计了为文配诗活动，使学生在丰富的活动中感受苏州园林的诗意美。这一活动中，调动了平时的诗歌积累，建立了文本与诗歌之间的联系，有的同学还为文章配上了自己创作的小诗，尽管比较稚嫩，但学生在创作的过程中充分体会到了苏州园林的画意诗情，提升了自己的审美鉴赏和创造能力。

3. 用比较阅读探究文化

这一活动中为学生开发了《红楼梦》选段的学习资源，选段包括"曲径通幽""沁芳亭""潇湘馆""稻香村""省亲别墅"等有关文字，学生在阅读基础上和苏州园林进行了比较，发现了二者之间的异同点。通过比较阅读，深入探究江南园林的文化内涵。在读懂文本基础上，比较江南园林和皇家园林的不同，深入探究江南园林丰富的传统思想和文化内涵。

这节课我开发丰富的学习资源，设计有效的语文活动，让学生充分感受到了苏州园林画意诗情的特点，也领略到了园林主人对诗意人生的追求。师生在课堂对话中，一次次展开思想的碰撞交流；学生在质疑争论中，一次次将思维引向深入。师生在丰富的语文课活动中，充分感受语文学习的魅力，一起构建了一堂灵动有趣的、富有生命气息的语文课堂。

《一棵小桃树》自读课教学设计与评析

北京陈经纶中学本部初中　熊素文

一、**教学背景**

1. 课程标准要求

《义务教育语文课程标准》（2011年版）对阅读目标和内容有如下相关要求：在通读课文的基础上，理清思路，理解、分析主要内容；对课文的内容和表达有自己的心得，能够提出自己的看法，并能够运用合作的方式，共同探讨、分析、解决疑难问题。欣赏文学作品，能有自己的情感体验，初步领悟作品的内涵，从中获得对自然、社会、人生的有益启示；对作品的思想感情倾向，能联系文化背景作出自己的评价；对作品中感人的情境和形象，能说出自己的体验；品味作品中富于表现力的语言。阅读评价要综合考查学生阅读过程中的感受、体验、理解和价值取向。

2. 学习任务分析

2016年开始实施的"部编初中语文教材"的阅读课程的基本特点和重要创新是"教读""自读""课外阅读"三位一体的结构。"自读"连通课内和课外的阅读，引导学生将教读课所学到的方法和策略自觉运用到自读课的自学中，"自读"课沟通课内和课外，再从单篇阅读走向书册阅读、课外阅读，不断形成内在的阅读知识和能力体系。

《一棵小桃树》是部编人教社七年级下册语文第五单元第18课。本单元课文或借景抒情，或托物言志，字里行间闪烁着哲理的光彩，带给我们启迪。本文是一篇状物抒情、托物言志的散文，通过描述一棵小桃树曲折艰难的生长过程，赞颂了小桃树同命运抗争的顽强精神，并借助小桃树抒写自己的情志、理想，揭示一个生活哲理：不屈不挠的奋斗，定会战胜磨难，创造美好的未来。面对生活的困苦和磨难，要顽强地斗争，不懈地追求。

3. 具体学情分析

学生在人教版小学五年级上册，曾学过一篇托物言志的文章：许地山先生的《落花生》，作者正是借"落花生"这个最平易、最常见，而又有益于人类的小小植物，寄托了他"要做有用的人，不要做伟大、体面的人"的朴实而可贵的志向。2016版部编初中语文教材七年级下册第四单元的两篇文言文《陋室铭》和

《爱莲说》也都属于典型的托物言志的写法。部分学生的难点在于不能在"物"和"志"之间建立联系，而《一棵小桃树》这篇课文的"志"内涵丰富，学生不易全面、深入地理解。本文是自读课文，正文旁边的批注提示了内容要点和作者的感情变化，这些有利于帮助学生开展自读。对于散文的阅读，学生在方法上有一定的积累；但在托物言志写法的学习上，学生除了能辨析之外，还需要进一步理解作者是如何通过所写之物表达所言之志的（明写小桃树，暗写自己）。建立起"一棵小桃树"与"我"之间的联系，理解小桃树的深刻内涵，进一步学习托物言志的手法，从课内走向课外，读懂托物言志类文章。

二、教学目标

（一）教学目标

1. 自读课文，理清脉络，概述小桃树的生长过程。

2. 品析描写小桃树的语句，体会作者对小桃树的独特情感，把握线索。

3. 比较小桃树和"我"的人生经历，学习运用托物言志的手法，理解作者的人生思考。

（二）教学重难点及教学策略

本课的重难点是：品析逆境中小桃树细致的描写来感悟作者对小桃树的情感，领会小桃树的深刻内涵。

教学策略主要有：

1. 品析关键语句：品味作者对小桃树细致入微的描写，感受作者对小桃树的特殊情感。

2. 比较阅读法：寻找小桃树和"我"的成长过程中的共性，加深对文章内容和主旨的理解。

三、教学过程

教学设计思路（教学结构图）

教学环节	教学活动	核心素养
环节一：自读感知	自读课文，感知形象	语言建构与运用 审美鉴赏与创造
环节二：跳读理解	跳读梳理，比较感知	思维发展与提升 语言建构与运用
环节三：感悟发现	感悟情感，理解手法	审美鉴赏与创造 思维发展与提升

教学环节	教学活动	核心素养
	运用手法，学以致用	文化传承与理解 语言建构与运用

主要教学过程			
教学环节	教师为主的活动	学生为主的活动	设计意图
环节一： 自读感知	教师指导学生快速浏览，回顾梳理自读课文，整体感知小桃树形象	活动1：用"飞花令"游戏活动引入：请你以"桃花"为关键词，说出包含桃花的诗词 活动2：自读发现：概述小桃树的故事，以"我读出_____的小桃树"为句式，进行表述	激趣导入，指导学生用飞花令积累有关桃花的诗句，同时进入课堂，导入课文的自读梳理
环节二： 跳读理解	教师指导学生结合思维导图、读文章旁批，在评点时，可以适时穿插赏析方法品读。梳理作者与小桃树的经历和感情。链接作家名片，引导比较阅读，进一步感悟小桃树的精神	"以我观物，故物皆着我之色彩。" ——王国维《人间词话》 活动1： 作者用小桃树来暗示自己的情感，于是小桃树就有了某种的寓意，成为作者感情的寄托，阅读链接内容，请你从文中找到有关文字，结合旁批提示，具体谈谈作者在小桃树上寄托了怎样的情感 提示：感叹句、疑问句 小组读议，全班交流 【链接】作家名片 贾平凹，1952年生于陕西一个偏僻落后的小山村。原名贾平娃。父亲是乡村教师，母亲是农民。1967年初中毕业后在家务农。"文革"中，家庭遭到毁灭性摧残，他沦为"可教育子女"。1972年至1975年以偶然机会进入西北大学学习汉语言文字。此后一直生活在西安，从事文学编辑兼写作。他的创作以小说、散文最突出，是一位勤奋多产的作家。他的散文具有空灵蕴藉的风格	在学生读出小桃树特点基础上顺次导引到"我之色彩"的研析。链接材料帮助学生明确双线结构这一板块让学生结合思维导图充分分析发现，发言中质疑思考

续表

教学环节	教师为主的活动	学生为主的活动	设计意图
环节三：感悟发现	教师指导学生采用精读的方法，让学生批注奶奶和小桃树有关的语句，品味作者的深情。总结托物言志手法	活动1：贾平凹对小桃树特别偏爱：用"一棵小桃树"命名散文集，2016年最新集子中再次选入。跳读文章，以小组合作的方式完成自读导图，谈谈读了文章之后的启发 活动2：再读文章，小组讨论： 请你概括一下小桃树的梦和"我"的梦分别是什么？从文字的描述中，请你探究一下奶奶的感情 预设： 小桃树：蓄（种）梦—现梦—梦断—寻梦—追梦 奶奶：启发—呵护（帮助）—守候—温暖力量	抓住散文的"神"，从学生的导图中生发问题，读出对"奶奶"的情感寄托
环节四：拓展延伸	指导学生欣赏评价，运用托物言志的手法，学以致用，用诗化的语言写出真实感受	小桃树是坚强的：在树的顶端，高高的一枝上，竟还保留着一个欲绽的花苞，嫩红的，在风中摇着，却没有掉下去，像风浪里航道上远远的灯塔，闪着时隐时现的光。只要活着，就有希望，不是吗？梦想不管多么深邃在内心，不管多么遥远在将来，只要有一朵花苞，就有开放的时候 人人有一棵小桃树，愿我们的小桃树花朵灿烂，果实丰硕 1. 如果用一句诗表达小桃树的遭遇，你会选择哪句诗？谈谈你选择的理由 预设： 墙角数枝梅，凌寒独自开。遥知不是雪，为有暗香来。——《梅花》王安石 要知松高洁，待到雪化时。 ——《青松》陈毅 千磨万击还坚劲，任尔东西南北风。 ——《竹石》郑板桥 粉身碎骨浑不怕，要留清白在人间。 ——《石灰吟》于谦 宁可枝头抱香死，何曾吹落北风中。 ——《画菊》郑思肖	学以致用托物言志手法，还带有哲理，提升语言运用的品质，具有思维力

续表

教学环节	教师为主的活动	学生为主的活动	设计意图
		冲天香阵透长安，满城尽带黄金甲。 ——《菊花》黄巢 2. 仿写： 墙角的花！你孤芳自赏时，天地便小了。（这句诗通过对墙角小花孤芳自赏的委婉嘲讽，意在告诫人们做人处世应当谦虚，切勿骄傲） 预设：	
作业布置	1. 推荐阅读：阅读《心灵花开》中"走近贾平凹" 2. 诗化表达：（任选其一） （1）以"就是那一棵小桃树"为题，用诗化的语言书写自己的阅读感悟 （2）以"我心中的＿＿＿＿＿"为题，运用托物言志的手法，抒写自己的梦		
板书设计			

一棵小桃树

奶奶　　　　　　梦　　　　　　贾平凹（"我"）

抒情　　　　　　托物　　　　　　言志

四、自我评析

这节课体现了我们新教材的特点，在教读的基础上指导学生自读，体现了语文学科核心素养中对学生思维、审美和文化的要求。从整个教学过程中来看，课堂充分体现了以学生为中心，教学环节紧凑，问题设计有梯度，层层递进，学生对文章内容的理解有深度，教学效果显著。老师在课堂中运用古诗文与现代文的结合，符合学情，尊重学生阅读感觉，同时进行适时引导，我们看到学生的阅读积极性被充分调动起来，而学生分享的过程就是加深理解的过程，非常符合自读课的要求，学生课堂生成充分。老师的基本素养在课堂教学中得到充分展现，我们上的是语文课，老师在课堂中注重语文积累和语文方法的指导；在突破重难点上，朗读、讨论、思维导图等教学策略恰当有效；朗读的运用恰到好处，升华课堂。整节课容量很大，学生参与度很高。导入新颖，文本意识很强，由《人间词话》中的语句引出作者和小桃树的特殊情况，很巧妙；对奶奶和梦、我和梦之间的关系分析透彻，为学生理解本文托物言志手法的运用巧妙搭桥。

——朝阳区教研中心教研室中学语文教研员李满园老师

五、教学反思

问题推动课堂自读，任务驱动思维深入

——以《一棵小桃树》自读课教学为例

自读课应强调自主学习，由这位老师强调的"自主"思考开去，引发了我思考下面的两个问题：

（1）自读课上老师还要不要指导？老师应该如何指导？

（2）怎样引导学生在前面同学发言的基础上补充或深化？学生自主交流如何深入？

教材专家编者给课文赋予了不同的功能，阅读部分每个单元都分为教读、自读两类课文。显而易见，编者的意图是：通过教者对自读课的精讲，学生能把注意力迁移到自读课文中去，从而培养独立阅读的能力。所以，在《一棵小桃树》的课堂教学定位，就是通过主问题的设计，在学生自读的基础上，将学生的思维引向深入。

阅读教学中要处理好自读课和教读课的关系，重视自读课的教学，用系统论和实践论的观点处理好教读课和自读课的关系，教读是为了自读，自读是教读的目的，是"会读""不需要教"的实践，从教读到自读有一个过程，在这个过程中，自读课的教学目标要注意和相关单元的教读课要求一致。本课是人教版七下第五单元"生命感悟"中的第二篇文章，前一课《紫藤萝瀑布》是教读课，承接上一单元《陋室铭》和《爱莲说》的学习，在《紫藤萝瀑布》的学习中，学生对于托物言志的手法有了一个更细致、更全面的了解，能品析所托之物的特点和写法，明确托物言志的关键是物和志的统一。有了这些知识方法的铺垫，学生在自读《一棵小桃树》时，自然能够先开展自主自读（预习），但是学生往往忽略了课本中旁批内容问题，对于本文双线结构的理解、作者如何通过所写之物表达所言之志的，还是难点，课堂中的自读指导就是关键了。而课堂中教师如何在学生自读中发挥指导的作用，还要给学生自主学习的平台，老师不能越俎代庖，更是难上加难，课堂主问题设计和过程的生成就是关键了。本课设计主要由四大板块：初读感知—跳读理解—感悟发现—拓展延伸。主要流程如下：

（1）激趣导入：飞花令。（两大组PK）。

（2）自读发现：说小桃树的故事，你读出小桃树_____。

（3）跳读理解：小桃树对你意味着什么？为什么"我"在文中反复称呼它是"我的小桃树"？结合文中相关内容和旁批提示，具体谈谈作者和小桃树的特殊情感。

（4）再读感悟：交流，小桃树和我的梦。进一步思考发问，引出奶奶和"我"的小桃树、"我"的梦，朗读片段。

（5）总结感悟：用一句古诗表达小桃树的遭遇。仿写：墙角的花！你孤芳自赏时，天地便小了。

学生首先进行的是自主式自读，自己编制了阅读导图，包括小桃树形象、"我"的思想感情线索梳理，亦可从托物言志的手法运用上自行梳理。这些是在前期的学习基础上学生能够自读完成的内容，只是自主学习的深浅是不一样的。那么，在课堂中，如何有效保证学习过程不出现偏差及让每个学生都能积极主动投入学习及问题探讨之中呢？课堂中保证教师有效指导、学生有效阅读的生成，我认为至少要有四个保证。

1. 板块问题保证任务驱动

依据全面分层、自主个性、读写培养原则，板块主问题设计中，进行具体的读写任务设计，形式变化多样，贯穿听说读写能力培养，确保全班每个学生都投入阅读、质疑、探讨活动之中，要使学生都参与到课堂活动之中。做到这一点，教师设计的任务是具体的、可操作探究的，面向全体学生的，是分层次的，包括预先设计的和课堂生成的；利用任务调动学生思考的积极性和主动性，能满足不同个体需求的多样性，能切合不同个体心理的独特性。比如，在读的方式上，根据板块设计，有速读（浏览）、跳读、精读朗读，还有延伸积累读；讨论交流，有全班性的、小组内的，有代表小组全班交流的，还有学生个体当下与预习感知的交流等。在交流中，引发问题点，引向更深入的阅读，如"我"和小桃树、小桃树和奶奶以及"我"的梦，将学生思维导向深入。还有用一句古诗表达小桃树的遭遇，仿写（"墙角的花！你孤芳自赏时，天地便小了"）环节，给学生运用积累进行提炼评价，以及感悟写作的平台，言简意赅，读写小任务驱动收束全课。

2. 小组讨论保证问题生成

讨论是一种学习过程，也是一种思辨的过程。通过讨论可以使学生思维清晰化、条理化，也可以使思维深化。使用小组讨论，讨论的问题必须具体、有可讨论性，其结果应该是多向性的，能充分引发学生个体思维的独特性，展示不同的思维结果。讨论的板块主问题是预设的，但是更重要的是在课堂中学生生成的问题讨论，以及如何发现问题、倾听同学发言然后自主深入讨论。在自读课《一棵小桃树》中学生已经自读完成思维导图，课堂中即以此为基点，通过课堂中小组针对"我"对小桃树的特殊感情的讨论，学生梳理出物我之志间的关联，适时补充"作家名片"，学生展开对话（生生间、与文本作者间），并直接代表小组进行交流，各组间有自己的理解收获。然后再进一步从学生自读的梳理中，提出"奶奶"、小桃树、"我"的梦之间的问题，再展开新一轮的小组跳读朗读及问题讨论，完成难点突破。在这样的过程中，生生之间、组与组之间都有交流碰撞，学生自主阅读走向深入，真正理解本文的双线结构和托物言志手法的运用。

3. 有效调控保证思维品质

课堂中，老师调控的既有教学节奏、板块实施、任务完成等课堂活动走向，更有学生阅读和思考状态的调控。课堂活动中，老师要眼观六路、耳听八方，小组活动时要深入各组了解把控，随机引导；在学生发言时要因势利导，引发大家的思考，时刻关注班级的整体情况，使每一个学生都能集中精力，进入阅读和思考状态。在本课教学中，特别体现课堂特色，学生一直处在主动、兴奋的状态，小组发言的代表都不是小组的精英，不少同学突破自己，站上讲台和大家交流，这种自信，是小组给的，是老师给的，也是自己给的。其实老师正是在这样不完美的发言中，及时地捕捉，更好地引发深入思考的问题，有效驱动学生思维发展。在第二个板块，两组学生发言雷同，老师适时引入一位同学的思维导图，然后补充"作家名片"材料，由此启发学生走出思维的瓶颈区，找到一个思维的出口，也渗透自读的方法，教会学生查找资料，比较阅读，体现自读课中教师发挥的导向作用，促进学生良好思维品质的形成。

4. 读写贯通保证训练平台

语文教学的关键就在"读"与"写"。自读课课堂中自然以"读"为核心，也需通过听、说、读、写等言语实践活动，提升学习主体的语文素养。在这样一个动态过程中，问题推动阅读，读写任务驱动学生活动，帮助学生培养良好的阅读习惯和思维习惯，也在打破思维定式，开发想象力。写的形式很多：仿写、缩写、扩写、创写。一节课承载的内容不能太多，于是一定要抓住作为课堂的延伸——作业的设计。在作业设计中注意抓住读写、分层选择、个性创造。如，本课的作业是，推荐阅读：《心灵花开》"走近贾平凹"。诗化表达：（任选其一）（1）以"就是那一棵小桃树"为题，用诗化的语言书写自己的阅读感悟。（2）以"我心中的_____"为题，运用托物言志的手法，抒写自己的梦。"涵泳体察，精思笃行"，讲求的是在"言尽"和"意达"之间的张力关系中探其精微，建立起学习者与作者、教材编者、文本之间对话的"理解场"，从而用思维引领语文课堂教与学，最终实现"教是为了不教"，去实现真正的"自主"。

众人皆醉我独醒

——《穿井得一人》教学设计及评析

北京陈经纶中学民族分校 李爱华

一、教学背景

1. 课程标准要求

《义务教育语文课程标准》（2011年版）中对第四学段学生提出"诵读古代诗词，阅读浅易文言文，能借助注释和工具书理解基本内容""注重积累、感悟和运用，提高自己的欣赏品味"的阅读要求。要求学生"对课文的内容和表达有自己的心得，能提出自己的看法""欣赏文学作品，有自己的情感体验，初步领悟作品的内涵，从中获得对自然、社会、人生的有益启示"。《义务教育语文课程标准》（2011年版）还指出"各个学段的阅读都要重视朗读和默读"阅读是学生的个性化行为。阅读教学应引导学生钻研文本，在主动积极的思维和情感活动中，加深理解和体验，有所感悟和思考，受到情感熏陶，获得思想启迪。

基于以上要求，为提高学生感知与理解的阅读能力，在设计本课的教学过程中，积极倡导学生自主、合作、探究的学习方式，充分发挥学生的主动意识和探索精神，注重质疑和交流，形成师生之间、生生之间的平等对话，在主动思维和活动中，加深理解与体验。本节课我引导学生以读带品，通过读懂一个故事分析语言背后的寓意，在设置的情境中书写表达自己独特的体会。培养学生朗读能力、思辨能力、语言建构和表达能力。

2. 学习任务分析

调动自己的体验，联系生活实际，深入理解课文是七年级上册语文教材第六单元的教学目标之一。《穿井得一人》是篇幅很短的文言寓言，具有读懂寓意和文言文阅读的双重任务，而且编者所加题目很具有吸引力，这就激起了我和我的学生们想一探究竟的兴趣。读懂文字表意不难，但能深刻理解寓意并能与实际生活发生关联，对新入学的初一新生来说，有些难度。另外，就因其篇幅短、注释又相对详尽，一节课如果只读一篇文章似乎容量太少，而且学生的理解未必深入。所以就设计1+X的模式，以一篇带动相关内容的拓展阅读为途径，完成读懂寓言寓意和培养阅读浅易文言文能力的教学任务，同时培养学生的思辨能力。

3. 具体学情分析

本节课教学对象是七年级学生，刚刚过完儿童节的他们思维活跃，喜欢读故事，虽然之前已经学习接触过像《陈太丘与友期行》《狼》这样的故事性很强的浅易文言文，但他们尚未有文言积累，缺乏一定的文言文阅读基础，对文言语段的感悟理解还停留在文字表面，没有形成一定的文言阅读能力，文言文阅读迁移能力较弱，没有经历过文言语段的迁移阅读训练，在拓展阅读中寻找共同点更是困难。

基于以上问题，本节课教学围绕"读故事、品寓意、思当下"这一主线，过程中落实文言实词的积累，解决学生对关键词句理解问题，激发学生读文言短文的兴趣，培养文言语感，提升学生阅读浅易文言文能力来设计教学任务。

二、教学目标

（一）教学目标

1. 采用多种形式朗读课文，积累常见文言词语，培养文言语感。

2. 通过阅读有关资料和有关内容、理解寓言的寓意，从中获得更深刻思考。

3. 联系生活实际理解寓言的寓意，培养审辨的思维意识。

（二）教学重难点及教学策略

教学重点：利用注释，读懂文本，积累文言实词。相应的教学策略包括引导学生关注、利用注释，让学生了解解决文言文阅读困难的最便捷有效的方式方法。运用小组讨论，在合作中探究思考寓意；教师补充助读材料，为学生搭建学习的支架，支持学生思考和理解。

教学难点：用对比的方法，阅读和探究文言文，归纳和理解文言文相同信息，明确寓意，培养思辨意识，从中获得有益的思考。相应的突破策略包括教师补充相关知识和材料，引导学生在阅读中联系自己生活实际，多角度思考寓言的内容，概括寓言的主旨，形成自己的个性化认识。

三、教学过程

教学环节和教学活动	
环节一	诵读课文，整体感知
环节二	依文解言，判断案情
环节三	拓展阅读，了解寓言
环节四	联系生活，感悟寓言

续表

主要教学过程			
教学环节	教师为主的活动	学生为主的活动	设计意图
环节一 诵读课文 整体感知	教师指导学生采用不同形式朗读原文，形成语感，感知内容。落实重点实词和重点句的翻译	诵读课文，整体感知 活动1：请大家朗读文章，根据你的理解，加入标点，试着挑战无句读原文朗读 活动2：在小组内分好角色，根据标点符号体会人物语言，请再次朗读。然后用简洁的语言说说文章讲了一个怎样的故事 活动3：自学书下注释，利用工具书，解释下面重点句的意思： 读懂"得一人" "吾穿井得一人" "丁氏穿井得一人" "得一人之使，非得一人于井中也"	注意文言文的朗读训练和文言语感的培养，引导学生学会运用注释读懂文章大意的策略
环节二 依文解言 判断案情	教师提供断案情境，引导学生依托文本做有理有据的思辨活动	依文解言，判断案情 活动1：这个寓言故事读起来很有意思，请找到这起事件中，作为传言进行广泛传播的关键句子。思考：为什么这个传言能被人相信 活动2：宋国的国君决定追究这起传言的责任人。你是断案大臣，你觉得：谁应该为这起谣言负责？请依据文中体现他们的责任关键词句，说理由 示例：我认为（谁）对这起传言负有负责。文中的（原句）句子意思是（翻译）可以看出他（分析原因），所以我认为此人该对这起传言负责	依托文本、设置情境，在情境中完成学习思考的任务，强化文言语句的翻译
环节三 拓展阅读 了解寓言	教师引导学生进行拓展阅读《三豕涉河》，用助读提示帮助学生读懂浅易课外文言文	拓展阅读，了解寓言 活动1：请大家再读一则小故事，概括这则故事的内容。 子夏之晋过卫，有读《史记》者曰："晋师三豕涉河。"子夏曰："非也，是己亥也。夫己与三相近，豕与亥	拓展阅读，建立不同文本之间的联系。运用课内积累的知识，拓展课外阅读 对比两则小故事共性，结合语言的特点

教学环节	教师为主的活动	学生为主的活动	设计意图
		相似。"至于晋而问之，则曰："晋师己亥涉河也。"辞多类非而是，多类是而非。是非之经，不可不分。 三己豕亥 三 己 豕 亥 助读资料《吕氏春秋·慎行论·察传》： "察传"即明察传闻之意。文中认为传闻中的事物往往有似是而非之处，应加以审查、深思和验证，否则将铸成大错，甚至导致国亡身死。 活动2：对比《穿井得一人》和以上这个小故事，归纳两则短文中情节发展上的共性。阅读链接材料，试着概括两则故事的寓意 提示：面对传言的方法：不盲从不轻信，多思考，要验证 链接材料：17世纪法国寓言诗人拉·封丹说过：一个寓言可以分为身体和灵魂两个部分，所述的故事好比是身体，所给予人的教训和启示好比是灵魂。短小的寓言故事里都会寄寓着意味深长的道理，给人以启示	教师引导学生进行拓展阅读《三豕涉河》，用助读提示帮助学生读懂浅易课外文言文
环节四 联系生活 感悟寓言	教师结合生活实际，让学生知道不实传言的普遍性，培养学生的思辨能力	联系生活，感悟寓言 活动1：观看电视"传话游戏"，思考，为什么一句简单的话，从第一个人传递到第十个人会发生很大的变化？由此，你会想到什么？ 活动2：有人说：当真理还在穿鞋的时候，谎言已经走遍世界了。在人人都是自媒体的时代，利用灵活无序的网络传播，谣言传播的速度变得更快、作用力更强。你觉得怎样才能消除"穿井得一人"的现象再次发生？	回归课文，联系生活说感受，加强对寓言寓意的深入理解体会，为写段做铺垫。读写结合，内化阅读收获和思辨的结果，形成自我认识，促进语言建构和表达。完成语言建构与表达，培养思辨意识，落实立德树人思想
作业布置	1. 借助工具书读文言语段《蹇一足》，理解文意 2. 以"众人皆醉我独醒"为话题，写一段200字的短文		

四、自我评析

1. 在情境中模仿古人大声朗读文言文应该是很好玩儿、很有趣的事情。叶圣陶先生曾说："吟咏的时候，对于探究所得的不仅理智地理解，而且真切地体会，不知不觉之间，内容与理法化而为读者自己的东西了，这是最可贵的一种境界。"环节一中教师指导学生不同形式地反复朗读原文，落实重点实词和重点句的翻译，就是根据学龄的特点落实诵读能力的培养，完成文言文教学"言"的教学任务，使之达到文言文阅读感知理解能力水平的1、2级能力水平。

2. 环节二中教师提供断案情境，使学生在老师的引导下依托文本在情境中完成有理有据的思辨活动，既培养了思辨能力，并再次强化文言语句的翻译。在拓展阅读环节中，帮助学生建立不同文本之间的联系，为读懂"文"（寓意）起到了很好的支架作用。同时，学生迁移阅读浅易文言文的能力也得到了训练提升。在不同的"言"与"文"活动中，引导学生对寓意的把握，并形成自我认识。达到了文言文阅读感知理解能力水平层级3的要求。

3. 通过解读"察传"的含义，引导学生探究寓意在现实生活中的价值，把握学生的情感倾向和价值取向，完成语文学科的立德树人功能。结合当下生活现象进行"思悟"与"写作"的有效结合，有策略地突破教学难点，不仅使学生真正地理解了文言寓言的寓意，更使语文核心素养之一的语言建构与运用能力得到充分的体现与落实。把"薄文"教"厚"，做到文言文教学"文言、文学、文化"的融合。

4. 本设计在引导学生读懂寓意的过程中，突出学生主体和注重方法指导。从关注注释的价值，到助读资料的提供，再到语言表达句式的示范，真正做到为学生解决学习困难搭梯子。从共性中读懂寓意和获得有益启示的方法指引，都是依据真实学情，促使各类学生都能动起来，用"任务驱动"来完成"读故事、品寓意、思当下"设计思路，文言语感与多角度的思辨能力培养，建立自我语言建构的有效途径，发现、保护和支持学生在阅读理解的基础上形成自己的独特体验和认识，符合当下语文教改的方向与要求。

《大雁归来》教学设计及评析

北京市陈经纶中学保利分校　汪玲玲

一、教学背景

1. 课程标准要求

《义务教育语文课程标准》（2011年版）中对第四学段学生阅读能力的要求是："阅读是学生的个性化行为。阅读教学应引导学生钻研文本，在主动积极的思维和情感活动中，加深理解和体验，有所感悟和思考，受到情感熏陶，获得思想启迪，享受审美乐趣。要珍视学生独特的感受、体验和理解。""教师应加强对学生阅读的指导、引领和点拨，但不应以教师的分析来代替学生的阅读实践，不应以模式化的解读来代替学生的体验和思考；要善于通过合作学习解决阅读中的问题。"

基于以上要求，本节课我引导学生从文化角度、科学角度、生态伦理学角度思考"大雁归来"这一自然现象的意义，从而思考人类与自然之间的关系，培养科学理性和人文关怀的精神，获得思维的发展与提升。在比较阅读的基础上，了解科学文艺作品知识性与趣味性统一的特点，注重培养学生感受鉴赏科学小品文语言的能力，从而提升学生语言审美与鉴赏的水平。

2. 学习任务分析

《大雁归来》是八年级下册第二单元的一篇优美的散文。第二单元主要谈的是物候学、地理（地质）学、生态学等问题，都是科学工作者面对纷繁复杂的自然现象，通过细致观察、认真记录，在掌握科学事实基础上，结合已有认识或科学原理，通过假设、验证等形成科学认识的过程。《大雁归来》选自利奥波德的《沙乡年鉴》——土地伦理学的开山之作。作者按照时间顺序记录了大雁归来过程中的种种细节，要引领学生通过角色转换，自主确定标准、设计观察记录卡，并阅读梳理有关大雁习性的内容，从而感受作者求真、严谨的科学精神。同时利奥波德首次提出一种开放的"土地伦理"观点，呼吁人们以谦恭和善良的姿态对待土地，甚至希望通过这种方式影响到政府对待土地和野生动物的态度和管理方式，所以要引导学生抓住关键语句思考字里行间蕴含的科学道理和作者内心的情怀。文章蕴含的"生态伦理学"理念较为深刻，教师可以通过补充资料和讨论，激发学生对大自然的热爱和对身边各种生命形态的尊重。课文在写法上也很有特色，它将形象性、知识性、抒情性完美结合，教师要带领学生将不同表达方式的文字进行阅读鉴赏，从而加深学生对科学小品文语言特点的理解。

3. 具体学情分析

本节课教学对象是八年级学生，他们的特点是思维活跃，充满好奇心，喜欢多角度思考问题。在说明文阅读方面，学生能够了解说明文的相关知识，例如说明文的顺序方法等，但是他们并不了解科学小品文。同时，现在的学生因为久居城市，远离自然，缺少机会观察各种自然动植物。

从上述这些问题可以看出，学生对野生动物的生活习性很不了解，对解读科学小品文也比较陌生，尤其这篇文章哲理意味深厚。本节课的教学正是围绕"人与动物""科学探究方法"这两个主题，帮助学生重新认识"大雁"，思考"大雁归来"这一现象背后作者隐藏的"土地伦理学"思想，从而获得思维品质的提升与语言审美能力的提升。

二、教学目标

（一）教学目标

1. 吟诵回顾，积累感悟大雁在"古诗词"中的文化内涵。

2. 自主梳理内容，了解大雁的生活习性，感受作者的情怀。

3. 揣摩关键语句，理解文章思想内涵，激发对自然的热爱和对生命的尊重之情。

（二）教学重难点及教学策略

教学重点：自主梳理内容，了解大雁的生活习性，感受作者的情怀。

相应的教学策略包括作者以时间为序，以诗意化语言记录了大雁归来过程中的种种细节。说明性的信息融于描写性、抒情性的语句之中，通过情境化创设，以设计填写"大雁北归沙乡观察记录卡"的活动形式将知识进行梳理，有利于培养学生的整合信息能力。

教学难点：

1. 揣摩关键语句，理解文章思想内涵，激发学生对自然的热爱和对生命的尊重之情。

2. 文章蕴含的"生态伦理学"理念较为深刻，文章信息有限，学生了解即可。

三、教学过程

教学环节和教学活动	
环节一	吟诗　思意象
环节二	观察　找信息
环节三	品味　悟情感
环节四	歌赞　表情感

主要教学过程			
教学环节	教师为主的活动	学生为主的活动	设计意图
环节一： 吟诗 思意象	引导回忆并诵读含有意象"雁"的诗句，然后以"雁"为要点，引导学生进行深入阅读和概括	吟咏诵读，回味"鸿雁" 活动1：学生接龙，完成飞"雁"令。 （1）塞下秋来风景异，衡阳雁去无留意。 　　　　——范仲淹《渔家傲·秋思》 （2）云中谁寄锦书来，雁字回时，月满西楼。 　　　　——李清照《一剪梅·红藕香残玉簟秋》 （3）征蓬出汉塞，归雁入胡天。 　　　　——王维《使至塞上》 （4）月黑雁飞高，单于夜遁逃。 　　　　——卢纶《和张仆射塞下曲·其三》 活动2：根据自己预习课文的情况，请谈谈作者笔下的大雁给你留下什么印象。 句式：我读了_____这一句，作者用_____这个词语写大雁，大雁给我留下了_____印象	温故知新，于传统诗词中再次回顾"雁"的文化内涵，激活学生的记忆 同时引导学生对文章中大雁进行阅读与思考
环节二： 观察 找信息	教师引导学生分组寻找、讨论与大雁相关的信息，并自行确定分类标准，对信息进行整合	整合信息，感知大雁 活动1：请你再次阅读文章，采用小组合作，梳理有关大雁描写的语句，对这些描写语句进行分类整理，并阐明自己的分类标准 假如你是利奥波德的助手，请跳读课文，圈点文中对大雁描写的句子，分小组合作设计一张"大雁北归沙乡观察记录卡"，并完成相应项目的填写 要求：将有关大雁的信息（例如生活习性、性格特点、迁徙路线、栖息地等）进行整理分类，信息记录准确简洁	作者以时间为序，以诗意化语言记录了大雁归来过程中的种种细节，说明性的信息融于描写句、抒情句之中。通过情境化创设，以设计填写观察记录卡的形式指导学

教学环节	教师为主的活动	学生为主的活动	设计意图
		<table><tr><td colspan="4">大雁北归沙乡观察记录卡</td></tr><tr><td rowspan="9">生活观察记录（时间顺序）</td><td colspan="3">大雁基本特点分类整理</td></tr><tr><td rowspan="1">3月</td><td>开始北归</td><td>生活习性</td><td>数居、定期迁徙（3月北归，11月南飞）、喜欢鸣叫、联合飞行</td></tr></table>活动2：透过作者描写的文字，我们会发现作者对工作的态度和他的研究精神，请你结合文章中的句子对作者的精神进行概括	生进行知识梳理，培养学生的提取和整合信息的能力。着力思维发展与提升素养的培养

大雁北归沙乡观察记录卡

生活观察记录（时间顺序）	大雁基本特点分类整理		
3月	开始北归	生活习性	数居、定期迁徙（3月北归，11月南飞）、喜欢鸣叫、联合飞行
	玉米地觅食	性格特点	警惕性高（知道"威斯康星法规"）意志坚定（不会撤退）忠诚（孤雁飞行和鸣叫频繁，声调忧郁）
		迁徙路线	直线飞行
		栖息地点	在沙滩、大湖、沼泽、水洼等地
		食物	啄食玉米
		雁队数量	六只或者六的倍数
4月夜间	沼泽集会鸣叫		
5月	雁群离去		

活动2：透过作者描写的文字，我们会发现作者对工作的态度和他的研究精神，请你结合文章中的句子对作者的精神进行概括

| 环节三：品味悟情感 | 引导学生对比阅读，进行讨论。教师引导学生体味拟人、比喻句等描写细腻的语句，以感悟作者的情感。 | 鉴赏语句　领悟情怀
活动1：作为读者，阅读后你一定会发现，作者不仅仅是单纯的记录知识，还更多融合了自己对大雁的深挚情感。请你摘抄文中经典语句，可以是描写句，可以是抒情议论句，参照示例，批注赏析你如何读出了作者的情感
教师示例：
读书卡片摘抄它们顺着弯曲的河流拐来拐去，穿过现在已经没有猎枪的狩猎点和小洲，向每个沙滩低语着，如同向久别的朋友低语一样 | 指导学生运用制作读书卡片的形式，运用摘抄和批注的阅读方式读懂文本，领会作者的情感和价值取向 |

教学环节	教师为主的活动	学生为主的活动	设计意图
环节三：品味悟情感	引导学生对比阅读，进行讨论。教师引导学生体味拟人、比喻句等描写细腻的语句，以感悟作者的情感	批注："向每个沙滩低语着，如同向久别的朋友低语一样"运用拟人和比喻，表现出大雁对沙滩的喜爱与怀念，作者能将大雁写得如此富有人情味，见其观察之细，喜爱之深。 活动2：文中包含了"生态伦理学"理念，作者对大雁的态度，让人联想到生命之间的平等和尊重，请再次重点阅读作者笔下的抒情和议论文字，思考：人类与自然的关系以及我们如何对待自然生命？请设计一条有感染力的宣传语	指导学生运用制作读书卡片的形式，运用摘抄和批注的阅读方式读懂文本，领会作者的情感和价值取向
环节四：歌赞表情感	出示范例，引导学生用诗意的语言表达自己的情感	歌唱赞歌　表达情感 活动1：请诵读《小鸟在天空消失的日子》，任意选择一节，分析诗人的情感 　　小鸟在天空消失的日子（谷川俊太郎） 　　　　野兽在森林消失的日子 　　　　森林寂静无语，屏住呼吸 　　　　野兽在森林消失的日子 　　　　人还在继续铺路 　　　　鱼在大海消失的日子 　　　大海汹涌的波涛是枉然的呻吟 　　　　鱼在大海消失的日子 　　　　人还在继续修建港口 　　　　孩子在大街上消失的日子 　　　　大街变得更加热闹 　　　　孩子在大街上消失的日子 　　　　人还在建造公园 　　　　自己在人群中消失的日子 　　　　人彼此变得十分相似 　　　　自己在人群中消失的日子 　　　　人还在继续相信未来 　　　　小鸟在天空消失的日子 　　　　天空在静静地涌淌泪水 　　　　小鸟在天空消失的日子 　　　　人还在无知地继续歌唱	教师诗句引导，启发学生仿写，用简洁的语言表达感悟，提升语言的运用能力。过程中注重培养审美鉴赏和语言重构的能力

续表

教学环节	教师为主的活动	学生为主的活动	设计意图
		活动2：请你以"大雁归来的日子"为开头，仿照《小鸟在天空消失的日》的诗歌结构，写一节诗歌，表达自己对大雁的喜爱，抒发自己读写自然的感情 要求：采用拟人修辞，不要求押韵	
作业布置	1. 改写段落：选择《大雁归来》总的段落，将原文改成四句小诗，要求：作者对大雁的情感不变，句式灵活，结构整齐 2. 拓展阅读：阅读《像山一样思考》《再也听不到鸟儿的歌声》，圈点喜欢的句子，并进行批注		

板书设计
大雁归来 生活习性 高贵品质——坚定　友善　忠贞　联合 热爱赞美　平等相待

四、自我评析

1. 凸显学科本质，培养多种能力

叶圣陶先生认为，语文既有"语言"，又有"文字"，语文的主要学科功能在于帮助学生形成一种以语文能力为核心的综合素养，即听说读写能力。教师通过飞"雁"令，分组合作设计"大雁北归沙乡观察记录卡"，摘抄读书卡片，编写宣传语，仿写诗歌等活动较为全面地锻炼了学生的口头表达和书面表达能力。"生态伦理学"理念和谷川俊太郎诗歌的引入，让学生从科学和人文的角度深化对生态环境保护的认识。本课既通过诸多活动让学生感受文学和文字的魅力，又强调语文学科的精气神——文学素养的提升和人文精神的熏陶。

2. 创设研究情境，激发学习热情

《核心素养导向的课堂教学》中指出："所谓知识的情境化，就是指教师在教学过程中有意识引入或创设一定的情境，把知识转化为与知识产生或具体运用的情境具有相似性结构的组织形式，让学生参与、体验类似知识产生或发现问题乃至创造知识。"本单元是科学事理说明文单元，基于情境化策略指导，环节一中教师有意创设"科学观察情境"，让学生化身为利奥波德的助手，根据文中对大雁描写的句子，分小组合作设计一张《大雁北归沙乡观察记录卡》，并引导学生从大雁的生活习性、性格特点、迁徙路线、栖息地等方面分类整理信息。此活动旨在激发学生科学探究的兴趣，培养学生的分类意识和提取整合重要信息的能力。

3. 开展实践活动，实现学以致用

语文活动即以语言为内容，以听说读写为形式的言语实践活动，它是培养语文能力的主要途径。这种能力只有在语文实践活动中才能得以形成和发展。阅读与鉴赏、表达与交流、梳理与探究是语文学习活动的基本形式。本设计环节三，通过教师示范读书卡片的摘抄和批注，带领学生关注文中借景抒情或者直接抒情的语句，积累优美文字的同时体会作者含蓄而深沉的情感。环节四要求学生以"大雁归来的日子"为开头，仿照《小鸟在天空消失的日子》的诗歌结构，写一节诗歌。教师借助上述活动，着重培养学生阅读与鉴赏、表达与交流能力，帮助学生在语言建构与运用、思维提升与发展、审美鉴赏与创造等方面获得进一步发展。

《蜘蛛开店》教学设计及评析

北京陈经纶中学嘉铭分校　高溪遥

一、教学背景

1. 课程标准要求

《义务教育语文课程标准》（2011年版）中提出，"语文是一门学习语言文字运用的综合性、实践性课程。核心点是学习语言文字运用"，其中有两个核心点：一个是学习别人是如何运用的，另一个是自己如何运用。这是两个层级，其一是教师做例子，学生进行模仿；其二是实践，是探索。"语文是实践性很强的课程，应着重培养学生的语文实践能力，而培养这种能力的主要途径也应是语文实践。"所以在明白语文的核心素养是：语言的建构与应用；思维的提升与发展；审美鉴赏与创造以及文化传承与理解后，结合《义务教育语文课程标准》（2011年版）给予我们的方向，作为老师我们就要思考在语文课上如何培养学生的思维。

基于以上要求，本节课我引导学生从文章整体出发进行赏析，从文化、科学等角度，思考蜘蛛开店失败的原因，使学生感受童话语言的魅力，激发学生创作的激情，从而在阅读的基础上，了解童话作品知识性与趣味性统一的特点，注重培养学生感受鉴赏童话语言的能力，从而提升学生语言审美与鉴赏的水平。

2. 学习任务分析

《蜘蛛开店》是部编版小学语文二年级下册第七单元中的一篇课文，这组教材围绕"改变"这个专题选编了《大象的耳朵》《蜘蛛开店》《青蛙卖泥塘》和《小毛虫》四篇童话故事。"借助提示讲故事"是本单元的教学重点，《语文课程标准》指出："要让低年级学生通过培训能较完整地讲述小故事，能简要讲述自己感兴趣的见闻。"由此，依据《蜘蛛开店》的文本特点，通过自主、合作、探究的学习方式，自主阅读教学策略，注重学生能力提升；通过设计多种语言实践活动，促进学生语言内化，最终着眼于提升学生的言语能力。

课文重点部分是紧紧围绕蜘蛛开店的过程来写的，故事一波三折，内涵丰富，故事情节类似，写法相似，都是按照蜘蛛想卖什么、写招牌、顾客是谁、结局怎样的顺序来叙述的，基于课文情节，本节课设计如下思路：首先让学生通过填写表格的形式，整体把握课文内容，深入理解课文结构相似这一特点，使得学生能够从整体看课文。之后通过问题链：蜘蛛是如何想的，又是如何做的，使学生关注到文章生动地描写了顾客到来时蜘蛛的神情、动作，真切地反映了蜘蛛的思维简单。再通过改招牌的活动，促使学生有初步归纳总结的意识，体会蜘蛛处事方式的简单导致了三次开店的不成功。

3. 具体学情分析

本节课教学对象是八年级学生，在之前，学生通过学习如八年级上册《小蝌蚪找妈妈》引导学生按顺序把图片连起来，再借助图片讲故事，《玲玲的画》借助词语讲故事，《大禹治水》借助相关句子讲故事，以及二年级上册第八单元讲的四篇童话故事，学生已经基本掌握讲故事的方法。本单元教学要依托已有的基础，指导学生借助提示梳理故事的内容，按顺序讲述故事，不遗漏重要的内容。

在课前通过三道前测题得知学生对于课文内容十分感兴趣，通过第一课时的学习，大部分学生对于直接提取单个、明显信息，较为准确地评价人物品质，这方面的能力还是比较薄弱。学生虽然有一定提取信息的能力，但还是缺少初步的归纳意识，不能够抓住人物语言的句子进行整合理解，细细体会，感受蜘蛛的思维简单，处事方式简单。本节课可以利用这篇课文，继续夯实学生这方面的能力。

二、教学目标

（一）教学目标

1. 朗读课文，能根据示意图讲述故事。

2. 能根据课文内容，合理想象续编故事。

3. 了解做事情前要仔细考虑同时要克服困难的方法，培养坚持做事的精神。

（二）教学重难点及教学策略

教学重点：朗读课文，能根据示意图讲述故事。

相应的教学策略包括：自主阅读策略以及合作探究式教学法，抓住课文开店过程相似这一特点，采用表格的方式让学生小组合作总结课文重要内容，将知识进行梳理，有利于培养学生的整合信息能力。之后通过问题"蜘蛛是如何想的，又是如何做的"进行文章的整体理解，体会蜘蛛的思维简单，处事方式简单，再通过"改招牌"活动使学生更加深入地了解课文，最后通过学生的抓住关键词复述课文，续编课文，使学生更加深入地理解课文，贯彻落实语文的核心素养。

教学难点：

1. 能根据课文内容，合理想象续编故事。

2. 初步了解做事情前要仔细考虑，同时要克服困难，坚持到底。

三、教学过程

教学环节和教学活动			
环节一	复检词语，回顾内容		
环节二	细读课文，深悟内涵		
环节三	试讲故事，续编故事		
环节四	指导汉字，规范书写		
主要教学过程			
教学环节	教师为主的活动	学生为主的活动	设计意图
环节一：复检词语，回顾内容	教师通过"举词卡"的活动，以词卡和结构图为要点，引导学生进行整体感知和概括	活动1：请你根据老师出示的拼音，完成"举词卡"活动。 复检词语，回顾内容 mài kǒu zhào　　biān zhī diàn mài wà zi　　mài wéi jīn cháng jǐng lù　　hé mǎ wú gōng 活动2：请你根据学习单上的提示，在在学习单上贴词卡	依据直观性的教学原则，通过每个学生动手贴结构图的过程，使学生整体理解课文，帮助学生回顾第一课时所学内容，即故事是按发展顺序来写的，了解故事情节反复的特点，为第二板块的学习做铺垫

教学环节	教师为主的活动	学生为主的活动	设计意图
		活动3：请你观察学习单上的结构图，谈谈你发现了什么，尝试通过填空总结文章主要内容 明确： 这篇课文讲了蜘蛛因为寂寞想要开（编织店），它一共开张了三次，分别（卖口罩）、（卖围巾）和（卖袜子），遇到了（河马）、（长颈鹿）和（蜈蚣）这三位顾客的故事	
环节二：细读课文，深悟内涵	教师引导学生分组圈画关键词并讨论，对信息进行整合，谈一谈对蜘蛛想和做的理解，从而促使学生分析关键词语，体会蜘蛛的思维简单，处事方式简单	活动1：请同学们再次阅读文章，采用小组合作的方式，梳理故事中的关键词句，在学习单上填写有关内容 {表格见下} 活动2：精读文章内容，请你思考"蜘蛛是如何想的，又是如何做的"，请圈画关键词语。你能对蜘蛛的行为进行概括吗？明确：蜘蛛思维简单，处事方式简单	以设计填写表格的形式指导学生进行文章内容梳理，培养学生提取和整合信息的能力，使学生对于文章的结构更加清晰明了，着力思维发展与提升素养的培养

卖什么	招牌	顾客（特点）	结果
口罩	写招牌	河马（嘴巴大）	一整天的工夫
围巾	换招牌	长颈鹿（脖子长）	忙了一个星期
袜子	换招牌	蜈蚣（四十二只脚）	吓得跑回网上

教学环节	教师为主的活动	学生为主的活动	设计意图
		活动3：请你做事情前要仔细考虑，同时要克服困难、坚持到底，帮助蜘蛛修改招牌	
环节三：试讲故事，续编故事	教师对文章的内容和中心进行总结概括，引导学生借助结构图将故事讲得生动、具体。引导学生展开想象，续讲故事	活动1：阅读文章，根据结构图的提示，按照下面的要求，把故事情节叙述出来。要求：人物特点具体，顺序正确，信息完整，生动有趣 活动2：参照学习单上的结构图，运用想象的手法，续编这个故事。先在小组内分享故事，推荐优秀的故事在全班交流	指导学生通过小组合作的方式，借助讲故事，续编故事，使学生更加深入地理解课文，用语言表达感悟，提升语言的运用能力。过程中注重培养审美鉴赏和语言重构的能力
环节四：指导汉字，规范书写	教师范写，边写边提醒学生生字需要注意的结构和笔画细节，引导学生运用基本的书写技能自主学习生字	活动1：请你观察"定"和"完"这两个汉字，说说这两个字的区别，思考怎样才能将这两个字写对，写美观	借助以往学习新字的经验，养成良好的书写习惯，提高书写质量，培养学生良好的书写习惯
作业布置	1. 讲述故事：将《蜘蛛开店》的故事讲给其他人听 2. 拓展阅读：阅读《小熊长了糖翅膀》圈画喜欢的句子，和同学进行交流		

板书设计
蜘蛛开店

四、自我评析

本节课切实落实了新课程改革的理念，新课程改革把"教育民主""回归生活""发展个性"作为其基本的价值取向，这符合语文阅读教学的整体观教育理念。本节课教师充分体现了学生的主体地位，整体感知课文，并运用多种朗读法和自主学习，探究质疑等方法，获得了较好的教学效果。语文阅读教学，从知识点来说，有字、词、句、篇、语法、修辞、文学常识等。因此，语文阅读教学应追求综合整体效应，努力实现语文课堂教学"知、情、意、能"的综合效应，使学生个体的身心得到和谐全面的发展。

语文阅读教学的对象是学生，而学生作为独立的个体是有自我观念、自尊心，有自己的需求，兴趣、爱好等主观意识的生命个体，不是教师灌输知识的"容器"。这说明语文阅读教学过程是教师和学生之间交往和沟通的过程。传统语文课堂阅读教学存在的最大不足就是过分强调"填鸭式"教育，从而使课堂教学变得机械、沉闷、呆板，缺乏教学过程应有的生气和活力，缺乏对智慧的挑战和对好奇心的刺激，使师生的互动过程在课堂上得不到充分的发挥。新课改要求打破陈旧的课堂教学模式，努力营造开放的课堂教学氛围，使课堂教学真正"活"起来，使学生的个体得到解放。本节课教师积极倡导自主、合作、探究的学习方式，全面提高学生的语文素养，课堂开放而有活力。具体表现如下：

1. 自主学习，培养习惯

童话是儿童最喜欢的文学形式，在小学语文教学中具有重要地位，小学语文教材中选有一定数量的童话，非常适合小学生的年龄特征，教师应重视童话在语文教学中的作用，有效指导学生进行童话阅读，扩大童话阅读的范围，提高童话的鉴赏能力。本节课结合童话文本特点，以调动学生兴趣为目的，巧妙抓住重点词句，体会感悟，以悟促读，以读促悟。环节的设计体现了一定的层次性，为了让学生更好地学习和理解课文，教师用表格的形式整体感知课文后，提出关键问题，再通过讲故事的方法回归整体。在学生自主寻找答案的过程中，教师在课堂上实现了"以读为本"，重视课堂朗读和默读，在读中感悟、理解、交流同时，恰当借助多媒体课件，再现文中营造的情境，在音乐中，以情助读。学生在多种形式的反复朗读中，自然而然地领略生动形象的语言美，从而让学生融入文本，结合自己的阅读经验，大胆发表看法，学生赏析到位。在此过程中，教师更注重教给学生抓住重点词语联系画面及上下文来理解课文的方法，还注重培养学生自读勾画、合作提高的良好学习习惯，训练学生的语言文字能力，使学生真正成为语言的实践者，从而保证双基训练能落到实处。

2. 学法迁移，合作探究

合作探究能激发学生的创造力，有助于培养合作意识和合作技能，有利于学生之间的交流与沟通。课堂中，老师充分调动学生的合作学习精神。让学生运用学法自由组合学习小组，在培养学生初步的合作意识之后，需要提供给学生更多的机会，让他们有机会锻炼自己的合作能力，在其中教师是参与者、引导者、促进者的角色。在学生合作学习时，充分尊重学生自主性前提下积极参与讨论、启发、引导、鼓励、反馈，如发现未曾预料的问题可及时调整解决，最大限度地调动学生的积极性和创造性，经过小组讨论，最后由学生汇报学习结果。整个过程都是学生自主合作探究，这不仅调动了学生的积极性、自主性，而且增强了创新的意识和团结协助的精神。

3. 创设途径，内化语言

学生是学习的主人，教师是学习活动的组织者和引导者。本节课通过层层深入教学方法，在方法感悟的基础上，结合课文特点及学生认知特点，给学生创设迁移运用阅读方法的途径，这一节课安排了学生讲故事和续编故事的活动，学生把课本上学习的语言内化以后加上自己的想象表达出来，这也是规范学生语言的一个途径。同时制定了详细的评价标准，使学生明确目标，在学生自己来进行评述的同时，也培养了学生的自我评价能力，使学生将"知"和"行"结合起来，并以一次次的递进式学习把感悟外化。

喜雨解忧情
——《春夜喜雨》教学设计及评析

北京市陈经纶中学帝景分校　李秀珍

一、教学背景

1. 课程标准要求

《义务教育语文课程标准》（2011年版）中对第三学段学生提出"阅读诗歌，大体把握诗意，想象诗歌描述的情境，体会作品的情感。受到优秀作品的感染和激励，向往和追求美好的理想""诵读优秀诗文，注意通过语调、韵律、节奏等体味作品的内容和情感"的学习要求。《义务教育语文课程标准》（2011年版）还提出学生"能联系上下文和自己的积累,推想课文中有关词句的意思,辨别词语的感情色彩,体会其表达效果","在交流和讨论中,敢于提出看法,作出自己的判断"。诗歌教学在于引导学生研读文本,在朗读、交流等活动中,加深对诗歌的理解与体验,有所感悟与思考,受到诗歌情感的熏陶,提高欣赏水平。

基于以上要求,为提升学生朗读与理解的诗歌欣赏能力,在设计本课的教学过程中,积极提倡学生自主、合作、探究的学习方式,重在发挥学生的主动意识和探究精神,注重质疑和交流,形成师生间、生生间的对话,在思考、交流中加深理解与体验。本节课在引导学生以读带品,以品促悟,通过读懂这首诗歌的思想情感,引导学生学习解读诗歌的方法,培养学生的审美鉴赏能力和语言表达能力。

2. 学习任务分析

调动学生的情感体验,联系生活实际,深刻理解课文是六年级上册语文教材第六单元的教学目标。《春夜喜雨》是唐代诗人杜甫的一首五言律诗,把握诗歌大意和体会作者的情感是本课的基本任务。结合注释读懂这首诗的文字表层意思,对六年级的学生来讲不算难,但透过文字读出诗人在这首诗中所要表达的家国情怀,对尚未涉世的小学生而言是有难度的。所以,在设计这一课教学时,注重"读"和"品",在"读"与"品"中,教学生阅读欣赏古诗歌,培养学生的古诗审美欣赏能力。

3. 具体学情分析

本节课教学对象是六年级学生,对于即将毕业的他们而言,之前已经诵读过不少古诗歌,其中以律诗和绝句为多,读出这首五言律诗的节奏和韵律基本是没有问题的,但他们对这首诗思想情感的理解上,更多的会停留在文字层面,缺乏深入的体会与思考。

基于以上问题,本节课教学围绕"感受韵律之美、品味炼字之美、鉴赏造句之美、欣赏意境之美"这一主线,在设计教学过程中,落实读懂大意和体会情感,激发学生阅读与欣赏诗歌的兴趣,培养学生的审美鉴赏能力。

二、**教学目标**

(一)教学目标

1. 通过诵读,结合注释、词典等,把握诗歌大意。

2. 抓关键词、关键句,把握景物特征,明诗意、悟诗情。

3. 运用想象和联想,感受诗歌表现的意境美。

4. 在朗读中感悟诗歌的情感美,并用自己的语言表达出来。

（二）教学重难点及教学策略

教学重点：运用想象和联想，感受诗歌表现的意境美和情感美。相应的教学策略：引导学生抓关键词语和关键句子，让学生了解学习古诗的基本方法。运用小组讨论，在合作中探究思考诗人的思想情感；教师补充助读材料，为学生搭建学习支架，支持学生思考和理解。

教学难点：在朗读中感悟诗歌的情感美，并用自己的语言表达出来。用再创作的方法，阅读和探究古诗歌。相应的策略：引导学生替换诗歌中的相关词语，感受古诗炼字的精妙和情感表达的细腻，培养学生语言表达能力。

三、教学过程

教学环节和教学活动			
环节一		感受诗歌韵律之美	
环节二		品味诗歌炼字之美	
环节三		鉴赏诗歌造句之美	
环节四		欣赏诗歌意境之美	
主要教学过程			
教学环节	教师为主的活动	学生为主的活动	设计意图
环节一：感受诗歌韵律之美	指导学生用不同形式朗读诗歌，读出韵律，结合注释感知诗歌大意	感受诗歌韵律之美： 活动1：请大家按照节奏（××//×××）自由朗读古诗《春夜喜雨》，要求读通顺，读准字音 活动2：同学们，你想知道这首诗朗读起来为什么这么朗朗上口吗？请大家为每一句诗最后一个字标出拼音，阅读并感受律诗的韵律美 提示：生 shēng、声 shēng、明 míng、城 chéng 活动3：请大家阅读下面词语提示，选择诗中给你留下印象最深的一句诗，谈谈你的理解 提示： 乃：就；发生：催发植物生长 潜：暗暗地，悄悄地；润物：使植物受到滋养	通过自由读、示范读、齐读等多角度的诵读，感受古诗的节奏美和韵律美 引导学生学会运用注释读懂诗歌大意

教学环节	教师为主的活动	学生为主的活动	设计意图
		野径：乡间小路；红湿处：雨水湿润的花丛 花重：花因饱含水分而显得沉重；锦官城：故址今成都市南，亦称锦城	
环节二：品味诗歌炼字之美	引导学生抓住诗眼"喜"字体会诗人情感。解读"喜"字字源，渗透汉字文化。引导学生关注写作的背景，初步体会"知人论世"的解读方法	品味诗歌炼字之美： 活动1：《春夜喜雨》这首诗的题目中的"喜"字暗示了诗人的情感，阅读链接材料，说说作者"喜"的是什么，又因何而"喜" 链接材料1： "喜"是"嬉"的本字，是会意字。喜，甲骨文（壴，鼓，代庆典）+甲骨文（口，欢笑）组合而成，表示人们听到鼓声而欢笑。造字本义：在庆祝中欢笑。隶变后楷书写作"喜" 链接材料2： 杜甫在经过一段时间的流离转徙的生活后，终因陕西旱灾而来到四川成都定居，开始了在蜀中的一段较为安定的生活。作此诗时，他已在成都草堂定居两年。两年来，他亲自耕作，种菜养花，与农民交往，深知农民对春雨的渴望 活动2：你能说出包含"喜"字成语吗？请继续阅读诗歌，结合诗句继续思考：这首诗中的哪些诗句中品出诗人的"喜"	通过抓题眼中的"喜"字，培养学生依托文本，在文本中解读诗歌情感的意识与能力
环节三：鉴赏诗歌造句之美	引导学生运用想象和联想，品读诗歌中的关键词语：好、知、潜、细，感受诗歌造句之美	品味诗歌造句之美： 活动1：在春季农作物非常需要雨水的滋润，有农谚所说："春雨贵如油。"这句农谚正反映了春雨的宝贵。诗歌中诗人用一个字形容雨的珍贵，请你找到这个字，分析诗人当时的心情	在品读遣词造句中，感受诗歌语言的精练，并在深入解读中，体会诗歌所表达的情感

教学环节	教师为主的活动	学生为主的活动	设计意图
		活动2：在这首诗中，诗人赋予"雨"以人的特点，请你找到这个句子，分析诗人是用什么方法将雨写活的 活动3：诗人用词非常具有表现力，例如"潜""细"，请你结合诗句谈谈这两个词语的表达效果	
环节四：欣赏诗歌意境之美	教师引入《春》中的"春雨"片段，引导学生运用想象和联想，抓住第四联中"花"这一意象，感受诗歌的意境美	欣赏诗歌意境之美： 活动1：请大家阅读朱自清《春》中描写春雨的部分，仿照散文中"春雨"的写法，将"随风潜入夜，润物细无声"改成一段散文，诗人在诗歌中营造的意境和表达的情感不变 链接材料： 雨是最寻常的，一下就是两三天。可别恼。看，像牛毛，像花针，像细丝，密密地斜织着，人家屋顶上全笼着一层薄烟。树叶子却绿得发亮，小草儿也青得逼你的眼。傍晚时候，上灯了，一点点黄晕的光，烘托出一片安静而和平的夜。乡下去，小路上，石桥边，有撑起伞慢慢走着的人；还有地里工作的农夫，披着蓑，戴着笠。他们的房屋，稀稀疏疏的，在雨里静默着 活动2：请大家品读"野径云俱黑，江船火独明"这句诗，思考这句诗与"润物"有关系吗 活动3："晓看红湿处，花重锦官城"句中，诗人选取了"花"，根据你对诗歌的理解，说说选取"花"这一意象的原因	用拓展材料来引导学生体会意境美，并学着用散文化的语言进行表达。初步感受诗歌的意象和意境，并初步了解诗歌选择典型意象或典型意象的特征来表达的特点。培养学生语言表达能力和透过意象感受意境美的能力
作业布置	1. 读杜甫一首五言律诗《望岳》，运用学到的方法，给这首诗标出韵脚 2. 将《春夜喜雨》扩写成150字的小散文，深入品味诗人的情感		

四、自我评析

1. 从环节一看，诗歌教学突出朗读，从读入手进行教学设计。一读，读准字音，特别是强调了易错字音（潜）；二读，读出节奏，标明了这首诗的断句（××//×××）特点；三读，读出韵律，找出偶数句最后一个字的押韵。这种渐进式的朗读策略，其实是告诉学生朗读诗歌的基本步骤和方法。由潜入深的读，把读落到实处，读得很充分，层次感很强，这样的设计能有效地帮助学生理解诗歌的内容，激发学生学习诗歌的兴趣，使他们不再觉得诗歌难学或学不懂。这样的教学设计把握住了课标的要求，符合这一学段学生的实际认知水平。

2. 环节二，在把握诗歌情感方面，引导学生抓住题眼"喜"字，并从"喜"字字源入手，到说出"喜"字成语，从源头上把握"喜"字的含义，将中国汉字的文化带入其中，有效地激发了学生的学习兴趣，对学生学习诗歌起到了积极的作用。接着追问"还能从诗的哪些地方看出'喜'"，直接引导学生进入整首诗的阅读和思考，小组的合作探究，又相互补充，更好地促进了学生对诗歌的思考与理解。老师抛出问题，做引领，学生真正地动起来了。尤其在解读"喜"时，点明了作者真实的情感是"忧"，"忧"什么，忧国忧民。"喜"即是"忧"，"忧"即是"喜"。因为"喜"，所以"忧"；因为"忧"，才体现出"喜"，既相反又相同。在教学过程中，根据需要适时补充背景资料，这种做法对学生理解诗歌的思想感情起到了积极作用，所谓"知人论世"，说的就是要了解写作背景等信息。

3. 在环节三中，教给学生在欣赏诗句时，抓住关键词语——好、知、潜、细等，引导学生结合诗歌的内容进行分析，从诗歌中来，到诗歌中去，教学生不脱离文本解读诗歌。炼字是诗歌赏析中常用的方法，建立了炼字的意识，学生等于拿了一把解读诗歌通用的钥匙。有了这把钥匙，解读诗歌时就有了方法，让学生不再茫然。教诗歌和教其他文体一样，注重解读文本、传授知识的同时，也要重视教给学生学习的方法，学生掌握了学习方法并学会运用这种方法去学习，是我们教学的目的。

4. 环节四，引入朱自清先生的《春》之"春雨图"片段，将学生带入诗境，并以此为范例，引导学生用散文的语言来表达诗句的意境。这既将学生的理解带向深处，又锻炼了学生的语言表达能力。在这个环节中，通过"晓看红湿处，花重锦官城"一句引导学生思考诗人选择"花"这一意象，在学生的思维中，树立起意象概念。

教学四个环节的设计，能把握课程标准的要求，根据本学段学生的实际认知水平进行教学设计，既不低于课标要求，也不越界。同时，目标定位是先读懂诗歌的意思，后感悟诗歌的情感、品味诗歌语言和意境。这对于大部分学生学习诗歌的实际情况而言是准确的，对老师们的日常诗歌教学有比较明显的导向作用。

第二节　阅读教学主问题设计策略

初中语文阅读教学是培养学生阅读能力的一个关键，也是提高学生语文素质的一个关键。它是集对学生进行语文知识的积累运用、语言的表达、思维分析和创新思维、写作、综合运用语文知识解决各种实际问题等教学指导于一体的重要教学过程。提问是教师指导学生设疑质难、激疑促思的一种有效阅读方法，是课堂教学过程中师生双向活动最常用的方法之一，语文课堂中离不开教师的问和学生的答，它有利于教学阶段的科学化、有利于培养师生的反思能力、有利于培养学生的语文思维。教学主问题的设计要以学生的学习为主线，以学生对文本的阅读、问题的生成、提出和解决为抓手，问题成为贯穿课堂教学的主线。总结一句话就是：在教学中锁定教学重点和难点的核心问题，是深层次课堂活动的引爆点。

当下语文教学中教师对主问题设计实施的各个阶段模糊不清，忽略了对学生语文思维的培养，致使教学变得琐碎，学生思维能力不能得到很好的培养。随着新课程改革的深入，新的课堂教学方式逐步构建，自主学习、合作学习和探究式学习等在课堂教学中逐渐被采用。特别是"问题教学"，因为理念先进，形式新颖得到了广泛的推广，大大提高了课堂教学的效果。目前语文阅读教学现状而言，教师因为对"问题教学"进行了浅层次的理解，忽视了问题的设计，影响了对学生联想想象能力和创新思维能力的培养。

一、主问题设计策略

1. 聚焦文章题目设计

真实的语文课堂应该是深入文本、对话文本的课堂，教师要在备课时认真地钻研文本，在吃透教材的基础上带领学生一步步地走进文本，引导学生披文入情，穿透语言表义，深入文本深层，探究其中滋味。文本，阅读教学对话之

"本"，一切对话皆依托文本进行，它是教学活动得以开展的凭借与依托。为此，教师要认真研读教材，与之展开有效对话，从内容与表达形式方面挖掘其教学价值。要树立整体意识，大处着眼，抓住文章各部分的内在联系，在此基础上找到阅读教学的有效"突破口"，如题目中的一个关键词语，文章的首段、尾段或过渡句、画龙点睛之句，等等。然后，以此为切入点，"牵一发而动全身"，引领整篇课文的教学。

例如在《智取生辰纲》教学中可以设计这样一个问题：晁盖、吴用等人劫取生辰纲用"智"主要体现在哪些方面？结合文章内容，重点阅读"取"生辰纲过程中的表现进行概括和思考。学生通过阅读圈点文章，真正走进文本，把晁盖、吴用等智用天时、智用地利、智用矛盾、智用计谋等很快地探究了出来。这种提纲挈领的"主问题"设计，对提高教学效率显现了重要作用。对文本"突破口"选得准确与否，决定着教学效果的好坏。文章的题目是文章的眼睛，它可以向读者传递出很多信息，同时也能为教学的开展提供一个恰到好处的突破口。有的时候标题甚至是文章灵魂的再现，一篇文章的标题往往体现了作者别具匠心的构思。因此从题目出发设计教学主问题是一条很好的路径。

2. 定位文章语言设计

语言是文章的外壳，是作者丰富的思想感情的表露。任何一篇文章的写作，都会体现作者一定的语言风格，或生动形象，或清新自然，或通俗易懂，或含义深刻，或幽默风趣，或富于人生哲理，或引经据典，或化用名诗名言，等等，从而表达了作者丰富的思想感情。为此，在阅读教学的过程中，结合文章的语言设计有关的问题，对学生加以引导，这对培养学生良好的语言风格，领悟生动的语感，品味、赏析、学习、借鉴语言特色，感悟作者丰富的思想感情，都具有极其重要的作用。如何寻找关键语言呢？在文章首段、尾段寻找"突破口"，教材中的好多课文构思特别严谨，有的文章开头用一句简洁话语总领下文，且全文都是围绕此句进行叙述，那么此句就可发挥教学的突破口的作用。例如《孔乙己》的教学中，根据小说末句"大约孔乙己的确死了"，设计一个主问题："大约"与"的确"同时出现在一个句子中，表面上看不符合逻辑，请你结合文章内容推测孔乙己到底是死了还是活着。设计这个问题，作为学习任务，驱动学生边研读课文，边积极思考，寻找依据并辨别真伪。

3. 围绕关键词句去设计

在阅读教学的过程中，你会发现每篇课文中总有那么几个对课文理解起决定作用的词语或句子，这些词语或句子就是文章的关键词句。在文本教学过程中瞄准时机，利用关键词挖掘文本内涵，无疑是寻找到一把开启知识积累与能力培养的双重功效的钥匙。吴均在《与朱元思书》一文的第一段末句说："奇山异水，天下独绝。"这一句领起下文中的第二、三段，在文中起到了总领全文的作用。扣住此句设计一个提挈全文的主问题：作者的笔下哪些文字体现出山之奇，哪些句子体现了水之异？作者认为山水的独与绝你能体察到吗？请结合文章具体词句进行分析和解说。教师在研读教材的基础上设计教学问题，首先要瞄准重点，立足于学生能力的"最近发展区"，将思维聚焦并引向深入，让学生品味探究、发现的乐趣。其次，问题的设计要精简、精练，不拖泥带水，不含糊其词。问题要有一个明确的指向，让学生带着问题出发，通过阅读去解决问题，在解决问题过程中，收获属于自己的体验与感悟，真正发挥"以问导读""以问促思"的作用。

教师精心设计的教学问题可以引领学生一步步接近教学目标，深刻体味文本所带来的心灵的愉悦，帮助学生提升人文素养和发展思维发展。教师在设计教学主问题的时候，应该从学生真实情况出发，深入钻研文本去设计问题，并且科学地组织问题，引导学生对问题展开探讨，帮助学生形成语文能力。当然，教学也不可能像火车那样在固定不变的轨道上运行。教学中也会动态生成一些问题，这些生成的问题也是一种宝贵的资源，教师要以自己敏锐的目光去适时捕捉并加以辨别、筛选并"择优"运用。倘若教师能在学生的质疑中捕捉有价值的生成性问题，那么就可以大大激发学生学习热情，点燃思维火花，并使其体验成功愉悦，收获不期而至的精彩。

二、问题设计与实施案例

诵读欣赏《听潮》教学设计与评析

北京市陈经纶中学本部初中　谢　涛

一、教学背景

1. 课程标准要求

《义务教育语文课程标准》（2011年版）对第四学段学生欣赏文学作品提出，

能有自己的情感体验，初步领悟作品的内涵，从中获得对自然、社会、人生的有益启示。阅读《听潮》这篇写景抒情散文，过程中学生感知其内容，并在诵读中提升对美的欣赏力。对作品中感人的情境和形象，能说出自己的体验，品味作品中富于表现力的语言，以提高自己的欣赏品味和审美情趣。

《听潮》一文语言具有画面感，学生可以在品味语言的过程中感知语言魅力。基于课标要求和本文特点，本节课我引导学生在有感情的诵读中品味语言，感受潮涨潮落的图画美，学习如何用文字表现美，并且用描述画面和散文改诗的方式，表达个性化的审美体验。

2. 学习任务分析

七年级教学强调培养学生感受和赏析写景抒情作品的能力。尤其第一单元都是写景抒情散文和古诗词。教学重点是感受丰富多彩的景色之美，感受是基础，要让学生充分感受文本中的景物描写，进而理解景物描写背后的深意，再进行评析。品读优美诗文，可以培养学生的联想想象能力，激发审美情感，提升精神品格。

朗读优秀诗文的能力是本学期教学重点，《听潮》描绘起伏变化的海潮，适宜朗读诵读感受美，适合通过诵读深入体会文章思想感情。本文用文字描绘音色之美，有画面美、文字美、音色美，在教学中配乐朗诵，有利于深入体会美感。学生反复品读，撰写朗读脚本环节，给了学生与教材文本亲近的时间，体现阅读个性化行为的特点，不以教师或者教材的分析代替学生的阅读理解。这个过程中，学生将从前对文本的应用分析转化为主动乐意的诵读脚本的形式，在不知不觉中完成分析理解。为散文选取音乐的环节，使学生建立音乐与文学建立联系；对相关音乐的介绍，也拓宽了学生的文化视野；品读理解选取音乐的过程，更加深读文章的理解和审美感受，培养学生的联想想象能力，激发审美情感，提升精神素养。为散文配乐，改写散文为诗歌，多样的教学活动，充分调动学生体验和感悟语言美。

3. 具体学情分析

七年级的学生喜欢朗读文章，喜欢用诵读的方式感受和表达自我。善于联想和想象，对文字有自己的感悟。学生小学阶段有一定的朗读基础，初中阶段要将训练目标从朗读变为美读，感受文章中的景美、情美、言美，体会汉语的声韵节奏。

在前期的学习中，掌握了重音、语调等朗读方法。但是学生还不能准确运用表达方法表达审美感受，还不能够运用个性化语言表达独有感受，所以在教学中老师需作出示范引领。多数同学对于音乐乐器的声音有一定了解，但是感受较浅，所以在教学中要适当补充相关音乐文化资料。

二、教学目标

（一）教学目标

1. 有感情地朗读相关语句、段落，绘制海潮变化简图，了解海潮的变化美。

2. 品味语言，写朗读脚本，感受潮涨潮落的画面美，学习如何用文字表现美。

3. 改写并诵读潮涨潮落语句、段落，感受自然之美。

（二）教学重难点及教学策略

教学重点：品味语言，感受潮涨潮落的画面美。

教学策略：运用诵读体会法，勾勒简图，表达阅读感受；结合有感情的朗读写朗读脚本，进一步体会语言美；运用联想想象，描绘画面，感受自然美。

教学难点：学习如何用文字表现美。

教学策略：品味有表现力的语言，写朗读脚本；用诗句形式改写散文，实践感受语言魅力。

三、教学过程

教学环节和教学活动	
环节一：听潮之音	听读绘图，感受变化美
环节二：品海之画	品读语段，感受画面美
环节三：读潮之韵	选配音乐，感受乐感美
环节四：写海之美	改创诗歌，表达自然美

主要教学过程			
教学环节	教师为主的活动	学生为主的活动	设计意图
环节一：听潮之音	播放海景音频，引领学生感受海之美	音频听读，感受潮之音 活动1. 欣赏大海图片，听读海潮音频，结合自身经历，谈谈对海的认识感受 活动2. 听范读，然后根据感受，绘制海潮变化示意图，并结合文章内容和朗读的语速语气，谈谈这样绘图的原因	进入情境，积累人生经验，调动对海的感受 整体感受文本海潮三阶段之美

教学环节	教师为主的活动	学生为主的活动	设计意图
		预设：海睡—海醒—海怒，语速由慢到快，语气和缓、欢乐、昂扬 评价标准：层次相符，特征准确，语速语气适当 语速急速 语速稍快 语速慢 语气和缓　语气欢快　语气昂扬 海睡图　海醒图　海怒图	
环节二：品海之画	指导学生品读语段，细品三幅海景不同的美	品读文字，感受图画美 活动1 再读文章，选取自己喜欢的段落，批注重音、节奏、语气，然后在小组内朗诵并推荐最佳朗诵在全班展示 示例："低低地，轻轻地，像微风拂过琴弦；像落花飘零在水上" 朗读脚本：重音"拂""飘零"，轻轻地读，感受到隐隐约约的触感、若有若无的声音，感受到大海的静谧美 活动2 自选你最喜欢的段落，想象文字所隐含的画面，试着用生动的语言将你头脑中的画面描述出来 段落1：海在我们脚下沉吟着，诗人一般。那声音仿佛是朦胧的月光和玫瑰的晨雾那样温柔；又像是情人的蜜语那样芳醇；低低地，轻轻地，像微风拂过琴弦；像落花飘零在水上 段落2：没有风。海自己醒了，喘着气，转侧着，打着呵欠，伸着懒腰，抹着眼睛。因为岛屿挡住了它的转动，它狠狠地用脚踢着，用手推着，用牙咬着。它一刻比一刻兴奋，一刻比一刻用劲。岩石也仿佛渐渐战栗，发出抵抗的嗥叫，击碎了海的鳞甲，片片飞散 提示：使用色彩词语或者修辞， 　　　引用传说或者进行抒情	品读文字，运用朗读方法，欣赏三幅美景

续表

教学环节	教师为主的活动	学生为主的活动	设计意图
环节三：读潮之韵	指导学生为文本选取恰当音乐	选取音乐，感受潮之韵 活动1：潮起潮落发出的声音在作者心中是一首唯美的歌，为了让读者体味到这种旋律的韵味，请结合链接材料中对于乐曲的描述，根据你对题目的理解，为本文选择恰当背景音乐，并说明原因 链接材料： 《摇篮曲》：低音持续，旋律线拉长，锦瑟银筝如茧抽丝，切切低诉 《义勇军进行曲》：圆号和弦乐前呼后应，然后钟鼓齐鸣，旋律加速，节奏铿锵、旋律明亮雄伟	借助音乐与文学建立联系，加深读文章的理解
环节四：写海之美	指导学生用诗句改写，表达美。	精读段落，写大海美 散文与诗歌是近邻，散文改写诗歌，你会体会到大海的真正之美，请你用诗的语言表达海之美。将下面的一段文字改写成一首小诗。 创作一首小诗 节选段落：海在我们脚下沉吟着，诗人一般。那声音仿佛是朦胧的月光和玫瑰的晨雾那样温柔；又像是情人的蜜语那样芳醇；低低地，轻轻地，像微风拂过琴弦；像落花飘零在水上 诗歌示例： 静静的海啊 沉吟的诗 微风拂琴弦 落花飘水零 睡意 朦朦	表达审美感受，深入理解文章内容
	作业布置	1. 拓展阅读《海之歌》，有感情诵读，体会作者的情感 2. 聆听自然之美，以"听_____"为题目，运用联想和想象，写一篇短文，300字左右	读写结合，拓展延伸

教学环节	教师为主的活动	学生为主的活动	设计意图
		板书设计	

四、自我评析

《义务教育语文课程标准》（2011 年版）指出欣赏文学作品，要能有自己的情感体验，初步领悟作品的内涵，从中获得对自然、社会、人生的有益启示；这就强调了阅读是学生个性化行为，阅读教学要珍视学生独特的感受、体验、理解。这节课我从学生的兴趣出发设计课堂，用诵读"感受美"贯穿课堂，引领学生在抑扬顿挫的朗读中感受音韵美，在联想想象的绘图中感受自然美，在为文章配乐的过程中，感受音乐文化与诵读文化碰撞心灵的文化之美。整堂课教学中充分重视从学生"学"的视角重构语文课堂教学的内容与方法，写朗读脚本，品味语言，把诵读和语言品味相结合，品味语言艺术的魅力。整堂课很有感染力，学生兴趣浓厚。

1. 诵读品味，感受语言

《义务教育语文课程标准》（2011 年版）明确指出，"能用普通话正确、流利、有感情地朗读课文"，指出了朗读教学的三层目标，其中，"有感情地朗读"是最高级目标，就是学生在反复朗读课文中读出自己的理解与思考，能够自觉通过声调、音量、速度、停顿等的变化，生动、有个性地读出文章的思想感情。朗读方式要有顺序、有层次、有方法，引导学生进入文本的内核。如想象性朗读、虚拟性朗读、创造性朗读、集体读、个人读、自由读，有朗读，还有诵读，整个教学过程的推进和难点的突破都是以"读"为载体完成的。每一步读，要有每一步读的要求和任务，一步步理解作品情感内涵。

本班学生喜欢朗读，容易从朗读中获得喜悦感与成就感，进而融入理解、拓展的学习活动中。首先，教师声情并茂的范读唤起了学生情感上的共鸣，激发了强烈的阅读欲望，产生丰富的情感想象，与作者共鸣，与作品中的人物共鸣。由此看来，教师的示范朗读有着不可比拟的优势，在语文课堂中不容忽视，是电子设备多媒体所不能替代的。在教师范读的过程中，学生通过耳听教师真切亲切而富有感染力的声音，眼观老师的面部表情、体态和动作，在不经意间得到暗示，从而获取老师传出的信息，引起情感共鸣，引发思考，深刻感知课文。同时学生听思结合，极大激发学生的注意力和观察力。教师充满感情的朗读还能感染学生的情绪，让他们细心聆听，身临其境，陶醉其中，达到忘我的境界，这样学生的内心世界和文本形成了共鸣，对语文学习产生浓厚的兴趣。

教师范读，学生闭上眼睛想象画面，这个环节对学生的想象力，感受文字美的能力得到充分展现，想象力在实践过程中得到培养提升。七年级上册引领学生在抑扬顿挫的朗读中感受音韵美，在联想想象的绘图中感受自然美，在为文章配乐的过程中，感受音乐文化与诵读文化碰撞心灵的文化之美。写朗读脚本，品味语言，把诵读和语言品味相结合，品味语言艺术的魅力。

2. 写朗读脚本，亲近语言

《北京市中小学语文学科教学改进意见》（以下简称《改进意见》）指出，要"严格按照课程标准组织教学"，初中阶段要"加强词句的理解和使用，强化学生语文阅读和写作的基本能力"，《义务教育语文课程标准》（2011年版）强调欣赏文学作品，要品味作品中富于表现力的语言。语言是作品思想感情的载体，记人叙事的散文作品更加注重语言的表达效果。由此，教学中，在语言分析上能做到平中见奇、常中见巧、于无声处听惊雷，更能让学生感受到文学的魅力。

语言是作品思想感情的载体，散文教学中，对关键词语的领悟理解，是体会文本内涵的关键。教师要培养学生对关键词语的敏感度，综合运用品读、描摹、对比等多种方法，深入品味情与景。对朗读脚本的撰写，教师的引导要细致。不仅从感情基调如语速、语调、语气等大处考虑，还特别培养对词句的细心揣摩。我感受到让学生学会、掌握和享受正确的学习过程比学会了什么都更为重要。

学生反复品读，撰写朗读脚本环节，给了学生与教材文本亲近的时间，琅琅的读书声充满课堂，体现阅读个性化行为的特点，不以教师或者教材的分析代替学生的阅读理解。这个过程中，学生很好地展示了自我，将从前对文本的应用分析转化为主动诵读脚本，让学生充当了导演和演员，从而在不知不觉中完成了分析理解。

3. 文化渗透，拓宽课堂视野

传统文化是一个民族思想的根基。《义务教育语文课程标准》（2011年版）明确提出，"认识中华文化的博大，吸收民族文化智慧，关心当代文化习惯，尊重多样化，汲取人类优秀文化的营养"，目的就是要求语文教学起到桥梁作用，传承人类文明，发展多样文化，吸收人类优秀文化的营养，对学生的精神领域进行多层次的影响和过程性的熏陶感染，来提高学生的文化品位和审美情趣。本课教学中，拓展与文本相关的"海"文化内容，拓展带动与"海"题材相关的古代诗歌、现代诗歌、散文，植根于海文化底蕴，使学生加深对海形象的理解，从而拓宽课堂视野。

为散文选取音乐的环节，使学生建立音乐与文学之间的联系；对相关音乐的介绍，也拓宽了学生的文化视野；品读理解选取音乐的过程，加深对文章的理解和审美感受，培养学生的联想想象能力，激发审美情感，提升精神品格。文学艺术是相通的，为散文配乐、改写散文为诗歌等教学活动，充分调动学生多角度、多层次感悟语言魅力，体验自然美、语言美。

《七律·长征》教学设计及评析

北京陈经纶中学帝景分校　池志丹

一、教学背景

1. 课程标准要求

《义务教育语文课程标准》（2011年版）指出，要能利用图书馆、网络搜集自己需要的信息和资料，帮助阅读。学生阅读书面文字、观看音像资料、选择和把握重要信息的能力是信息化社会每个人必须具备的素质之一。基于以上要求，根据课文自身的特点，在开发教学资源，培养学生收集、分析和处理信息方面作出尝试，在教材的许多疑难处，让学生借助自己搜集的相关信息资料，进行思考，在教学中不断丰富和生成新的内容，帮助学生理解课文，深化情感。

2. 学习任务分析

本单元的训练重点是：体会文章表达的情感；学习场面描写和人物描写的基本方法。第二点在后面的三篇课文中体现得更多一些。这篇课文，以"万水千山"作为贯穿全篇的线索，中间按照红军长征的路线，选取了四个具有典型意义的地理名称，它们都是著名的天险，高度概括了红军长征途中的"万水千山"；依据生活的真实顺序叙述长征途中的典型场景和史实，寓情于景，情景交融。

本组课文是这册书最后一组课文，在设计教学时，我们注重对学生已有的语文能力的综合运用，教学过程中组织学生搜集与课文相关的资料。对于《长征》一课的理解不盲目追求深透，而把重点确立在"读懂后有所感悟"。

3. 具体学情分析

为了更好地了解学生在学习这篇课文时的学习基础，我专门做了课前调研。调研后发现存在如下问题：有81%的同学不能准确理解3~6句，仅能从"不怕"及"等闲"中体会到"不怕艰难"这一现象。

调研分析：对于作者，学生知道毛泽东是开国领袖，因此感到这是个伟大的人物，但他的伟大还体现在哪里，学生没有更多的了解；在生活中通过看电视、电影等途径，对"长征"或多或少有一些了解；初读文章，结合字典及查阅的资料，都能够体会到红军长征经历了很多磨难，且不怕艰难险阻。对于"经历的很多磨难""不怕艰难险阻"这一点，三分之二的学生是从一、二句中直接体会到的，只有三分之一能够结合三至六句中某个词语深入体会。说明学生对诗句中隐含的比喻和夸张的修辞并不理解，对当时的红军长征的环境并不了解，这也成为学生感受毛泽东及红军战士的豪迈情怀的阻碍。

4. 解决策略

（1）在知诗意环节，将带领学生对诗歌的表面意思进行疏通，这样为充分理解"不怕难"奠定基础。

（2）通过引导想象、补充资料的方法，让学生深入感受当时自然环境的恶劣、敌人的围追堵截，来深入感受长征之难。之后，学生将抓住"腾细浪""走泥丸""更喜""尽开颜"这些词语，来感受红军在长征途中的不怕难。

二、**教学目标**

（一）教学目标

1. 通过有感情地朗读课文和搜集资料，理解和品味关键词语，感受"红军不怕远征难"的深刻含义。

2. 层层深入品读律诗，感受伟人的风采，学习中国工农红军大无畏的革命精神和英勇豪迈的气概。

（二）教学重难点及教学策略

教学重点：在学生读懂诗意的基础上，深入体会"红军不怕远征难"的含义。

主要策略：让学生抓住重点词语，引导学生进行想象，通过课外资料的使用来体会红军不怕远征难的含义。

教学难点：在学生充分感受了红军长征之难后，让学生来感受毛泽东主席和广大红军战士的大无畏和乐观主义精神。

主要策略：抓住长征之难和红军面对长征之难的态度进行对比，借助不同形式的朗读，去感受中国工农红军大无畏的革命精神和英勇豪迈的气概。

三、教学过程

教学环节	内容设计
环节一	读诗，感知诗歌大意
环节二	聚焦"难"，感受"远征之难"
环节三	聚焦"闲"，体悟"长征精神"
环节四	拓展，传承"长征精神"

主要教学过程

教学环节	教师为主的活动	学生为主的活动	设计意图
环节一：读诗，感知诗歌大意	教师利用句式、讲解故事等方法让学生理解诗句意思。通过这样的方式，把课堂还给学生	活动1：朗读诗歌并观察图片，请为图片选择对应的一句诗。选择诗中不能理解的词语，提出来与大家一起交流并解决 活动2：同学们体会时局的意思，我们可以用想象的方法，请你用老师提供的句式，想象红军的心理，展示你自学的收获，句式：在_____的眼里，_____就像_____ 活动3：再次朗读诗歌，根据你对诗歌内容的理解，为诗歌选择合适乐曲，判断曲子所包含的基调，在小组内进行朗读 提示：我选择第____首，因为这首曲子的调子是_____，能够突出表现红军的_____精神	理解诗句意思，感受长征之难和长征精神。通过给诗歌配乐曲的方式，将音乐和语文的理解相融合
环节二：聚焦"难"，感受"远征之难"	教师引导学生深入诗歌内部，圈圈画画有关的诗句，感受长征之难	活动1：假如图片上的高山就是红军长征过程中所经历的地方，请想象一下，红军会遇到怎样的困难？用词语概括	通过图片的出示，给学生以直观感受，使学生充分感受到山雄壮、巍

教学环节	教师为主的活动	学生为主的活动	设计意图
		  活动2：结合你的想象，观察下面两幅图片，理解"逶迤""磅礴"这两个词语的意思。深入体会红军"长征之难" 活动3："千里雪"这个词写出了当时恶劣的环境，读到这个词语，你们的眼前仿佛看到了什么？耳边仿佛听到了什么？请你用生动的语言，描述你眼前呈现的画面 要点提示： 红军战士脚上穿的是什么 身上穿的是什么 每走一步遇到了什么艰难 战士们饿了、渴了怎么办 	峨的特点。通过讲事件、创设情境，引导学生入情入境，逐层深入想象，来深刻感受"长征之难"

续表

教学环节	教师为主的活动	学生为主的活动	设计意图
环节三：聚焦"闲"，体悟"长征精神"	教师聚焦具体词语，引导学生再次深入文本，感受长征是如此之难	活动1：红军翻越了18座大山，蹚过24条大河，走过荒无人烟的草地，行程约25000里。这几组数字让我们感受到红军走过的是万水千山。请朗读诗歌，找到红军面对长征之难态度的词语，在外在困难和红军态度的对比中，体会红军的大无畏和乐观精神 示例： （1）从"腾细浪""走泥丸"这两个词知道了红军根本不怕这万水千山。连绵不断的五岭在红军眼里就像细小的波浪。走的是那样的轻松自在。翻过气势磅礴的乌蒙山就像走过泥丸那样简单 （2）"只等闲"三个字：红军经历了那么多困难，可在他们的眼里，这些困难只不过是平平常常的小事。直接体现了红军战士的无畏和乐观 活动2：结合上面的对比和红军的表现，你体悟到怎样的"长征"精神，请概括 明确：顽强的毅力和不怕艰难险阻的精神	在这种鲜明的对比和冲击下，学生能够深刻感受长征之难，从而深刻感受毛泽东主席和广大红军战士的大无畏和乐观主义精神
环节四：拓展传承"长征精神"	教师引导学生拓展阅读，丰富学生对长征精神的理解	活动1：请大家朗读《过草地》这首诗，结合诗句概括红军过草地遇到了什么困难。 《七律》·乌兰夫 共话长征忆昔年，朝朝塞北望江南。 行踪奇正敌围破，信息浮沉民意浅。 捷报迅传逾朔漠，义诗响应度阴山。 此生留得豪情在，再作长征岂畏难。 《过草地》·张爱萍 绿原无垠漫风烟，蓬蒿没膝步泥潭。 野菜水煮果腹暖，干草火烧驱夜寒。 随意坐地堪露宿，卧看行云逐浪翻。 帐月席茵刀枪枕，谈笑低吟道明天。 活动2：阅读《七律》和《过草地》这两首诗，对比两首诗的内容，找到两首诗中体现红军精神的诗句，并进行概括	拓展与"长征"有关的诗词，将长征精神传扬下去
作业布置	1. 请观看和长征有关的电影，把自己的感受写下来		

四、自我评析

1. 采用尝试教学，以学生为主体。

课堂教学是实施素质教育的主阵地，其应以学生获取知识、形成技能、提高能力和培养健全的人格为最终目的。然而要想达到这一目的，就必须激励学生主动参与教学的全过程，"尝试教学"一开始就把学生推到主体地位。在学习《七律·长征》这首诗时，虽然是本单元的开篇之作，但我们仍然让学生先尝试着自己去查阅资料，自己去学习体会，自己提出问题，并尝试合作解决问题，让学生真正成为课堂上的主人。

2. 课内外相结合，课外服务于课内。

课堂是教学的主阵地，但也需要课内外配合才能觉得充实，学得圆满。当学生了解到，本诗是按照顺序将长征路上所遇到的典型事例用朗朗上口的诗句展示给读者的，并且了解这些困难是如何克服的，从而感受红军长征之艰难。这时，出示课内资料袋中的资料，让学生感受红军走过不仅仅是几条路，翻过的不仅仅是几座山，而是万水千山，从而深化对难的理解。在此基础上，再次出示课外资料，让学生感受出自然环境带来的难，还有敌人的围追堵截带来的难，这样就再次深化了长征之难。这样有层次地出示课外资料，让学生深深感受到长征真的很难，真正做到课外服务于课内。

3. 课后拓展，在阅读中传承渗透文化。

古人常说："书读百遍，其义自见。"语文阅读能力不是一朝一夕培养的，在语文课堂上，要抓住有限的时间，组织学生进行思路清晰、主题明确的阅读。课后拓展环节，出示相同主题诗词，让学生选择与本篇课文主旨相同的进行说明，这样一个问题就将学生从被动学习转变为主动阅读，在一定程度上也能培养学生独立思考和举一反三的阅读能力。在这个过程中，教师可点拨学生对诗词中"长征精神"的理解，这样可以深化学生对"长征精神"的理解，让学生传承"长征精神"。

《老人与海鸥》教学设计及评析

北京市陈经纶中学嘉铭分校 李宏泉

一、教学背景

1. 课程标准要求

（1）《义务教育语文课程标准》（2011年版）指出："阅读是学生个性化的行为，不应以教师的分析代替学生的阅读实践。""要珍视学生独特感受、体验和理解。"基于这一理念，本课让学生在阅读实践中自读、自疑、自悟。学生是学习的主体，因此教学时让学生先自学，再组织学生深入学习、体会情感。

（2）《六年级上教师教学用书》中指出："要注重学生具有独立阅读的能力的培养，注重情感体验，在朗读能力培养方面高年级更侧重于入情入境地朗读能力的培养。"所以在学习的过程中让学生运用想象、朗读等多种方法，使学生体会、感悟老人与海鸥之间那种不是亲人却胜似亲人的感情。

2. 学习任务分析

《老人与海鸥》是北京市义务教育课程标准实验教材第十一册第七单元的第一篇精读课文。本单元的主题是"人与动物"，选编了发生在人与动物、动物与动物之间的一个个真挚感人的故事。学习本组课文除了把握课文的主要内容，更要体验文中的真挚情感。并且学习把这种情感写真实、写具体的方法。

这篇课文讲述的是一个真实的故事：一位年迈退休的老人，每天步行来到翠湖畔与海鸥做伴，喂养海鸥，和海鸥建立了深厚的情谊。老人去世后，海鸥们依依不舍地为老人举行葬礼，在老人的遗像前翻飞盘旋，像是为老人守灵的儿女。课文结构清楚，可分为两大部分，前半部分通过老人喂海鸥、呼唤海鸥名字、与海鸥亲切地说话等事例表现了老人对海鸥无私的爱；后半部分则通过老人死后，海鸥在老人遗像前翻飞盘旋、肃立鸣叫等悲壮画面，展示了海鸥对老人那份令人震撼的情。本课文字流畅、舒缓，讲述着人与动物的感人故事，牵出人与动物的真挚情感，描绘出人与自然和谐共存的动人画面。

本课的教学任务在于让学生认识到动物是有灵性的，它们是人类亲密的朋友。我们对它们所付出的任何一份感情，都能得到它们加倍的回报。《老人与海鸥》这篇文章是本单元的首篇课文，它起着领航作用，在教学中练习以较快的速度阅读课文，抓住描写老人神态、动作和语言，以及描写海鸥动作的重点语句，体会蕴含其中的深厚感情，并揣摩作者是如何把老人与海鸥之间的感情写具体的。

3. 具体学情分析

（1）对学生生活的分析

很多同学养过小动物，对动物的一些富于灵性的表现有一定的生活积累。那些没见过海鸥、对海鸥不了解的学生，也可通过资料查询来解决。

对于没有养过小动物的学生理解起来就有一定的困难，尤其是由于年龄和人生阅历的限制，学生或许会被老人与海鸥之间的那份浓情所感动，但对于老人对海鸥的那份超乎寻常的、常人无法做到的呵护和关爱，以及海鸥在老人去世后为老人肃立、守灵的异常举动，学生或许会因生活中不太常见而产生怀疑，对那种震撼人心的情感感同身受，有一定的难度。

（2）对学生学习本课的情况分析

这篇课文所反映的是人与动物和谐相处结下了深厚情谊的主题，这类课文，学生在五年级时曾学过反映同类主题的课文《珍珠鸟》，可以说学生对这一类文章并不是第一次接触，有了一定的知识储备。

（3）学生已掌握的学习方法

课前进行学情调研，阅读选材于人教版六年级上册同步阅读中《科霍河畔的奇遇》一文。问题：为什么这次的"奇遇"是难以忘怀而又有点可怕的？其中83%的学生能够通过自读、自悟答出"难忘是因为体会出动物间的亲情，可怕是因为险些丧命"；67%的学生通过对文章结尾的重点句体会出"人与动物可以和谐相处"；仅有19%的学生能够理解：狼在得到人类帮助的前提下，能够与人类建立友谊，进而回报人类。

处于六年级上学期的学生，已经具备了一定的阅读能力，形成了一定的阅读习惯，掌握了一定的阅读方法，有了一定的语言积累。对于一些基本的阅读方法，如：抓住重点词句，体会思想感情；边读边想，提出问题；读文章，想画面；抓住关键词句，体会其表达效果等，在三年级时就开始渗透，大部分学生已能灵活综合运用。

二、教学目标

（一）教学目标

1. 默读课文。揣摩课文的语言文字，领悟作者通过场景将老人和海鸥之间的感情真实、具体地表达出来，体会老人与海鸥之间的情谊。

2. 有感情朗读。激发学生关爱小动物的热情。

3. 拓展想象，写话练习，进一步加深理解老人和海鸥之间浓厚的感情。

（二）教学重难点及教学策略

1. 教学重点：拓展想象，写话练习，进一步加深理解老人和海鸥之间浓厚的感情。

2. 教学难点：默读课文，揣摩课文的语言文字，领悟作者通过抓场景将老人和海鸥之间的感情真实、具体地表达出来，体会老人与海鸥之间的情谊。

（三）教学策略

为了落实以上教学目标，突破教学重难点，我这节课主要采用的教学策略是"阅读中领会学法　写作中感悟真情"。让"读"贯穿到整个教学过程当中，通过读来引导学生总结学法、体会情感，通过读写启发学生的思维。

三、教学过程

教学环节	内容设计
环节一：回顾理结构	雕像入情境，直扣亲人情
环节二：揣摩品场景	体会人鸟情，感悟巧表达
环节三：想象入角色	写话寄深情，练笔促提升
主要教学过程	

教学环节	教师为主的活动	学生为主的活动	设计意图
环节一：回顾理结构	教师引导学生读词来理解第一行词语写老人，学生回顾以往的学习内容，完成学习任务	雕像入情境　直扣亲人情 活动1：根据老师提供的词语，你头脑中一定会呈现出一个老人与海鸥的一个画面，思考这三组词构成的画面，用词语概括老人与海鸥之间的关系 撮嘴呼唤　抑扬顿挫　亲昵说话　啧啧称赞 应声而来　起起落落　排队翻飞　有声有色 翻飞盘旋　急速扇动　肃立不动　白色旋涡 明确：默契与和谐 活动2：联系词意，想象画面，用上其中的5个词语，复述文章的主要内容 要求：不改变原文内容，描述生动，最好有细节 活动3：阅读和品味文章中的句子，你会发现老人与海鸥之间的具有深厚的情感，	从回顾内容入手，引导学生带着问题读书，促进学生个性化阅读。放手让学生自学，让学生从整体上感知课文，获得初步的阅读体验。让学生的新旧知识自然衔接，顺利导入新课的内容

教学环节	教师为主的活动	学生为主的活动	设计意图
		请结合下面句中的词语进行分析和批注 句子：朋友告诉我，十多年了，一到冬天，老人每天必来，和海鸥就像亲人一样 批注：这个句子中_____几个词语，写出了老人对海鸥的_____情感	
环节二：揣摩品场景	教师指导学生研读文本，让学生读文本进行深入感悟与表达，感受老人与海鸥亲人般的深情。教师指导学生合作学习，抓三个主要场景理解海鸥送别老人的眷恋之情	体会人鸟情，感悟巧表达 活动1：请你阅读下面这段文字，抓住老人喂海鸥的关键词语，说说你读出了关于老人的哪些信息 原文：他背已经驼了，穿一身褪色的过时布衣，背一个褪色的蓝布包，连装鸟食的大塑料袋也用得褪了色。朋友告诉我，这位老人每天步行二十余里，从城郊到翠湖，只为了给海鸥送餐，跟海鸥相伴 示例：三个"褪"字，我读出了并感受到老人生活简朴 活动2：想象画面有感朗读下面这段文字，体会动词有哪些作用 抓住老人喂海鸥的关键词语，说说你读出了关于老人的哪些信息 原文：老人把饼干丁很小心地放在湖边的围栏上，退开一步，撮起嘴向鸥群呼唤。立刻便有一群海鸥应声而来，几下就扫得干干净净。老人顺着栏杆边走边放，海鸥依他的节奏起起落落，排成一片翻飞的白色，飞成一篇有声有色的乐谱 示例：我读到关键词"放""退""撮""呼唤""应声而来""起起落落"等动作描写的词语，体会人鸟之间的默契和谐 活动3：有感情朗读老人喂海鸥的一段描写，请说说你从"抑扬顿挫"这个词语中读出了什么 原文：在海鸥的鸣叫声里，老人抑扬顿挫地唱着什么。侧耳细听，原来是亲昵得变了调的地方话——"独脚""灰头""红嘴""老沙""公主"……	通过创设情境让学生联系生活实际，结合文本体会"夸奖"的含义，再让学生将分析场景获得的感受运用在"夸奖"之中。让学生真正感受老人对海鸥满满的喜爱

教学环节	教师为主的活动	学生为主的活动	设计意图
		活动4：默读课文第二部分，然后思考：意想不到的事情是什么？海鸥是如何送别老人的 方法：阅读文章，运用想象方法	
环节三：想象入角色	教师用角色转换的方式，指导学生对比朗读，再次回归课文，体会老人与海鸥之间的情感	活动1：写话寄深情， 练笔促提升 一位老人，一群海鸥，通过十几年的朝夕相处，俨然成为一家人，老人的叮咛，海鸥的留恋深深地打动我们。请你想象，如果你是那位老人，面对性格不同的海鸥们，你想叮嘱些什么 活动2：此时你是前来送别的海鸥，面对如同父亲般的老人遗像，你又想说什么	通过两个小活动，可以让学生将之前获得的知识与自身感情体验与现在相联系，从而产生对文本的深度感悟。让学生获得心灵的升华，以写促读。体会到人与动物之间的美好情谊，有感而发
作业布置	1. 课下阅读：《我和小摩西的友谊》《天鹅的故事》《绿毛龟》《科霍河畔的奇遇》 2. 片段写作：选择一篇文章进行仿写		

四、自我评析

《义务教育语文课程标准》（2011年版）对第三学段阅读教学提出明确要求："在阅读中了解文章的表达顺序，体会作者的思想感情，初步领悟文章的基本表达方法。在交流和讨论中，敢于提出看法，作出自己的判断。"本节课中，是一堂有方法、有分享、有思考的阅读教学课，最突出之处是运用各种教学策略，引导学生展开从粗到细、由浅入深，从共性到个性，由表及里的阅读思考，有效地培养了学生的问题意识、感悟能力，促进学生思维的持续发展。

1. 有感朗读，促进想象，感悟深情

朗读是理解课文的重要手段。《义务教育语文课程标准》（2011年版）中强调：各个学段的阅读教学都要重视朗读和默读。带着感受、感情朗读张扬的是个性，呈现的是自悟。在不同情感的朗读中学生理解了"抑扬顿挫"的词义，探索怎样抑扬顿挫地喊海鸥的名字，体会到了老人的亲切，还原了老人呼唤海鸥的场景。此时学生对语言文字的咀嚼已非常细致、入味、深刻，再读，就读出了老人对海鸥的深厚情感。

2. 问题质疑，追寻关系，建构篇章

思维能力是语文学科的核心能力之一。培养学生运用语言的能力，实质上就是培养学生运用语言表达自己的思维和通过语言理解他人的思维的能力。在本课中李老师鼓励学生大胆质疑，疑是一切学习的开始，也是一切学习的动力。质疑是将被动学习变为主动学习的关键，是学生深入文本、自主探究、独立思考的源泉。在《老人与海鸥》送别场景中，师问："哪个场景最让你意想不到，为什么呢？请到老人喂海鸥的段落中寻找答案。"环环相扣的质疑不仅引发学生的阅读期待，还促进学生阅读思维宽度的延展。

后面李老师从时间的顺序上加以梳理：刚放下遗像时—过了一会儿—收起遗像时海鸥的表现。每一个时间段海鸥是怎样表现的？作者是从哪些方面描述的？通过这样具体化的问题，促进学生对文章细节描写的关注、体味，理解作者的写作思路，使学生感悟将抽象概念进行具体化描写的思维路径，为学生具体化思维提供方式借鉴。

3. "创设情境，'爱'为主线"是这一堂课中的一个亮点

李老师注重读中悟情。学生通过联系词语，想象画面的情境铺设后，老师不露痕迹地引领学生走进"老人喂海鸥""老人唤海鸥""老人谈海鸥"。通过与学生交流感受深刻的词句，让学生体会到"老人爱海鸥胜过爱自己""老人和海鸥之间似亲人"的感人情怀。重点抓住了老人的动作和细节，让学生在老人看似平常的谈吐中，感受老人对海鸥的一片真情。还有让学生读老人唤海鸥的句子中，让学生真切地体会老人对海鸥的情感。

4. 创设情境，以写促读

学生作文能力提高的过程也是思维能力提升的过程。因此，在日常教学中，我们可以根据课堂教学需要，找准适合的切入点，引导学生进行写作思维训练。

在教学中，李老师顺势迁移，注重读写结合，在学生充分品读感悟的基础上，安排学生想象老人对不同性格的海鸥们叮嘱些什么？海鸥面对老人的遗像在鸣叫诉说什么？设身处地地想象海鸥在倾诉些什么。写的过程，是练笔的过程，也是对文章感情的体会和升华的过程。当学生准确地领会文章中的情感，被人物精神所感染，随着情感蓄积加深、情势加剧，会产生急于表达的动机，即出现了

"情满而溢发"的现象。李老师把握了学生急于泄情的需要，为学生创设表达情意的途径和时机，培养学生丰富的移情能力。通过反复、声情并茂的朗读，一方面，学生内心的情感被充分地激发出来了；另一方面，学生在表达感情的过程中，原作的思维方式发挥了潜移默化的影响。所谓"书读百遍，其义自见"，熏陶是最好的教育。感情如此，思维方式也是如此。

语文课程是实践性课程，应着重培养学生的语文实践能力，而培养这种能力的主要途径也应是语文实践。李老师的教学的最大启迪，就是要坚持这一理念，采用多种教学策略，引导学生进行阅读实践，不断激起学生的探究欲望，发展个性思维，提升阅读思考力，掌握科学的阅读方法。

《小石潭记》教学设计及评析

北京市陈经纶中学帝景分校 沈 萍

一、教学背景

1. 课程标准要求

《义务教育语文课程标准》（2011年版）在"阅读"方面的要求是："欣赏文学作品，能有自己的情感体验，初步领悟作品的内涵，从中获得对自然、社会、人生的有益启示。对作品的思想感情倾向，能联系文化背景作出自己的评价；对作品中感人的情境和形象，能说出自己的体验；品味作品中富于表现力的语言。""浅易文言文，能借助注释和工具书理解基本内容。"

基于以上要求，本节课我引导学生借助注释和工具书展开自主学习文言词语，理解文章基本内容，进而品味《小石潭记》优美的语言，理解柳宗元的思想、情趣，受到美的熏陶和感染。

2. 学习任务分析

《小石潭记》这篇文言文选自部编初中语文教材八年级下册第三单元。八年级下第三单元和八年级上册第三单元有较高相似度，大都是写景抒情类的作品，阅读这些作品，能够让学生了解古人的思想、情趣，感受他们的智慧，受到美的熏陶和感染。

柳宗元的《小石潭记》是一篇典型的山水游记散文，语言优美，情景交融。全文用移步换景、特写、变焦等手法，有形、有声、有色地刻画了小石潭的美景，写出了小石潭环境景物的幽美和静穆。作者借景物的描写传达自己在贬谪生活中微妙的情感变化。

山水游记是以散文形式记录游踪，描摹景观，抒发主体现实旅行游览见闻感受的独立成篇的文学形式。山水游记的三大要素是游踪、景观和情感。

通过本课的学习，引导学生掌握欣赏山水游记散文的方法和步骤，把握景物特点，领略作者在景物描写中寄寓的情感，表达自己对社会、人生和自然的独特思考。

（1）初步朗读课文，依据文本，勾勒出柳宗元游览小石潭的路线图。作者循铮铮潭水声发现小石潭，从容漫步，眼中景随观察点一一变换，运用"移步换景"的方法为我们展现了一幅小石潭的美景图。学生在初步阅读文本过程中，梳理出作者的游踪。

（2）细读文本，从文中选取一个字，最全面、最准确地体现小石潭景物的特点。作者在文中围绕小石潭描写了"水""石""树""鱼"等景物，写出了小石潭景物的幽美和静穆。学生在细读文本中，把握小石潭的景物特征，从而为理解作者情感变化过程奠定基础。

（3）精读文本，圈画出表现作者心情的语句，画出作者的心情变化折线图。引导学生在欣赏文学作品的过程中，能有自己的情感体验，领悟作品的内涵，学会阅读山水游记散文的方法，进而进行迁移和完成相关练习。

3. 具体学情分析

（1）基础层面：本文是中国古代散文名篇，历来为人称道。学生可以通过反复诵读，记忆背诵，为深入理解课文奠定基础。本文的重点字词和文言现象比较多，在读课文中发现，学生已经能大概理解本文的大意，但涉及一些特殊句式（如"卷石底以出"）和词类活用现象（如"斗折蛇行"）时，学生会有困惑，表示不看注释完全不知道什么意思。学生需要加强预习，结合注释和词典，读懂文章大意，积累文言知识。

（2）内容理解层面：通过初步阅读，学生可以很好地理解小石潭之美和作者前面的游览之乐，却难以理解突然而生的悲苦。学生觉得文中有很多矛盾的地方，如前文中极力刻画小石潭的美景，后面却又说"以其境过清，不可久居"，前文是"乐"，后面却又是"凄神寒骨，悄怆幽邃"，逻辑上似乎有些不合理。学生这时已经想到这些跟文章的写作背景有很大关系。

（3）作家理解层面：柳宗元是初中语文教学中的重点作家，学生对他的诗文比较了解，一部分作品耳熟能详。但是学生对于柳宗元的人生经历和心路历程并不熟悉，无法做到"知人论世"，给本课思想主旨的理解带来一定难度。

二、教学目标

（一）教学目标

1. 依据文本，勾勒出柳宗元游览小石潭的路线图，梳理作者的游览踪迹。

2. 通过选字、删字的过程，引导学生把握小石潭景物的整体特点。

3. 圈画出表现作者心情的语句，小组合作讨论，画出心情折线图，理解作品中所蕴藏的作者的情感变化。

（二）教学重难点及教学策略

教学重点：引导学生把握小石潭景物的整体特点。

教学策略：细读文本，在选字、删字的过程中，从文中找出一个最能够概括小石潭景物特点的字。这一过程需要学生静下心来回归文本，在对比、分析过程中逐步明确小石潭景物的整体特点，这一整体特点和作者的情感是密切相连的。

教学难点：理解作品中所蕴藏的作者的微妙的情感变化。

教学策略：在文中圈画出表现作者心情的语句，小组合作讨论，画出心情折线图，在画折线图过程中回归文本，找到相矛盾、冲突的地方，提出疑问。教师适时补充相关背景资料，引导学生"知人论世"，理解作者在游览小石潭过程中先"忧"后"乐"的变化原因。

三、教学过程

教学环节和教学活动		核心素养
环节一：寻潭　梳理游踪	依据文本，勾勒出柳宗元游览小石潭的路线图	审美鉴赏与创造
环节二：赏潭　把握特征	请从文中选取一个字，最全面、最准确地体现小石潭景物的特点	思维发展与提升 语言建构与运用
环节三：悟潭　理解情感	圈画出表现作者心情的语句，小组合作讨论，画出心情变化折线图	文化传承与理解

续表

主要教学过程			
教学环节	教师为主的活动	学生为主的活动	设计意图
环节一：寻潭梳理游踪	带领学生朗读文章利用课件展示活动要求，引导学生依据文本，梳理文章脉络	活动1：依据文本，勾勒出柳宗元游览小石潭的路线图 提示：朗读文本，依据文本画路线图，注意游览顺序和方位。 （个人展示+班级交流+师生共评）	引导学生把握游记的第一个要素"游踪"，理清文章思路
环节二：赏潭把握特征	教师指导学生文章精读片段，从文字表层入手，把握文中所描写的小石潭的景物特征	活动2：请从文中选取一个字，最全面、最准确地概括小石潭景物的特点 文中围绕小石潭描写了"水""石""树""鱼"等景物，细读本文，再试图理解一些重难点字词，把握各个景物的特点，进而把握景物的整体特点 本文借景抒情，最合适的字应该既能体现小石潭景物的特点，又能体现作者的情感 （提炼观点+班级讨论+评价修改）	引导学生把握游记的第二个要素"景物"，引导学生在读中把握景物特征，为下文理解作者情感变化奠定基础
环节三：悟潭理解情感	教师补充写作背景资料，通过"知人论世"，引导学生理解作者在游览小石潭过程中由"忧"到"乐"的微妙的情感变化	圈画出表现作者心情的语句，小组合作讨论，画出心情变化折线图。 【补充材料】柳宗元写给友人的书信中的一段话（选自《柳宗元《与李翰林建书》）： 仆闷即出游，游复多恐……时到幽树好石，暂得一笑，已复不乐。何者？譬如囚拘圄土，一遇和景，负墙搔摩，伸展支体，当此之时，亦以为适，然顾地窥天，不过寻丈，终不得出，岂复能久为舒畅哉？	找出文章描写的前后矛盾之处，找出作者情感发生变化的转折点，利用补充的背景资料，理解作者在文中所寄寓的情感 理解作者的情感是山水游记散文的重难点，此环节旨在引导学生理解作者情感变化的过程，进而把握文章主旨
作业布置	1. 假如你与柳宗元同游小石潭，请以"柳宗元，我想对你说"为题，写一段200字左右的文字 2. 拓展阅读：利用本文所学的阅读方法，拓展阅读《湖心亭看雪》，从山水游记散文的三个要素"游踪""景观""情感"出发，谈谈你的阅读感受		

续表

教学环节	教师为主的活动	学生为主的活动	设计意图
		板书设计	
		小石潭记 梳理游踪 ↓ 把握景物特征 ↓ 理解作者情感 "忧" → "乐"	

四、自我评析

1. 注重方法指导

柳宗元的《小石潭记》是一篇典型的山水游记散文，包含游踪、景观和情感三大要素。在讲授这篇文章时，教师结合文本的文体特征、文章内容以及主旨，确定了本课的教学目标和教学重难点，为学生设计了"梳理游踪""把握特征""理解情感"等系列活动。在这一系列活动中，教师引导学生学会欣赏山水游记散文的方法，关注三大要素，并且能够拓展延伸，学以致用，把这一鉴赏游记散文的方法迁移运用到其他同类型的文本，如《湖心亭看雪》，不断提升学生的阅读理解能力和鉴赏水平。

2. 关注学生主体

建构主义学习理论指出，在教学中应该以学生为中心，强调学生对知识的主动探索、主动发现和对所学知识意义的主动建构，而不是像传统教学那样，只是把知识从教师头脑中传送到学生的笔记本上。以学生为中心，强调的是"学"；以教师为中心，强调的是"教"。

教师在课堂上是组织者和引导者，而不是知识的灌输者。

这节课老师首先让学生依据文本勾勒出游踪图，学生在完成过程中兴致很高，要完成这一任务虽说不太难，但是如果阅读得不认真，不加以思考，完成的质量也不会高，很多学生在完成过程中仔细思考了作者的游览方位，完成了初步的探索。这一活动让学生先"热身"，很好地调动起了学生学习这节课的兴趣。其次，要求学生从文中选取一个能最全面、最准确地概括小石潭景物的特点，非常惊喜地看到学生在课堂上能大胆发表自己的看法并且发生了争执，开始了激烈的讨论，学生们找出了"清""寂""寒""凄""翠""幽"等字，依据全文描写的

"水""石""树""鱼"等景物，结合整篇文章的情感基调，确定这一个字应既能体现小石潭景物的特点，又能体现作者的情感。学生自主阅读文本后在这一活动环节能够清晰地、有理有据地表达自己的观点并展开辩驳，充分发挥了自身学习的主观能动性。第三个活动环节需要突破本文的重难点。在这一环节，学生在前面两个活动的基础上，依据文本画出心情变化折线图，引导学生捕捉作者在游览过程中情感发生微妙变化的转折点。这一过程中，要求学生小组合作完成折线图，学生在完成过程中主动发问，"作者是在什么时候开始由忧到乐的？""为什么会有这种变化？"带着这些问题来探究，学生们主动结合文本和课下注释来寻找答案。教师适时加以引导，提供背景资料进行"知人论世"，并对心情折线图加以完善，这样下来，结合前面的思考，学生也就不难理解作者的微妙情感变化了。

八年级的学生已经有了一定的阅读文言文的能力，本课的重难点在于如何引导他们理解作者在文章中的微妙的情感变化。"梳理游踪""把握特征""理解情感"三个活动立足学生真实学情，层层递进，以任务驱动课堂，关注学生主体，引导学生通过自主、合作、探究的方式阅读鉴赏文本，学生的参与度很高，好的教学效果更是显而易见的。

3. 落实语文核心素养

语文的核心素养，主要包括了"语言的建构和运用""思维的发展和提升""审美的鉴赏和创造"以及"文化的理解和传承"总共四个方面。在本课的学习过程中，学生首先依据文本简单勾勒出游踪图，完成了对文本的初步鉴赏，并有个性化的创造，落实了"审美的鉴赏和创造"这一素养。其次，学生在自主探究中自由地发表看法并依据文本展开了激烈的讨论，促进了"语言的建构和运用""思维的发展和提升"这两个素养的落实。最后，引导学生结合补充资料，让学生在一系列活动中欣赏文章优美的语言，理解作者的情怀、志趣，教师能够让学生受到高尚情操和趣味的熏陶，提高学生的文化品位和审美情趣，促进了语文核心素养的全方位落实和提升。

第三章 学欲有成"问"在先

——群文阅读有效教学设计与实施

第一节 群文阅读教学设计策略

所谓"群文"，顾名思义，就是在教学现场，在较短的单位时间内，要呈现多篇文章，多到四五篇，甚至七八篇。群文阅读是语文阅读的一种方法，它按照一定的方式组合，引导学生深入文本内部，把握文本内部的结构特点。群文阅读的教学目标一定要抓住重点，突出要点，把握难点，而且要学会放弃。根据文本的不同性质，教师带领学生更多地尝试略读、浏览、跳读。什么样的文章组成"群"考验着老师的阅读视野、阅读品味以及阅读教育理念。教师要尽量选用多种文类的文本，包括丰富学生文学体验的文学类文本，例如：神话、故事、寓言、散文、童话、诗歌、小说、传记，也包括实用性文本，例如：新闻报道、说明书、广告、通告，还可以尽量选用多种行文特色和叙事风格的作品。教师在有限的单位时间里要读好几篇文章，客观上决定了"群文阅读"和单篇文章的教学有许多不同之处。因此，群文阅读要确定好议题，这是教学的关键所在，议题就是一组选文中所蕴含的可以供师生展开议论的话题，一组选文中可以具有一个或者多个议题。议题的最大特征在于可讨论性，也就是说议题给予读者一个思考和赋予意义的空间，让读者可以在这个空间内发挥自己的创造性，充分与文本对话，从而形成不同见解。

一、群文阅读教学设计策略

1. 文本组合的线索清晰

将群文组合在一起的线索要清晰，线索清晰的一组一组的文章，在某种程度上可以弥补单篇阅读的弊端，现在语文教材上的文章全是单篇短章，各体各派，应有尽有。从好的方面说，可以使学生对于各种文体都窥见一斑，都尝到一点味道。但是从坏的方面说，将会使学生眼花缭乱，心志不专，仿佛走进热闹的都市，看见许多东西，可是一样也没有看清楚。一群文章，按一定线索放在一起，教师首先要明确自己的教学意图。要引发学生的认知冲突，要强化学生某一种认识，要丰富学生的多元理解，要学生领会读某类文本的方法，有了这个明确意图之后，再确定群文组合的线索。对于文本的选择必须做到共性和个性的统一。例如，选择田园诗词群文阅读探究诗人情感，进而达到实现学生的多元理解的目的。可以选择陶渊明的《归田园居》，王维的《山居秋暝》，孟浩然的《过故人庄》，辛弃疾的《清平乐·村居》。这样的选择是因为诗人来自三个不同的朝代，诗人人生经历也不同，抒发的情感也不同，在群文阅读过程中，学生首先要了解这些诗词想要表达作者一种什么样的情怀？这四首诗词都是表现乡村自然风光的美丽和乡土人情的动人，都是作者对田园生活的热爱和赞美，这就是群文中的共性。陶渊明表达的是从仕途归隐田园的真实感受；王维描绘了乡村美丽的自然风光和悠闲的乡村生活；孟浩然以乡下人的热情质朴与官场上的尔虞我诈形成对比；辛弃疾细致地刻画了一家老少虽然生活简朴却其乐融融的乡村生活画卷。这些就是文本中的个性。

2. 求同探异的思维培养

群文阅读教学需要求同探异，在教学中需要有思维的聚合，也需要有思维的发散。众所周知，在教学中如果没有发散思维就不会有任何创造的萌芽和创造性的成果。所以群文阅读对培养学生的发散思维乃至创造性思维具有得天独厚的优势。从内部看，群文阅读属于比较阅读。比较是把两种或两种以上的语文因素加以比照、分析、归纳，辨别出被比较因素的共同点和差异点，从而达到加深理解的目的。大量的阅读实践证明，善用比较的学生一般概念清晰，分析深入，判断准确，记忆深刻，联想丰富，思维活跃。这是因为比较是一种认识事物的辩证方法，也是一种思维过程，有比较才有鉴别。人们在获得知识的过程中，总是要经过将此事物与他事物的比较，区分它们的异同、高下，逐渐认识事物各自的属性。传统的单篇课文的阅读，是从头至尾的纵向阅读，其中的比较主要是前后的纵向比较。而群文阅读，由于是将多个文本视作一个整体，建立文本之间的横向联系、比较，因此其中的比较除了纵向比较以外，还有文本之间各类语文因素的横向比较。它们纵横交织，可形成立体的网状结构，更有利于学生自由驰骋思维，活跃思路。例如：同样描写梅花，将陆游的《卜算子·咏梅》与毛泽东的《卜算子·咏梅》进行比较，学生的认识会产生很大的飞跃，情感得到高度的升华，因为后者采用了典型逆向思维"读陆游咏梅词，反其意而用之"，通过展现梅花不畏严寒的动人景象，揭示其内在的精神品格。全诗以梅言志，表达了一名共产党人战胜一切困难的高度革命乐观主义精神。"群文阅读"就是要变单篇的课文教学重视部分的知识、技能的精熟学习的模式为关注阅读能力的培养，阅读方法的学习模式。比较阅读策略需要透过老师的教学活动步骤化、程序化，让每个学生，不限于天生能力、先天条件的不同，背景知识的多寡，都能够循着老师有步骤、有程序的教学设计均向前进展一些。所以，真正有效的"群文阅读"在选好文章的基础上，还要配合相应合理的教学设计，才有可能满足不同能力学生的求知需求。

3. 读写结合的能力培养

叶圣陶先生说过：语文包括阅读和写作两个方面，读写结合是提高阅读能力和写作能力的根本方法。阅读既能开阔学生视野，积累语言，丰富知识，陶冶情操，又能为学生提供表达形式、写作方法的范例。群文阅读就是为了进一步掌握议题所涉及的写作知识，学习其写作方法，借鉴其写作技巧，最终真正能够熟练运用议题所提出来的写作方法进行习作。群文阅读就是运用这些方法技巧的"组合"，就是学习这些方法技巧的"板块"。选文对写作技巧的传递非常重要，群文的选择要慎重。

群文阅读教学读写结合是在作文教学中，教师根据某一篇课文确定一个议题，围绕一个议题选择一组文章，然后进行写作知识的讲解，写作方法的指导，写作能力的训练，让学生通过写作知识的学习，对群文阅读的再认识，对文本写作策略的运用，最终达到写作水平提升的一种方法。群文读写也是从课内走向课外，实现阅读从一篇走向多篇的形式。教师选择一些具有同种写作方法的文章，定位课内一篇文章，确定一个合适的议题，根据这个议题选择课外三至五篇同类文章。学生在反复阅读同一种议题的文章中，加深对此类文章写作方法的认识、理解，进而学会运用。

（1）选文典型，版本多样

群文选择要尽可能立足于各个版本的教材，因为不同时期、不同版本、不同学段的教材选文都是名篇，是我们群文阅读的首选文本。选取名家的经典文本组成群文，真正能够引领学生走进文学的殿堂，浸润在先进文化的氛围中。让学生享受其精神大餐，吸收其文学精华，学习其绝妙艺术，借鉴其高超手段，从而掌握谋篇布局的写作方法，遣词造句的技巧，语言运用的规律。鲁迅《阿长与〈山海经〉》一课的议题是欲扬先抑，教师可以选择人教版茨威格的《列夫·托尔斯泰》、苏教版杨朔写的《荔枝蜜》等文章中，一些体现欲扬先抑的描写片段设计议题，让学生对此写作方法进行认识和学习。

（2）定位议题，读写契合

群文读写结合的教学设计契合了"阅读是理解吸收，写作是理解表达"的理念。学生在阅读中只有吸收得充分，表达才有可能更加有力。运用群文阅读教学建立起有效的读写联系，不仅可以以读悟写、以读促写，而且还可以实现读写互动、读写结合的良性循环。

以象征手法作为议题进行群文读写教学，除了选择教材中贾平凹写的《我的小桃树》作为主要阅读的文章之外，还要同时选择《井冈翠竹》《梅花》《在心里植棵树》等三篇文章作为群文让学生自读。从课内文章《我的小桃树》入手，为学生讲解象征手法是什么，接着学生自读群文《井冈翠竹》《梅花》《在心里植棵树》，老师提出要求：分别找出文章中象征物和被象征物之间的相似点，梳理出作者运用象征手法借翠竹、梅花和那棵树真正表达了什么情感。接着教师对运用象征手法进行写作的流程进行总结，学生根据"外形—色彩—状态—特点—联想"这个流程对象征物的特点进行描写，掌握象征的写作方法。

二、群文阅读设计与实施案例

"黄河文化·民族精神"群文阅读教学设计及评析

陈经纶中学本部初中　　杨海龙

一、教学背景

1. 课程标准要求

（1）欣赏文学作品，能有自己的情感体验，能用普通话正确、流利、有感情地朗读。诵读是进入诗歌的钥匙，课堂上同学们有小组的诵读，有自己的品读，在读中走进诗歌背后的情感世界。

（2）在通读课文的基础上，理解、分析主要内容，品味作品中富于表现力的语言。课堂教学中，教师以自己的批注为例，引导学生关注好词妙句，进而学着品味诗歌中有表现力的语言。

（3）写作要能抓住事物的特征，有自己的感受和认识，运用联想和想象，丰富表达的内容，力求表达自己对自然、社会、人生的感受、体验和思考。本节课教学设计读写结合，感黄河之形、读黄河之神、品黄河之韵后引导学生结合阅读扩写诗句，写出自己对黄河的独特感受。

2. 教师任务分析

黄河文化探究是人教版语文教材七年级下册第二单元的综合实践活动，这一单元选录了《黄河颂》的诗歌。学习这个单元，要反复朗读，整体感知课文的思想内容，并揣摩精彩段落和关键词句，读出黄河气势和黄河精神，由课内向课外深化拓展，培养学生独特的爱国情怀。

《黄河大合唱》由诗人光未然作词，以黄河为背景，热情歌颂中华民族源远流长的光荣历史和中国人民坚强不屈的斗争精神，痛诉侵略者的残暴和人民遭受的深重灾难，广阔地展现了抗日战争的壮丽图景，并向全中国全世界发出了民族解放的战斗警号，从而塑造起中华民族巨人般的英雄形象。它潜藏着丰富的民族文化内涵，读来情绪慷慨激昂，是初一年级学生接受诗歌教育、领略新诗艺术的好材料，更是他们接受爱国主义教育、强化爱国热情的好题材。《黄河一掬》是余光中先生的作品。在久离家乡的游子眼中，黄河不单单是一条河流，而是国家和母亲的象征。《黄河一掬》与《黄河颂》同样是写母亲河，同样是写黄河精神，互相印证，有助于学生深入思考黄河文化。

基于新课标的要求和本篇文章的特点，这节课由赏黄河之形出发，通过不同形式的赏读，以音乐、图片配合，唤起学生的心灵共鸣，激发学生胸中澎湃激昂的民族感情。同时，课外阅读与课内诗歌互相配合，读写结合，表达学生胸中的黄河精神。

3. 具体学情分析

学生在七年级上学期学习的过程中已经对朗读有了初步的认识并且能够简单批画朗读脚本，但是抓住关键字词深入赏析品读的能力还有待提高。七年级的学生已经有了小组合作学习的习惯，本节课注重运用小组合作的方式质疑、讨论、探究，为不同层次的学生提出了不同层次的要求，把握诗歌中的黄河精神，民族文化，进一步品析作者情感。

二、教学目标

（一）教学目标

1. 反复朗诵诗歌，品味诗歌凝练的语言，体会黄河中蕴含的民族精神。

2. 感受文字中九曲黄河的艺术形象，理解诗人深沉的爱国情感。

3. 深入体会黄河的象征意义，扩写诗句表达自己对母亲河独特的感悟。

（二）教学重难点及教学策略

教学重点：反复朗诵诗歌，品味诗歌凝练的语言，体会黄河中蕴含的民族精神。

突破策略：借助图片与音乐调动学生多种感官赏读诗歌，以教师批注的朗读脚本引导学生读出自己的感悟和体会。

教学难点：深入体会黄河的象征意义，扩写诗句表达自己独特的感悟。

突破策略：在课堂中引入余光中的《黄河一掬》，以故事性较强的记叙文引导学生思考黄河的象征意义，并在扩写的过程中表达学生对于诗句的深入思考。

三、教学过程

教学设计思路	导入：赏黄河之美【语言建构与运用】 → 环节二：感黄河之神【思维发展与提升】 →		
	环节三：读黄河之韵【审美鉴赏与创造】 → 环节四：写黄河精神【文化传承与理解】		

教学过程	教学活动	学生活动	备注
环节一：赏黄河之美	教师为学生提供几幅航拍黄河图片，引导学生体会黄河之美	活动1：请同学们观看航拍黄河图片，结合画面内容，说说你在观察之后，你眼中的黄河之美 要求1：生动。方法提示：尝试使用修辞手法，如比喻、拟人、排比等 要求2：深入。方法提示：从形之美、神之美两个角度解说	针对不同层次学生提出不同要求，提倡运用修辞手法，使得学生的表达更为生动形象

教学过程	教学活动	学生活动	备注
环节二：感黄河之神	教师范读诗歌，借助配乐引导学生整体感知黄河之神	活动1：听读《黄河大合唱》的歌词，想象画面，用一个四字词语说说你读到的黄河 歌词：（朗诵词） 啊，朋友！ 黄河以它英雄的气魄， 出现在亚洲的原野； 它表现出我们民族的精神： 伟大而又坚强！ 这里，我们向着黄河， 唱出我们的赞歌。 （歌词） 我站在高山之巅，望黄河滚滚，奔向东南。 惊涛澎湃，掀起万丈狂澜； 浊流宛转，结成九曲连环； 从昆仑山下奔向黄海之边， 把中原大地劈成南北两面。 啊！黄河！ 你是中华民族的摇篮！ 五千年的古国文化， 从你这儿发源； 多少英雄的故事， 在你的身边扮演！ 啊！黄河！你伟大坚强， 像一个巨人出现在亚洲平原之上， 用你那英雄的体魄， 筑成我们民族的屏障。 啊！黄河！ 你一泻万丈，浩浩荡荡， 向南北两岸伸出千万条铁的臂膀。 我们民族的伟大精神， 将要在你的哺育下发扬滋长！ 我们祖国的英雄儿女， 将要学习你的榜样， 像你一样的伟大坚强！ 像你一样的伟大坚强！	个性化选择配乐，借助音乐赏读诗歌，将诗歌诵读与画面、音乐结合起来

教学过程	教学活动	学生活动	备注
		活动2：认真聆听音乐片段节选，从节奏和情感角度说说你认为哪首曲子最适合《黄河颂》的配乐？ 配乐1：孔祥东——《黄河颂》 配乐2：殷承宗——《怒吼吧，黄河》 配乐3：宗次郎——《故乡的原风景》	
环节三：读黄河之韵	指导学生关注关键词句，批注朗读脚本，诵读诗歌，感受黄河韵味	活动1：观察老师所做的朗读脚本，想一想老师是从哪些角度批注朗读脚本的 示例1：开篇点出黄河是中华民族精神的象征，诗歌表面写黄河，深层写民族精神，应用骄傲自豪的语气诵读 示例2："劈"极具力量感，一个"劈"字写出了黄河的凶猛雄浑，应重读，读出黄河的气势 示例3：转入"颂"，直抒胸臆写出对黄河的赞颂。"五千年""多少英雄故事"应放慢节奏，读出源远流长之感，让读者有想象空间 示例4：将黄河比作"屏障"写出了黄河对于中华大地的保卫作用，以昂扬的语气读出作者对黄河的赞颂 活动2：以小组为单位，选择最能体现诗人情感的两三处词句，仔细品味并加上批注，设计朗读脚本，小组合作朗诵诗歌 要求：可采用合唱式朗诵的方式	语气、重音、节奏、停连等角度批注实现审美鉴赏和创造
环节四：写黄河精神	指导学生拓展阅读，深入体会黄河精神并进行独特的书写表达	活动1：黄河水在中原大地上奔涌向前，黄河精神亦在华夏子女心中传承不息。请大家阅读链接材料选段，深入体会作者对黄河母亲的情感，自选《黄河大合唱》中的一句诗，进行联想和扩写 链接材料： 选段一： 　　华夏子孙对黄河的感情，正如胎记一般地不可磨灭。流沙河写信告诉我，他坐火车过黄河读我的《黄河》一诗，十分感动，奇怪我没见过黄河怎么写得出来。其实这是胎里带来的，从	以拓展阅读加深学生对诗歌理解，用扩写表达自己的独特感悟，传承黄河文化

教学过程	教学活动	学生活动	备注
		《诗经》到刘鹗,哪一句不是黄河奶出来的?黄河断流,就等于中国断奶。山大副校长徐显明在席间痛陈国情,说他每次过黄河大桥都不禁要流泪。这话简直有《世说新语》的慷慨,我完全懂得。龚自珍《己亥杂诗》不也说过么:亦是今生未曾有/满襟清泪渡黄河。他的情人灵箫怕龚自珍耽于儿女情长,甚至用黄河来激励须眉:为恐刘郎英气尽/卷帘梳洗望黄河。 想到这里,我从衣袋里掏出一张自己的名片,对着滚滚东去的黄河低头默祷了一阵,右手一扬,雪白的名片一番飘舞,就被起伏的浪头接去了。大家齐望着我,似乎不觉得这僭妄的一投有何不妥,反而纵容地赞许笑呼。我存和幼珊也相继来水边探求黄河的漫礼。看到女儿认真地伸手入河,想起她那么大了做爸爸的才有机会带她来认河,想当年做爸爸的告别这一片后土只有她今日一半的年纪,我的眼睛就湿了。 回到车上,大家忙着拭去鞋底的湿泥。我默默,只觉得不忍。翌晨山大的友人去机场送别,我就穿着泥鞋登机。回到高雄,我才把干土刮尽,珍藏在一只名片盒里。从此每到深夜,书房里就传出隐隐的水声。 <div style="text-align:right">——余光中《黄河一掬》</div>选段二: 在中国看水,看中国的水,最好到黄河。九寨沟的水显得太清秀,俏得有些西方的味道;太湖的水又有点小,文人味太重,不像是水,倒像是供人把玩的装饰物。也许,中国的水应该是黄色的,和我们中国人的皮肤一样! …… 看看空中的水汽,听听大地的回音,便会知道黄河的自信和决绝。司马迁会不会从这里受到了鼓舞,而将那汉代的竹简写尽写穿?易水该是黄河的分支吧,要不荆轲怎么会有壮士一去不复还的气概和性格? 这才是中国的河。西南就是周文王的岐	

教学过程	教学活动	学生活动	备注
		山，就是周武王的丰镐，就是大秦的咸阳，就是盛唐的长安。半坡人该是在这儿舀过水吧？秦嬴政该是从这里出过兵饮过马吧？有这样的水，还有什么可怕的呢？还有什么不可征服的呢？ ——肖铁《壶口的黄河》 选段三： 　　我分明看到了另一副壮烈的面孔，那是至死都在愤怒中煎熬、不甘、不屈的黄河！连大海都敢冲撞的黄河！那河道，那怒吼，那九曲十八弯，那退潮后的河底的龙脊，是铁了心的牛，是犟了性的驴，使出了浑身上下的劲儿，一股股，一阵阵，一声声，一天天，一年年，后浪追赶着前浪，一股脑儿朝前冲……冲！这充满血性、义气的一个字，是黄河的秉性，中国人的秉性！ 　　我此行的最大收获便是看到了一条喝醉了酒的黄河、咽下血牙的黄河、发了怒的黄河、冲向大海的黄河！他更不知道，正是因了黄河的这种野性，这种大气磅礴的怒气，繁衍出了一片片野性的芦苇荡，凝结成一个民族的血性…… 　　这一刻，我多想指着黄河口那么多浩瀚的芦花，把它们骨子里的东西一点一点讲给他听。从大河到大海，从一个烈女子般的芦花到一个伟大的民族。这一路上，到处都在飘飞着芦花大雪，为什么芦花会如此不惧生死？为什么野生的力量会如此排山倒海、不可阻挡？答案只有一个："怒从黄河来！" ——蒋建伟《怒从黄河来》	
作业布置	引导学生继续进行诗歌阅读，完善诗歌创作	1. 班级举办"黄河文化·民族精神"为主题的诗歌朗诵会，请你配乐朗诵一首相关诗歌 2. 课下完善自己诗歌，让诗歌语言更为生动，意象选择更为准确	作业为课堂的延伸，读写结合，完善课上所学

四、专家评析

学习的过程并不是被动的知识接收，而是学生自主建构知识体系的过程。学习的目的并不仅仅在于知识内容，更重要的是"学"的过程本身，即学生自我展示、自我提高的过程。有过程、有方法、有效果的学习才能真正体现学生的自主学习。这一节课的教学设计重视教学过程，明确了学习方法，使学生的语言和思维得到了发展和提升。

首先，杨老师的教学设计并不仅仅着眼于所教文本，更是着眼于"读"的方法。教学过程中，教师提供了朗读脚本的批注方法，并以自己的朗读脚本为例子引导学生自己设计朗读脚本，给学生一个过程、一种方法。除此之外，教师还提供了想象诗歌画面，读出作者情味的方法。更为难能可贵的是教师不仅仅提供方法，还以自己朗读脚本和散文化的课堂语言为学生的品读提供了范例，为学生的自主学习提供了方法和路径。

其次，教师注重学生在课堂上语言的发展。语文教学，不管是讲什么内容，阅读也好，写作也好，综合性学习也好；诗歌也好，散文也好，小说也好……只要是语文课，就必须要把语言摆在重中之重的位置。杨老师这节课就非常注重学生语言的建构与运用。例如杨老师教扩写"浊流婉转，结成九曲回环"这句话的过程中，老师让学生根据诗句描绘画面内容，这就是把诗的语言转化成散文的语言的过程。在这个过程里，学生把对诗的画面形象的感受，以及作者的情感传达出来。老师为了使这个过程能够落实，给了学生例子。运用想象来写出画面的教学环节调动了学生的联想和想象，达到一种生成、丰富、提高的效果。

最后，在师生互动使得学生的思维有了发展和提高。阅读教学归根结底就是学生、文本与教师互动的过程。新课标也提出来阅读教学一定要有师生之间的对话和互动。这个互动的宗旨和中心目标，就是三个字——"导""引""拨"。"导"就是导向，就是把你教学的方向，要干什么，要往哪儿走告诉学生；"引"就是给方法、给路子，告诉学生应该怎么做；"拨"就是拨乱反正，帮助学生去修正，促进学生思维的发展。所以"导""引""拨"是我们与学生对话的基本内容。杨老师以一脉贯通的主问题明确了读诗的方向，明晰了阅读诗歌和阅读散文、阅读小说的区别，让学生明确了读诗的目的和方法。每一个主问题的教学过程中，杨老师适时提供的样例就是"引"的过程，引导了学生的方向。评价过程中，我们发现杨老师的"拨"很有特色，并不局限于教师的点评，而是将教师评价与学生评价相结合，师生共同碰撞出智慧的火花。

语文教学的目的不仅仅在于一篇篇的文章，更重要的是学生"读"与"写"

的能力和方法。一节优秀的语文课堂一定是在教学内容的基础上融入过程和方法的课堂，从这个角度来说，本节课便称得上是一节有过程、有方法、有效果的课堂。

——北京市语文教研员刘宇新老师

"散文里的乡愁"群文阅读教学设计与评析

陈经纶中学本部初中　余　慧

一、教学背景

1. 课程标准要求

《义务教育语文课程标准》（2011年版）对第四学段的要求是在通读课文的基础上，厘清思路，理解、分析主要内容，体味和推敲重要词句在语言环境中的意义和作用；对课文的内容和表达有自己的心得，能提出自己的看法，并能运用合作的方式，共同探讨、分析、解决疑难问题。

基于以上要求，围绕文章主题，我选择了多篇与乡愁相关的文章，多首音乐和多张图片。课堂上将教师、学生个体和小组群体评价三者结合起来使用。针对学生学习的内容、学习习惯、学习方法、情感态度和合作学习等方面进行评价。学生在评价中交流，在交流中学习，在评价中得到进步并共同提高，在提高的过程中促进知识的积累。

2. 教学任务分析

人教版八年级上册第四单元是散文单元，有的写人记事，有的借景抒情，但阅读之后都给人留下了满满的情思，深刻的思考。整体把握课文内容，反复品味文章内涵，欣赏散文优美的语言；理解、体会作者对生活的感受和思考，并了解不同类型的散文的特点；阅读这些散文，进入作品的境界，培养审美情趣，丰富精神世界。

《义务教育语文课程标准》（2011年版）中规定"培养学生广泛的阅读兴趣，扩大阅读面，增加阅读量，提倡少做题，多读书，好读书，读好书，读整本的书。鼓励学生自主选择阅读材料"。因此，语文学习的主要功夫在于"读"。好的词语、优美的句子、精巧的构思等，这些都离不开读，在读中去感悟、品味，从而吸收和借鉴。

我们在平时的阅读教学中必须通过广泛的阅读及正确的方法来培养学生良好的阅读习惯，提高阅读速度和理解能力。

围绕文章主题，我选择了多篇与乡愁相关的文章，多首音乐和多张图片。

课堂上将教师、学生个体和小组群体评价三者结合起来使用。针对学生学习的内容、学习习惯、学习方法、情感态度和合作学习等方面进行评价。学生在评价中交流，在交流中学习，在评价中得到进步并共同提高，在提高的过程中促进知识的生成。

3. 具体学情分析

本节课教学对象是九年级学生，他们的特点是思维活跃，善于质疑，喜欢以小组合作的方式解决问题，有良好的阅读积累。在散文阅读方面，学生能够整体感知文章内容，简单感受散文中的情感，但是感受情感只是停留于景物的表面，个性感受和思考表达不够明确。经过采访与调查发现，学生喜欢看插图和听音乐，也喜欢仿写作品中的一些段落和文字。

因此，本节课的教学正是围绕感受并表达散文中的乡愁这个主题，解决学生的阅读和写作困惑，进而培养学生审美情趣，丰富其精神世界。

二、教学目标

1. 阅读六篇散文，运用批注法整体感知文章内容，了解不同类型散文的特点。

2. 通过为散文配乐的方式，品析文章的语言，感受散文中浓浓的乡愁。

3. 通过为美图配美文的方法，感受自己心中独特的乡情，激发学生对家乡、祖国的热爱。

三、教学过程

教学设计思路（教学结构图）		
教学环节教学活动		核心素养
环节一：整体感知	快速浏览，整体感知之景、物、事、人	思维发展与提升
环节二：品味语言	小组讨论结局成因，品析文本，鉴赏感悟之情、思、味	语言建构与运用
环节三：探寻文化	读写结合，拓展提升之我见	文化传承与理解
环节四：总结收束	总结作品价值，延伸拓展，布置作业	思维发展与提升

主要教学过程			
教学环节	教师为主的活动	学生为主的活动	设计意图
环节一：整体感知	教师用激情导入。指导学生快速浏览，整体感知之景、物、事、人 结合六篇文章的相关片段，感受乡愁	《记忆乡愁》栏目组要制作第四期节目，于是选择了几篇文章，请你帮他们出出主意。这些文章都传达出作者浓浓的乡愁。请你结合自己的阅读感受，从景、物、事、人等方面进行赏析，说说作者如何传达这浓浓的乡愁 活动1：同学们快速浏览描写乡愁的几篇文章，选择突出乡愁并带给自己深刻印象的语句，进行批注 提示：可从修辞、表达方式、表现手法、描写方法等在iPad上圈点批注赏析 活动2：同学们，将你批注后的信息上传完毕后，进入相应的界面观看其他学生的批注，选择批注内容最好的一个同学，并为他的批注点赞	群文阅读教学生中的"创设情境"是首要任务，是给学生兴趣和方向的需要。可适当将本课的目标提前交给学生
环节二：品味语言	教师指导学生品析文本，鉴赏感悟之情、思、味。为所选片段配乐，并结合相关内容说说选择某个音乐的理由	《记忆乡愁》栏目组看完大家赏析的内容之后，非常满意。栏目组现在需要招募一名朗读者，朗读这几篇文章 活动1：请同学们以小组为单位自选一篇文章进行朗读，根据内容，读出作者在文章中包含的乡愁，朗读之后推荐一名朗读最好的学生全班分享 提示：抓关键词语确定文章的感情基调，把握标点、语气、停顿去读出乡愁 活动2：栏目组为了帮助大家朗读出作者的乡愁，为我们推荐了几只曲子，请大家为自己选定的文章配上合适的音乐，以小组为单位再次尝试朗读，朗读完毕后，结合文章具体内容说明配乐理由 要求：先聆听iPad上的音乐，从中选择一支合适的曲子，最后说明配乐理由	任务安排时应详细规定时间、展示方式等，以便让学生在合作完成任务时有时间观念，合理分配。从个人到小组，这是一个合作、同化的过程

续表

教学环节	教师为主的活动	学生为主的活动	设计意图
环节三：探寻文化	教师指导学生读写结合，拓展提升，开发美术资源，用写作的方式抒发自己独特的乡情	每个人的记忆深处都有一个美好的回忆。为了打动读者，和读者共鸣。《记忆乡愁》栏目组在参评活动中说说自己与故乡的故事 活动1：请你再次浏览文章，选择文章中最能突出作者乡愁的一句话，根据你的理解朗读出来，然后归纳作者使用了什么方法写乡愁的 提示：借景抒情，细节抒情，修辞抒情、句式抒情 活动2：观察下面几幅图片，运用你学到的抒情方法，选择一幅图片写出配文，在配文中要抒发你对景物的情感。 要求：在iPad快速书写，写完后放到规定的界面，最后用投影展示	用小诗、小文的形式展示出自己独特的感受，有的学生能结合自己的积累说说诗词，这也是最棒的感悟。注重学生的个性化体验
环节四：总结收束	教师设计延伸阅读作业	布置作业 1. 在iPad上修改课堂上所写的文字。然后制作配乐的美篇，向《记忆乡愁》栏目组投稿（其中要有赏析文字、推荐文章理由、自己与故乡的故事、音乐和图片） 2. 阅读与第五单元主题相关的建筑、园林、绘画艺术的文章，尝试用批注法批注文章语言的严谨性和准确性	对应语文核心素养：语言建构与运用、思维发展与提升和文化传承与理解

四、专家评析

上午走进北京市陈经纶中学初中部语文课堂，深入听了余慧老师和八年级同学共同完成部编教材第四单元群文阅读《散文里的乡愁》展示分享课，课后老师进行了说课交流，让我感受陈经纶中学初中部语文课程建设在贺校长的带领下有思路，有方法、会践行、能创新，让语文立人，让生命绽放，从而说明陈经纶中学初中部语文课程建设有着深厚的底蕴和长期的改革经验积累，让人佩服。

今天上课老师有活力，有激情，素养高。余慧老师和八年级同学利用信息化设备共同完成部编教材第四单元群文阅读《散文里的乡愁》，围绕乡愁主题，从不同作者、同题材散文六篇近一万字，多角度来呈现，给学生的语言表达提供借鉴，较好地连接起了课本单元阅读和群文的阅读，构建起了由课内到课外的阅读通道，做到了语文的本质属性"语用"，在语文学科素养中很好地做到语言建构与运用、思维发展与提升，审美鉴赏与创造。今天余慧老师群文阅读是建立在部编教材单元学习的基础上，巩固和扩大单元主题学习的成果，在增量的同时，注重阅读速度和方法指导，学生的阅读素养得到培养和提高。

教师的课改观念与时俱进，主要体现在相信学生上，让同学们动手、动脑、动心，时常有意识地站到学生中间去，适时点评、引导、有拓展，有延伸，增加课堂容量；课堂上培养学生的自主学习力和鉴赏能力，设计合作质疑的机会。课堂上学生的活跃度和参与度都比较高，师生互动，让语文真正育人。

——华师教育研究院院长房涛

五、教学反思

巧用iPad搭建自由阅读的桥梁

作为一种学习工具，iPad给我们的语文课堂注入了新的活力。iPad的引入使人和学习设备结合并一起发挥作用，取代了传统以人为主的授课方式。这也是现在人们认知和融入社会最基本的生存方式，所以它是适应社会发展和时代需求的。

教师可以利用iPad提高常规训练的密度与学生学习兴趣。《义务教育语文课程标准》（2011年版）中指出："语文是实践性课程，应着重培养学生的语文实践能力，而培养这种能力的主要途径也是语文实践。"因此学生应该多读多写、日积月累，在大量的语文实践中体会、把握并运用语文的规律。在语文学科中，听写、默写、背诵应该说是语文学习最基本的日常训练。

语文课上，教师可以通过iPad中的iTeach平台对学生进行听写，学生使用iPad的手写功能输入教师听写的内容。根据教师事先在后台设置的答案，学生提交听写后，师生马上就可以即时获得听写完成情况，节省了教师批阅的时间，学生也可以自行核对答案，识记词语。在"走进故宫，感受皇家文化"一课中，我就多次使用iTeach平台发布任务、批改任务，学生也可以快速看到自己的不足，得知老师的评价。

教师还可以利用iPad有效提高课堂教学的实效性。将iPad运用到语文常规训练中来，教师变换不同的巩固方式，采用多样的评价激励措施来落实语文基本知识的巩固，降低了常规练习的枯燥乏味，学生的兴趣高，其学习质量自然提高。同时，iPad中平台的及时反馈和统计功能也减少了教师逐一批阅的时间，使教师可以节省更多的时间钻研和设计教学。

在《散文里的乡愁》一课中，我就多次借助平台进行批阅和评价学生的作品。同时大力鼓励学生用 iMovie 软件制作视频，记录学习感受；还可使用 iBooks 制作电子书，将课上所需要的文字、图片、音频等资源加入进去，课上最后思考环节，我们就用上了电子书。这些资源可以在学生自学时、理解有困难时发挥作用。

利用 iPad 丰富评价内容，便于成果记录。iPad 的使用让学生的学习成果丰富起来，便于教师多角度、多层次地评价学生的知识掌握和能力形成情况。同时，也便于记录学生的学习成果。比如，电子书中的画批写注、练习答题等，是对学生学习过程的评价和记录。学生使用"Keynote"制作的幻灯片，在"OCAS"或"Pages"中的表格和文字材料等都可以进行长久的保存。如果将学生作文本和周记本上的习作进行整理，即可形成班级的作文文集。当孩子们看到自己的作文变成书籍的时候，那种喜悦不言而喻，这对激发学生的写作兴趣也起到了很好的促进作用。

一对一的操作和反馈方式，实现了学生的个性化学习。传统的教学，教师要在有限的时间内面对全体学生，很难关注每个学生的个性需要。而 iPad 学习工具的使用，为学生个性化的学习提供了技术支撑。比如，在 iBooks 电子书中的重点词语画批，学生可以根据自己的实际情况选择自己喜欢并需要的词语进行积累，自动生成词语卡片。学生可根据学习掌握的情况调整自己的学习卡片，实现了依据学情的积累和巩固。

在使用 iPad 学习工具的语文课堂上，能够充分发挥学生学习的主体性、最大化地调动学生学习的积极主动性，学生变得爱学、乐学。一对一的学习环境也给学生的个性化学习提供了可能，让不同学情的学生均能结合自身实际情况，获得个性化的发展。同时，设备的使用也给教师施展才能提供了更为广阔的创造性空间，通过自由、合作、探究的学习方式，使教师的角色也随之发生改变。他们由活动的主导者变为探究活动的参与者，最大限度地培养了学生的独立性和自主性。因此，iPad 课堂是你我的地盘，是师生共同合作、探究的地盘。

"医者形象"群文阅读教学设计及评析

北京市陈经纶中学保利分校　徐晓敏

一、教学背景

1. 课程标准要求

《义务教育语文课程标准》（2011年版）中对第四学段学生阅读能力提出以下要求："在通读课文的基础上，厘清思路，理解、分析主要内容，体味和推敲重要词句在语言环境中的意义和作用"，"对课文内容和表达有自己的心得，能提出自己的看法"，"欣赏文学作品，有自己的情感体验，初步领悟作品的内涵"等。

基于以上要求，本节课努力创设接近学生生活的情境，采用批注式的阅读方法，通过"填写简历"的教学环节设计，让学生在情境中厘清思路、分析文本内容；此外借助"参加竞选演说""商讨院长人选"等教学环节，锻炼学生的比较辨析、梳理归纳、自主表达的能力。

2. 学习任务分析

本节课的教学内容涉及《俗世奇人》中的《苏七块》，《朝花夕拾》中的《藤野先生》和《父亲的病》。这三篇文章表面上看关联不大，实则不然。这三篇文章涉及两位医生一位医学教授，其实都与"医"有关，都可以归于医者这个范畴。苏七块是一个医术精湛，行医规矩奇特，性格倔强但不失善良的人；藤野先生是一位治学严谨，关爱学生，没有民族偏见的人；陈莲河是用药"奇特"，巫医不分的人。

通过对《朝花夕拾》的阅读分析，学生能够形成对藤野先生和陈莲河的基本认识，但笔者认为这样的认识中存在着一定的片面性，其中最主要的片面来自对藤野先生的毫无民族偏见形象的认识，为什么藤野先生能够在当时的社会环境中，保持着对鲁迅先生的没有偏见的一视同仁，笔者认为其中很大一部分应该归于藤野先生作为医者的无民族偏见、无国界的大情怀，故而本节课从医者形象入手，通过情境设计，激发学生学习积极性，调动学生求知欲，鼓励学生自主阅读、自由表达，充分激发学生问题意识，提升其解决问题的能力。最后通过三篇文章的群文式横向分析研究，明确名医所应具备的标准，梳理名医形象，深入感悟医者大爱情怀。

3. 具体学情分析

本节课的授课对象是七年级的学生，他们的特点是思维活跃，善于思考，乐于以团队合作探究的方式解决问题，这种方式也培养了学生学习积极性。

在阅读方面，学生能够在通读课文的基础上，厘清思路，理解、分析文章的主要内容，能够对文本中涉及的人物形成初步感知，但在文本阅读时，只知道抓主要内容，对于需要体味、推敲的重点语句，缺乏分析研究；对人物有初步评价和感知，但存在不全面、不具体，对人物的评价往往带有标签化的特点；此外学生对人物的认识，多是单一的，其形象特点往往局限于一部作品，缺乏一个横向的同类型文本的比较。

从上述这些问题可以看出，学生对于文本的分析，人物的分析评价，存在粗糙、单一、标签化的特点，如何解决这问题，需要通过具体的课例做分析引导，本节课正视围绕情节梳理，人物品评展开的，目的在于解决学生学习中的困惑，提升学生探讨、分析、解决疑难问题的能力。

二、教学目标

（一）教学目标

1. 自主阅读文本材料，通过圈点勾画等批注方式，小组合作，梳理文本主要情节，了解主要人物生平。

2. 通过阅读分析，对陈莲河、藤野先生、苏七块进行人物分析评价，以读促写，进行个性化的竞选演说创作。

3. 合作探究，通过人物品评方式，以孙思邈《大医精诚》的医者为标准，感悟医者情怀。

（二）教学重难点及教学策略

教学重点：自主阅读文本材料，通过圈点勾画等批注方式，小组合作，梳理文本主要情节，了解主要人物生平；通过文本分析，对人物进行分析评价，以读促写，进行个性化创作。

相应的教学策略：提供圈点批注的范例，凝聚学生阅读注意力，指导学生圈点批注的注意事项，提高学生的阅读效率；小组合作探究人物分析评价的角度，全面系统的对人物进行分析评价；引导学生注意个性化创作需注意的问题，提高创作的质量。

教学难点：合作探究，通过人物品评方式，以孙思邈《大医精诚》的医者为标准，感悟医者情怀。相应的突破策略包括小组合作，翻译文言材料；分析研究，确立医者标准，并通过对文本中医者的比较，感悟医者情怀。

三、教学过程

教学环节和教学活动	
环节一：情节梳理，填写简历	梳理文本故事情节，填写三名参选医者的竞选简历
环节二：读写结合，分析人物	小组讨论结局成因，以读促写，进行个性化创作，并发表竞选演说
环节三：明确标准，感悟情怀	阅读《大医精诚》选段，明确名医标准，感悟医者情怀

主要教学过程			
教学环节	教师为主的活动	学生为主的活动	设计意图
环节一：情节梳理，填写简历	教师创设情境引导学生梳理《父亲的病》《苏七块》《藤野先生》中的相关情节	陈经纶中学为能更好地服务周边居民，准备创设保利医院，现在要招募一名院长，请你阅读材料，为陈莲河、苏七块、藤野先生三位医者填写竞选简历表 活动1：阅读文本，仿照求职简历，从姓名、籍贯、性别、相貌、特长爱好、工作经历六个角度，对人物进行圈点勾画，并填写三位医者的求职简历 活动2：在竞选简历的基础上，概括归纳文本主要故事情节	以创设情境的方式，激发学生学习积极性，引导学生学习圈点勾画等批注方式，小组合作，梳理情节
环节二：读写结合，分析人物	教师在情境创设基础上，指导竞选演说注意事项，并引导其他学生可作为考官适时提问，培养学生质疑释疑的能力	活动1：你作为求职人，请结合你的简历现场进行应聘 提示：应聘信息包括个人基本信息、竞选优势、竞选成功后有效措施	通过情境设置，合作交流，并利用竞选演说要求，指导学生对自己独特感受和阅读体验加以简单创作，以读促写，以写促用，落实课标要求，培养学生创作和运用能力

续表

教学环节	教师为主的活动	学生为主的活动	设计意图
环节三：明确标准，感悟情怀	教师指导学生结合链接材料，确定院长人选	阅读材料并完成任务： 活动1：作为医院董事长的你在阅读了药王孙思邈《大医精诚》后会挑选陈莲河、苏七块、藤野先生中的谁作为院长，为什么？ 补充材料：明代裴一中"才不近仙者，不可以为医，德不近佛者，不可以为医" 提示：阅读孙思邈《大医精诚》的节选，并翻译文本，明确孙思邈所认可的名医应该具备的品质 活动2：结合《苏七块》《藤野先生》《父亲的病》文本，综合其求职简历以及就职演说，选定陈经纶中学保利医院的院长，并陈述理由 名医标准：医术精 医德高	通过链接材料的分析理解，明确名医的标准，延伸文本范围，扩大学生对医者形象的理解，品味医者"我不允许宗教、国籍、政治派别或地位来干扰我的职责和我与病人之间的关系。……即使在威胁下，我决不将我的医学知识用于违反人道主义规范的事情"
作业布置	1. 拓展：搜集鲁迅先生介绍"藤野先生"的文章，加深对人物的理解 2. 写作：以"大爱"为话题写一个200字片段		

四、自我评析

《藤野先生》《父亲的病》为七年级必读书目——《朝花夕拾》中两篇，且学生于暑期阅读了冯骥才名作《苏七块》，并结合国务院于2017年11月20日批复同意自2018年起，将每年8月19日设立为"中国医师节"的时政，设计了本节医者形象的群文阅读课。在群文阅读备课中，我紧紧围绕语文核心素养：语言建构与运用、审美鉴赏与创造、文化传承与理解三个方面并基于七年级学生的学情设计活动任务。这节课采用批注式的阅读方法，自主合作探究的学习方法很好地锻炼了学生的比较辨析、梳理归纳、自主表达的能力。细思整节课的上课过程，我将本节课的反思记录如下：

1. 以分类整合为纲，落实群文阅读特色

《义务教育语文课程标准》（2011年版）中提出："语文课程的建设应继承我国

语文教育的优良传统，注重读书、积累和感悟，注重整体把握和熏陶感染……使学生在不同内容和方法的相互交叉、渗透和整合中开阔视野，提高学习效率，初步养成现代社会所需要的语文素养。"

群文阅读不是1+1式的单篇阅读的综合，它是有主问题引导的文章阅读形式。群文阅读探究性任务与单篇阅读教学不同，非一篇一篇地去学习，更非是一个个解决问题。教学中要设计主问题，将文章按照一定的原则联系起来，让学生在有限的时间里，尽可能搜集有价值的信息，获得感受、认识和收获。即文本分析中要落实群文阅读的"群"字，本节课通过"陈经纶中学保利医院需要选聘院长"为情境，并在此基础上设置核心议题，将几篇文章打通，形成对几篇文章的整体认识，从而达到课标所提出的"注重整体把握和熏陶感染"。教学过程中努力做到学生思维的整体性和延续性，拒绝碎问碎答式的讲解。

以最明确的任务设计教学，把最大的学习空间留给学生，让学生充分活动，在听说读写中，在语言建构与运用、思维发展与提升中，培养审美鉴赏与创造能力和文化传承与理解能力。比如第一个人的完成，学生小组梳理思维导图并展示表达、板书，学生运用选择性阅读方式，提炼自己的阅读感悟，合作交流中，丰富自己的阅读体验。学生在展示中非常关注为人处世、爱国情感、艺术追求等方面的内容，大家谈赤子之心、爱国孝道、淡泊名利，谈真诚、坚强、惜时、乐观，谈独立思考、自我批评、坦诚相待，还有不忘初心，等等。在小组合作完成活动的过程中，老师赠送自制书签点评，还有小组间的互评，同学的点评和补充，整个课堂和谐融洽、充满人文情怀。而写信点评过程中，学生各抒己见，能够激发学生的潜能，树立学生的信心，培养学生的创新能力。课堂上，教师20%的主导作用和学生80%的主体作用都得到发挥，交流更加有效，在任务驱动中让素养落地、文化熏陶落地。

2. 依托课标，落实语文核心素养

"欣赏文学作品，能有自己的情感体验，初步领悟作品的内涵，从中获得对自然、社会、人生的有益启示。对作品的思想感情倾向，能联系文化背景作出自己的评价；对作品中感人的情境和形象，能说出自己的体验；品味作品中富于表现力的语言。"根据新课标中有关阅读指导和评价的要求，本节课设计了两个活动：一是让学生填写竞选简历；二是让学生就竞选简历作竞选演说。

这两个活动的完成并不复杂，学生在填写简历的过程中，引导学生钻研文本，在主动积极的思维和情感活动中，加深理解和体验，有所感悟和思考；通过对竞选简历做竞选演说，调动学生思考表达，读写、听说结合，进行语言组合运用，进行个性化创作。

课堂上给学生简明的问题，有效的抓手，让学生在最大的空间范围内，发挥学生的主观能动性，在听说读写中，在语言建构与运用、思维发展与提升中，培养审美鉴赏与创造能力和文化传承与理解能力。如教学活动中的活动二：让学生在竞选简历的基础上进行竞选演说，这个环节中给了学生三个有效的抓手即个人基本信息、竞选优势、竞选成功后有效措施这三个方面，让学生进行分析写作，提高了学生审美能力的培养和创作能力的发挥。

3. 落实立德树人，理解传承优秀文化

课标在课程目标与内容方面提出的总目标与内容中有"认识中华文化的丰厚博大，汲取民族文化智慧。关心当代文化生活，尊重多样文化，吸收人类优秀文化的营养，提高文化品位"。本节课涉及的群文属于中医范畴，在理解医者大爱情怀环节中，本节课结合药王孙思邈的《大医精诚》，要求学生阅读文本，提炼归纳，明确古代医者标准，落实立德树人的价值观，同时通过人物之间的分析比较，确立最终满足最高医者标准的人为院长人选，进一步落实学生认知与表达能力。在教学过程中，关注学生的意识形态，积极倡导自主、合作、探究的学习方式，辅以《日内瓦医生宣言》，帮助学生全面且深入地理解医者大爱情怀，感受并积极传承人类的优秀文化。

第二节　群文对比阅读教学设计策略

从单篇到"群文"的意义在于：让师生回归"阅读"的本原，这是对真实阅读情状的模拟，这种模拟能努力改变阅读教学的痼疾。"群文阅读"对课堂结构没有太多苛求，它要求简化课堂环节，把大块时间用于学生的自读自悟，这对教师的教学提出了挑战，教师要学会抓住重点、突出要点、把握难点，一句话，要学会有所放弃。如何让"群文阅读"的教学价值实现最大化？突破点应放在如何组合文章上。按照一定的联系将文章组织在一起，就是群文阅读组织文章的"结构化"。结构化意味着文章组合的"线索"更加丰富；结构化"群文"之间的逻辑性更强；结构化能够发挥阅读策略指导的优势。有许多显性的阅读策略需要掌握，例如"连结""重读""比较""统整"，并且这些阅读策略是可教可学的。

一、群文对比阅读设计策略

群文探究性阅读是语文阅读的一种形式，与"单元整组教学""主题阅读"有着密切的联系，也有着很大区别。群文阅读不只把文章按人文内涵组合在一起，而是更深入文本内部，在文章之间形成"互文关系"，让学生在对文章进行探究时，发展出阅读技能和写作技能。探究性阅读能力是学生较高的阅读能力，这种阅读以学生自主阅读和合作讨论为前提，以教材文本为基本探究内容，以学生的生活实际和周围世界为参照对象，为学生设置一定的问题情境，让学生通过个人、小组、集体等多种形式进行阅读活动，主动地获取知识、运用知识、解决实际问题。探究性阅读的主要特点有：问题意识、实践能力和开放视野，扩展了群文阅读的内涵和内容，赋予了它更加强大的生命力和现实可操作性。在探究中进行对比、分析、归纳是思维发展的途径，那么在教学中如何实施比较呢？

1. 同一主题不同表达比较

热爱祖国、懂得感恩、崇德向善、热爱生活、敬畏生命、尊重自然等主题在各个版本的语文教材中都能找到相应的选文。同样主题的文章由于作者不同、描写的对象不同、故事情节不同，往往在表达上也截然不同。教学中，可以以课题主题为拓展点，精心选择表现同一主题但在表述上各具特色的阅读材料组织学生展开群文阅读，培养学生的分析比较能力。

2. 同一手法不同形式的比较

写作方法，也称表现手法，是指文学作品在塑造形象、反映生活所运用的各种具体方法和技巧，主要有托物言志、借景抒情、欲扬先抑、侧面衬托、首尾呼应等。每一种手法在运用中常常会依据表达需要有不同形式，例如借景抒情就有触景生情、借景抒情、融情于景等三种表现形式。教学中，遇到课文里有运用某种手法的精彩片段，就要做有心人，精选同一手法的不同形式的阅读材料与课文组成群文，探究某一手法在不同文章中的具体表现形式，丰富学生的语文知识，培养学生的分析比较能力。

3. 同一人物不同个性的比较

个性是指一个人比较稳定的心理倾向和心理特征的总和，表现了对现实和周围世界的态度。人物的个性是丰富复杂的，语文教材中人物众多，但由于课文篇幅所限，往往只能表现人物丰富个性的某一侧面。引导学生比较同一个人物的不同个性，有助于学生深入人物的内心世界，全面理解人物形象，感悟生活的丰富多彩和人生的复杂多变，提升对作品的理解。教学中，可以立足同一个人物的不同个性，启发学生从对人物的语言、动作、外貌、心理活动等描写中进行分析比较。《少年闰土》节选自鲁迅先生的散文《故乡》，文中的主人公闰土是一少年，在"看瓜刺猹""海边捡贝壳""雪地捕鸟"等一系列故事中，他表现得聪明勇敢、天真活泼。可小说中的中年闰土"脸上现出欢喜和凄凉的神情""态度终于恭敬起来了"……变得迟钝、麻木、愚昧，与少年闰土的形象形成了极大的反差。教学这一课时，可节选《故乡》中描写中年闰土的片段，聚焦人物个性的变化，引导学生从外貌、动作、语言等方面将少年闰土和中年闰土作比较，引导学生自主发现，感受闰土少年和中年的巨大差异：从外貌的比较中可以看出少年闰土淳朴天真、可亲可爱，中年闰土受尽生活折磨，命运悲惨；从动作的比较中可以看出少年闰土聪明勇敢、活泼开朗，中年闰土笨拙迟钝、胆小怕事；从语言的比较中，少年闰土见多识广、知识丰富，中年闰土迟疑麻木、痛苦难言……经过这样的比较分析，学生不但对人物形象的理解丰满了，而且对造成人物这么大变化的原因能够有所领会，对作品语言表达水平领悟也提高到一个崭新的境界。

　　群文阅读的"同中求异"还有很多切入点，如"同一作家，不同文体""同一情感，不同表现""同类人物，不同命运""同一背景，不同故事"等。只要做有心人，善于开拓课程资源，不失时机地在群文阅读中引导学生"同中求异"，学生的思维能力和语文素养定会得到显著提升。

二、群文对比阅读实施案例

以情为线　群诗赏读
——《艾青诗选》群诗欣赏课设计及评析

北京陈经纶中学本部初中　关　宇

一、教学背景

1. 课标标准要求

《义务教育语文课程标准》（2011年版）要求：诵读诗词。注重积累、感悟和运用，提高自己的欣赏品位。欣赏文学作品，能有自己的情感体验，初步领悟作品的内涵，从中获得对自然、社会、人生的有益启示。

在诗歌阅读方面，初中阶段的要求提高了，改变以前的单一基础要求，注重积累、感悟和运用，着力提升审美鉴赏能力，在理解的基础上，注重感悟和运用，提高自己的欣赏品位。诗词欣赏，要领悟作者的思想感情，能有自己的情感体验，初步领悟作品的内涵，从中获得对自然、社会、人生的有益启示。

基于以上要求，本节课采用关键信息阅读法。从题目、创作背景、意象入手，迅速了解诗歌的主要内容，进而探究四首诗歌中不同意象和诗句所表现的作者情感。同时通过几首诗歌的横纵比较，理解诗人的控诉、抗议、呼告和追求。体会作者字里行间中艾青的复杂情感。查找作者生平资料和诗歌背景资料，理解艾青情感产生的根源。

2. 学习任务分析

本课是统编版教材九年级上册第一单元的名著导读。本单元是针对诗歌进行活动和探究。单元要求是阅读诗作，涵泳品味，把握诗歌意蕴，体会诗歌的艺术魅力。朗诵时，注意重音、停连、节奏等，把握诗歌的感情基调，读出感情，读出韵律。还要尝试创作，写一首小诗，抒发自己的情感。

本课的内容是对《艾青诗选》的探究分享。《艾青诗选》作为名著阅读书目出现在教材中，采用同一议题，同一作家不同作品的多文本阅读就实现了从单篇阅读到群文阅读，再从群文到整本书的阅读过程，使学生能够较为深入地感受作家思想感情、语言风格和表达特点。本节课以"爱国"为主要议题，筛选了艾青的爱国诗歌《雪落在中国的土地上》《黎明的通知》和《他死在第二次》的节选。这几首诗歌均为艾青抗日战争时期的作品，其意象典型、情感鲜明，能唤起学生的情感共鸣。

3. 具体学情分析

学生在初一、初二阶段学过了不少诗歌，能表达自己的初读感受，并结合一些资料进行旁批，也能在字里行间品味作者情感。但是对诗歌的理解有时与作者、写作背景脱节；诵读不足，缺乏声情并茂的朗读；能谈出对诗文的理解，但是缺乏多角度的个性化的解读；当堂的练笔有时缺乏方法，无从下手。

群文阅读追求在有限时间内让学生经历较高水平的探究性阅读，体验发现的乐趣。学生围绕议题展开立体式的自主阅读，发表自己的观点，进而提升阅读力和思考力，并进行多方面的言语实践。关注对学生阅读数量和速度的培养，提高阅读速度，丰富阅读方式，在多种多样的文章阅读过程中建构出新的意义，由单一文本的阅读教学走向多文本的阅读教学，在较短的单位时间内，针对相同的议题，进行多文本的阅读教学。通过整合，阅读结构化，借助多文本所提供的丰富内涵，感受多元信息，促进多维思考，建构文本意义，拓宽阅读思维，通过文章的结构化组合以引发困惑，启动思考，最终导出发现，提升学生多维度、多层面、多视角认识问题的能力。

二、教学目标

（一）教学目标

1. 诵读诗歌，通过把握爱国意象，初步感知作品内容和作者情感。

2. 通过品析诗中爱国诗句，理解作者对祖国深沉的爱。

3. 尝试创作爱国诗歌，获得有益的人生启示。

（二）教学重难点及教学策略

本节课重点在于让学生梳理内容，品析诗歌中形象，理解作者爱国情怀的表达。

1. 关键信息阅读法。可以从题目、创作背景、意象入手，迅速了解诗词的主要内容。

2. 探究法。通过对诗歌中所塑造的形象的分析，理解作者的思想感情。

本节课的教学难点在于诗歌中的人物形象，学习体会作者爱国情怀的表达。

1. 批注法。批注诗句，体会作者描绘意象的精妙之处，感受艾青的爱国情感。

2. 资料法。查找作者生平资料，辅助学生理解诗人的爱国情怀和高超的艺术手法。

三、教学过程

教学设计思路（教学结构图）		
教学环节教学活动		核心素养
环节一：分享词人印象	回顾阅读体验，分享对诗人的印象	思维发展与提升
环节二：梳理诗歌意象	小组讨论 提取对比诗歌意象，分析象征意义	思维发展与提升 语言建构与运用
环节三：品读作者情感	发挥想象，描绘画面，感受作者情感	审美鉴赏与创造
环节四：书写爱国情怀	仿写诗歌，表达自己的爱国情怀	文化传承与理解 审美鉴赏与创造

教学环节	教师为主的活动	学生为主的活动	设计意图
环节一： 分享词人印象	引导学生回顾假期对《艾青诗选》的阅读，说说对艾青及其诗歌的初步印象	活动1：阅读《艾青诗选》的序言内容，圈点关键词语，结合你的理解，用下面的句式说说艾青留给你的印象 句式：我读了＿＿＿＿这句话，根据（＿＿＿＿）这个词语，我判断认为艾青是一位＿＿＿＿的诗人	学生从不同角度畅谈对诗人艾青的印象。可以从其童年经历出发概括；也可以从其爱国情怀概括；还可以从其诗歌创作方面概括。力求多角度展现学生前期的阅读体验。落实思维发展与提升素养
环节二： 梳理诗歌意象	教师通过寻找、对比、整合诗歌中的意象，学生可以依据表达的作者情感分类、依据意象的现实属性分类，还可以体会不同意象在不同诗歌中的象征意义	活动1：阅读《我爱这土地》《雪落在中国土地上》《他死在第二次》《黎明的通知》四首诗歌，从爱国的角度出发，梳理四首诗歌中突出爱国情感的意象 | 诗歌题目	意象	句子 | |---|---|---| | | | | 活动2：诗人艾青在这四首诗中选择不同的意象表达情感，这些意象很多，深入理解意象的内涵，请你对这些意象进行分类，分类要有明确标准 示例： 连羽毛也腐烂在土地里面。 　　　　——《我爱这土地》 雪落在中国的土地上， 寒冷在封锁着中国呀…… 　　——《雪落在中国的土地上》	引导学生采用提取、整合意象的方法对多篇诗作进行比较阅读。在分类过程中引导学生从意象所表达的情感分类，从同一物象不同的象征意义分类等。落实思维发展与提升素养与语言建构与运用素养

续表

教学环节	教师为主的活动	学生为主的活动	设计意图
		这两首诗歌都运用了"土地"这一意象，在《我爱这土地》一诗中作者借土地表达了自己愿意把自己奉献给这片土地，对祖国的热爱。在《雪落在中国的土地上》一诗中作者借土地表达了中国当时所遭遇的困难，经受的磨难，表达了诗人的心痛	
环节三：品读作者情感	教师指导学生通过把握意象，发挥想象，描绘画面，感知诗歌的内容和作者的情怀	活动1：艾青曾经说过我是土地之子，土地的灾难就是我的灾难。请你再次走进四首诗，研读直接描写苦难和间接描写"苦难"的诗句，体会作者的丰富情感 提示：做好分工，学会合作； 用朗读的方法体会； 结合诗歌意象体会 示范："失去了他们所饲养的家禽失去了他们肥沃的田地"这句话中作者借"饲养的家禽，肥沃的土地"这两个意象，表达了中国大地遭受欺凌，人们失去了生活的保证，流离失所 活动2：面对饱受"苦难"祖国，诗人心中对"光明"的追求从来没有消失过，这是诗人艾青对祖国必将胜利的一份自信，请圈画勾画诗中"光明"的诗句，深入体会作者心灵深处对祖国的挚爱之情 提示：结合标点体会 运用朗读体会 示范："才能冲击奋发！""勇敢啊，挺进啊！"这两句话中用到了感叹号，表达了在挺进的过程中人们的奋力拼搏，朗读的时候要慷慨激昂	引导学生依据诗句的内容，展开想象，绘制画面，体会诗歌中有关"苦难"和"光明"的画面，感受其中作者的深深爱国情感。落实核心素养审美鉴赏与创造

教学环节	教师为主的活动	学生为主的活动	设计意图
环节四： 书写爱国情怀	引导学生总结探究艾青诗歌，感悟艾青的爱国情怀，激发学生的爱国情怀	《平"语"近人》中"苟利国家生死以，岂因祸福避趋之"的报国情怀；从"富贵不能淫，贫贱不能移，威武不能屈"的浩然正气，到"鞠躬尽瘁，死而后已"的献身精神。"爱国"仍然是当下歌咏的话题，大家学习了四首诗词的意象，学习了作者表达情感的方法。请写几句话对祖国表达你的深情。 意象： 山河　红旗　长城　书信　……	引导学生结合生活实际、结合曾经学过的古诗文，结合本节课意象的学习、情感的表达，书写自己的小诗歌，表达爱国情怀

板书设计

艾青诗选
苦难　　光明

教学特色

1. 突破诗歌教学的单篇教学，了解学生阅读中的问题、困惑，针对学生的问题设计相应的教学活动，解决学生真实的阅读需求

2. 教学环节衔接自然紧密，从作品中读作者，逐步深入理解内涵，读出作品的实用特点，由课内到课外，由同一作者的某个时期代表作到同时期作品乃至各时期的代表作品，引导学生读进去，读通读懂

3. 诵读贯穿课堂，着力语文素养在课堂中落地，通过读、说、听、写等多种活动，使学生在课堂中有切实的获得感，助力学生的成长

教学评价

1. 教师评价

教师通过对学生在课堂上的表现进行评价，激发学生对诗歌的涵咏品味、思考探究，读懂作者，形成自己独特的体验与感悟

2. 小组评价

通过小组合作，组组交流、分享自己的阅读收获，相互补充与借鉴，形成对诗歌更深入、完整的认识，从而发现阅读诗词的规律和方法

四、专家评析

关宇老师的示范课展现了陈经纶中学语文组课程改革的建设和成果。一方面从教学内容和课堂组织形式看，这节课是群文阅读的展示课。以"爱国"议题整合了艾青的群诗阅读，以"议题"整合群文，以群文拓展"议题"，这是拓展阅读教学的关键。关宇老师的课选择了核心议题——艾青的"爱国"来展开。成功的议题应该具备：可议论性、开放性、比较性、迁移性、思想性。按这个标准来评价，关老师选择了艾青的四首诗歌，诗歌选择中的意象和意境都有独特之处，可以看出这个议题的设计很成功。另一方面从基于学情来看，课堂中学生活动非常丰富，学生发言教师点拨非常到位，促进学生的理解，并使学生的阅读理解走向深入。做到了书让学生自己读，文让学生自己写，疑让学生自己问，难让学生自己解，果让学生自己摘。而且这节课教学注重预设的同时也注重教学生成。另外，在课堂推进过程中，遇到了疑难问题、突发事件等教师能做到"手下有招"，及时引导点拨，体现了教师的教学机智。

——正高级教师、特级教师尤立增老师

五、教学反思

刘勰在《文心雕龙》中说："夫缀文者情动而辞发，观文者披之以入情。沿波讨源，虽幽必显。"这些话道出了情感教育的真谛。情感，是诗歌的灵魂。诗歌本身既有形象性，又有情感性。在群诗阅读中，以情动人，以情感人便是重中之重。

在本节课中第一个板块主要是引导学生回顾假期对《艾青诗选》的阅读情况，并对艾青有初步的了解，为进一步阅读诗歌做准备。教师主要是语言引导，简要介绍艾青的生平、其作品意象的特点及其诗歌创作主题等，给学生的理解搭设台阶。并引导学生从不同的角度谈出对诗人的不同印象。学生能从艾青的经历、诗歌的创作主题、其人物性格特点等多方面对艾青进行概括，通过概括可以看出来学生对诗人艾青有了初步认识，并能体会到其诗歌中的强烈的爱国情感。

艾青诗歌的意象非常的丰富，在丰富的意象中如何让学生能够有所总结和归纳，在第二个板块中我想到了分类这个办法，课上学生小组根据不同分类阐述了原因。学生依据表达的作者情感分类、依据意象的现实属性分类，还体会不同意象在不同诗歌中的象征意义。在这个过程中，学生把握文中泻泄奔腾的感情激流，领悟字里行间跳动着的感情脉搏。例如："刺刀"这个意象学生分析得很到位，他们说刺刀握在敌人手中就是行凶的工具，但是握在我们手中就是战斗的武器。这样的对比是群诗阅读过程中学生难得的收获。

因为前面寻找了意象，所以学生能够从画面入手，体会画面中中国当时所饱受的苦难。同时也关注了有关光明的描写，虽然诗歌中光明的诗句少而又少，但是学生却能够关注到星星点点的光明。另外，诗歌是需要朗读的，每个学生完成分析后我都引导他通过朗读把自己的理解读出来，让读书成为一种输出的方式。另外，在欣赏的过程中，我还引导学生观看了陈彼得先生对于《我爱这土地》的朗读视频，学生体会到这位老人对于祖国深深的爱恋。

前三个板块是输入板块，侧重于读，这个板块是输出板块，侧重于写，这样做到读写结合。但是诗歌的创作对于学生而言是难点，意象的选择，诗句的表达都有困难，所以这部分在课堂中完成有一定难度。我引导学生选择符合当下的诗歌意象，例如：科技等。同时引导学生可以仿写艾青诗歌的某个小节创作，最后意象的选择和表达也是围绕着情感展开的。

清袁枚《品画》诗云："品画先神韵，论诗重性情。"诗是以深厚的感情为生命的，整节课都是围绕着艾青的爱国情感和自我的爱国情感展开，教师以情感染学生，以情打动学生，在诗情中徜徉。

"归园种桑麻，饮酒赋诗篇"群文阅读教学设计与评析

北京市陈经纶中学嘉铭分校　高香丽

一、教学背景

1. 课程标准要求

《义务教育语文课程标准》（2011年版）对第四学段学生阅读能力提出了具体的要求，其中第八条中要求学生："欣赏文学作品，能有自己的情感体验，初步领悟作品的内涵，从中获得对自然、社会、人生的有益启示。对作品的思想感情倾向，能联系文化背景作出自己的评价；对作品中感人的情境和形象，能说出自己的体验；品味作品中富于表现力的语言。"在教学建议中对老师的教学提出以下要求："教师应创造性地理解和使用教科书，积极开发课程资源，精心设计教学方案""教师应引导学生钻研文本，在主动积极的思维和情感活动中，加深理解和体验，有所感悟和思考，受到情感熏陶，获得思想启迪，享受审美乐趣。"

基于以上要求，本节课我引导学生通过品读陶渊明诗文中富有表现力的语

言，体会陶渊明的隐士形象及其归隐情感；通过对比阅读，深入理解陶渊明的归隐情怀及这种情怀在当今社会的意义；并且引导学生在了解陶渊明及认识其归隐情怀的基础上，形成自己的阅读感悟，受到思想的启迪和人生的启示。

2. 学习任务分析

部编本教材八年级上第六单元选入陶渊明的诗歌《饮酒》（其五）。本单元的教学重点之一是"阅读经典作品，感受古人的品格与志趣"，陶渊明的这首代表性诗歌可以体现他的人格、志趣，但若想较为全面、深入地理解其情怀，需要补充相关诗文及背景资料。本节课的学习就是要引导学生在品读陶渊明系列诗文的基础上，深入理解他的品格与志趣。

3. 具体学情分析

本节课的教学对象是八年级学生，他们在相关知识结构上的特点是：读过陶渊明的一些诗歌，对陶渊明有一定了解，但只是较浅层次的了解，并没有深入思考探讨过陶渊明的隐士情怀及其品格志趣；喜欢读诗歌，但对诗文意蕴的品读理解能力有所欠缺。他们在思维上的特点是：思维活跃，对新知识有学习的欲望，具有探究精神，但思考问题比较表面化，缺乏深度。基于学生的知识结构及思维特点，本节课重在引导他们走进文字、品读问题，深入探究诗歌意蕴、人物情怀及现实意义。

二、教学目标

（一）教学目标

1. 通过赏读、品味陶渊明诗文中富有表现力的语言，体会陶渊明的形象及其归隐的情感。

2. 通过对比阅读，深入理解陶渊明的归隐情怀及这种情怀在当今社会的意义。

3. 在了解陶渊明及认识其归隐情怀的基础上，写出自己的阅读感悟。

（二）教学重难点及教学策略

教学重点：通过赏读、品味陶渊明诗文中富有表现力的语言，体会陶渊明的形象及其归隐的情感。相应的教学策略：为学生补充选择陶渊明最具代表性的系列诗文，《归园田居》（其一、其二、其三）、《移居》（其二）《五柳先生传》《桃花源记》等；小组合作探讨通过诗文看到的陶渊明的形象；结合背景资料了解陶渊明的形象、情怀。

教学难点：深入理解陶渊明的归隐情怀及这种情怀在当今社会的意义。相应的突破策略：通过对比阅读，对比王绩的诗歌《野望》，分析二人隐士情怀的不同之处；通过拓展"竹林七贤"的故事理解陶渊明真正的隐士情怀；结合社会现状和自己的体验，深入探讨陶渊明隐士情怀的现实意义。

三、教学过程

教学环节和教学活动	
环节一：以诗入境，初识渊明	赏读老师创作的诗歌，了解陶渊明
环节二：赏读诗文，品味情感	品读陶渊明代表作品，概括分析陶渊明的形象、情怀
环节三：深入评析隐士情怀	对比陶渊明和王绩、"竹林七贤"等人的归隐情怀，进一步理解陶渊明的归隐情怀
环节四：隐士情怀的现实意义	理解陶渊明的归隐情怀在当今社会的意义

主要教学过程			
教学环节	教师为主的活动	学生为主的活动	设计意图
环节一：以诗入境，初识渊明	教师引导学生根据诗歌内容，概括陶渊明的生平、经历、代表作品、世人对他的评价等	活动1：请你朗读下面的诗歌，根据诗歌内容和具体词句，概括一下陶渊明生平 东晋陶渊明，隐士美名传。五柳即靖节，元亮亦陶潜。斗米不折腰，彭泽辞县官。归园种桑麻，饮酒赋诗篇。采菊东篱下，闲游桃花源。此心归何处？山水田园间	一是以诗歌的形式让给学生尽快进入诗境；二是让学生了解归纳有关陶渊明的文学常识
环节二：赏读诗文，品味情感	教师引导学生品读陶渊明诗文，结合诗文具体内容概括陶渊明形象；引导学生根据诗文内容具体分析陶渊明的形象、隐士情怀	活动1：请你朗读陶渊明的诗文，结合具体的词句，参照下面的句式概括陶渊明的形象 句式：我读到_____这句话，看到了一个_____的陶渊明 活动2：阅读文言文可以抓住关键词句去理解内容，这些词句有的直接表达作者的情感，有的借助意象表达情感，请你阅读诗文，结合具体词句深入分析陶渊明形象和诗中的情感	引导学生通过抓关键词句品读诗文语言，分析陶渊明的特点及隐士情怀

续表

教学环节	教师为主的活动	学生为主的活动	设计意图
		明确： 向往自然、陶醉于田园生活、厌恶官场生活、不慕名利 随性自然，无拘无束 安贫乐道、豁达乐观	
环节三：深入评析隐士情怀	教师补充阅读诗歌《野望》，引导学生进行深度思考，在对比中分析二者的归隐情怀	活动1：请你朗读诗歌《野望》，对比诗人王绩在诗中所表达情感与陶渊明在作品中隐含的情感，结合诗中场景和人物心情概括二人的归隐情怀有什么不同 活动2：请你阅读关于"竹林七贤"的链接材料，你对陶渊明的隐士情怀和"竹林七贤"豪放不羁、向往自由的情怀有何看法，然后进行归纳	通过对比阅读的方式，引导学生结合时代背景、人物在相同背景下对自身生活的不同选择，深入理解陶渊明的归隐情怀
环节四：隐士情怀的现实意义	教师引导学生开展小组讨论陶渊明的隐居情怀在当今社会有何意义	活动1：请你结合当今社会现状、面临问题时的困惑以及人生的选择，谈谈陶渊明的隐士情怀在当今具有的社会意义 明确： 对现实、社会不满，无法改变外界，可以保持自己内心的纯净； 理想无法实现时，努力但不绝望，以一颗淡然的心态对待人生； 面对名利、欲望，可以积极进取，但不能不择手段，孜孜以求； 让生活中多一些从容、诗意……	引导学生树立正确的人生观、价值观，正确看待名利，正确对待困难，有积极向上又从容淡然的生活态度
作业布置	1. 阅读：阅读《陶渊明的一生》，加深对人物的理解 2. 写作：以"面对_____孤独"为题，写一段200字片段		

四、自我评析

1. 注重在阅读教学中渗透人文内涵，落实"立德树人"的目标

语文学科是人文学科，人文学科的价值在于使学生在树立正确的理想、信念，提高精神境界、文化品位、审美情趣等方面受到熏陶感染。本节课在讨论"陶渊明的隐居情怀在当今社会的意义"时，引导学生正确认识保持内心淡然和逃避现实的区别；也引导学生正确对待名利、诱惑。在讨论中使学生认识到对现实、社会不满，却无法改变外界时，可以学习陶渊明保持自己内心的纯净；当理想无法实现时，要努力但不绝望，以淡然的心态对待人生。人文内涵的渗透，培养了学生正确的人生价值取向，落实了语文教学中"立德树人"的要求。

2. 注重阅读教学中的学法指导

教学的"学"，不仅是学识，也是一种学的方法和能力。所以，我们将学法指导尽力渗透到教学过程，凭借教材启发学生积极思维，学生也凭借教师的教法来掌握知识，学会方法。本节课运用了比较阅读法，将陶渊明和王绩、"竹林七贤"进行对比，有助于学生深入理解陶渊明的隐居情怀。运用了重点词句品析法，在分析人物特点及情怀时，引导学生能够抓住文中关键词语或句子进行学习，培养从小处着眼去把握大局，感受诗文思想和感情的能力。运用了"以读促写"法，在理解人物情怀及现实意义的基础上，提升学生的学习成果，加深学生的理解和认识，也提高学生的写作能力。

3. 老师站位高，对文本有深度把握

课堂中最精彩的部分应是师生在不可预知的情况下迸发的思维火花，是随着教学环节的调整变化流淌出来的教学机智。本课中所运用的材料较多，但教师对于学生提出的任何问题都能够作出准确解答，针对"隐居情怀的现实意义"，学生发表很多见解，老师的评论和引导能够信手拈来，这来自教师课前对文本的深度把握。

"沐春风而思飞扬"古诗词群文教学设计及评析

北京市陈经纶中学帝景分校　杨　洁

一、教学背景

1. 课程标准要求

《义务教育语文课程标准》（2011年版）中指出："具有独立阅读的能力，注重情感体验，有较丰富的积累，形成良好的语感。学会运用多种阅读方法。能初步理解、鉴赏文学作品，受到高尚情操与趣味的熏陶，发展个性，丰富自己的精神世界。"前面的文字替换原来的。这就要求学生阅读古代诗歌，要在理解的基础上，注重积累、感悟和运用，提高自己的欣赏品位。在诵读古代诗歌的基础上，获得初步的情感体验，感受语言的优美，并且丰富积累，传承中华优秀传统文化。

基于以上要求，本节课精心选择了从春秋到宋代大量写春类古代诗词，指导学生进行大量拓展阅读，边读边积累，通过分析诗歌选用的不同意象，以及意象的特点，掌握诗词的一般表现手法，通过发挥想象，描述画面，知人论世，了解作者生平经历等方法，理解诗歌的情感表达，最后写出完整的诗歌鉴赏。

2. 学习任务分析

古代诗词不仅内涵丰富、包罗万象、意境深邃，具有很高的审美价值和很强的艺术感染力，而且语言凝练、短小精悍，词句优美，韵体和谐，是我们中华传统文化的精髓所在。作为中国古代文化的一个重要组成部分，古诗词经过了千百年的沉淀与流传，是前人留下的珍贵的文化遗产，更是传扬中华民族精神文化的重要载体。在诵读诗词的基础上，进行初步的鉴赏，是学生近距离接触、了解与感受祖国传统文化的开始，也是激发学生热爱祖国传统文化的重要途径。

进行诗歌鉴赏，不能简单地贴标签，也不要一味地堆砌鉴赏术语，而是要把功夫下在结合诗句作具体分析上。古人写诗，为了表达的需要，往往在用字遣词时进行精细推敲和创造性搭配，使所用的字或词获得精练精美、形象生动、含蓄深刻、意境深邃的表达效果。鉴赏好的诗词，需要掌握一定的方法，发挥丰富的想象力，了解作者的生平经历，用通顺、流畅的语言表达自己对诗歌语言、意象、情感的理解和看法。中考目前已经加入了古诗文阅读这一考点，目的就是培养学生的想象力、语言表达能力、运用知识解决问题等多种能力。

3. 具体学情分析

本节课教学对象是八年级学生，写春类古诗词在中国古代诗歌中占据了很重要的一部分，八年级学生通过小学六年和初中一年的积累，对这类古诗词已经积累了很多，耳熟能详。在此基础上，教师给学生做适当拓展，带领学生了解这一类诗歌的意象及其特点，掌握常见的诗歌表现手法，培养学生从词句入手深入理解作品主题的能力，促进学生的成长；提升语文学科核心素养，培养学生对祖国传统文化的热爱。

二、**教学目标**

（一）教学目标

1. 大量阅读写春类的古代诗词，理解诗意，领会诗情。

2. 分析诗歌选用的不同意象，了解意象的特点，发挥想象，描述画面。

3. 掌握诗词的一般表现手法，理解诗歌的情感表达，最后写出完整的诗歌鉴赏。

（二）教学重难点及教学策略

1. 本课的重点在于通过大量阅读古代诗歌，从不同角度把握古诗词内容，初步掌握诗歌表达的技巧和鉴赏方法。

教学策略：选择不同时期的写春类古诗词的经典作品，选择时注意涵盖不同作者、不同情感、不同表现手法的作品，带领学生分析。

2. 本课的难点在于通过了解作者生平主要经历，知人论世，把握诗词所表现的情感态度。

教学策略：小组研讨、查阅资料，掌握诗词鉴赏的一般方法，读出诗词丰富的情感内涵。

三、教学过程

教学设计思路（教学结构图）		
教学环节教学活动		
环节一：找出诗歌意象	找出写春类古诗词的常见意象及特点	审美鉴赏与创造 语言建构与运用
环节二：了解表现手法	了解写春类古诗词的常用表现手法	思维发展与提升
环节三：分析诗歌主题	分析诗歌表达的作者的情感态度	文化传承与理解
环节四：写出诗歌鉴赏	梳理表格内容，写出完整的诗歌鉴赏	语言建构与运用
主要教学过程			
教学环节	教师为主的活动	学生为主的活动	设计意图
环节一：找出诗歌意象	教师选择从春秋到宋代有代表性的若干古诗词，指导学生阅读，归纳写春类古诗词常见的意象及意象特点	活动1："春"字飞花令 每到春来，还感受得到春意在心中的悸动吗？古人给我们留下这么多首春天的诗词，一点一点打开我们的心门，让我们的心都经历一次苏醒，我们才会恍然惊觉生命深处对光阴的柔情。诗意就是我们心里的花朵，不管年华怎样老去，心中有春意春色，每个年华都可以诗意地绽放。请你说出包含"春"字的古诗名句	用"春"字飞花令开头，激发学生的兴趣，活跃课堂氛围。指导学生运用不同符号进行圈画，快速提取信息。培养学生对美好画面的想象力

教学环节	教师为主的活动	学生为主的活动	设计意图
		活动2：请你阅读从春秋到宋代描写"春天"的古诗词，圈点诗中代表"春天"的典型意象，分析这些意象是如何突出春天的特点的？ 句式：我读了_____这个句子，其中_____这个意象，写出了春天的特点是_____	
环节二：了解表现手法	教师介绍写春类古诗词的常见表现手法。指导学生在学案上进行批注和想象画面，深入理解诗人笔下的春天	活动1：描写春天的古诗词一般有四种常见的表现手法：运用修辞、色彩渲染、借景抒情、叠字叠词，请你再次阅读诗歌，为以上四种方法分别找到根据 明确： （1）杜甫《绝句·江碧鸟逾白》运用了色彩渲染的表现方法。第一小句写江水和水鸟，漫江碧波荡漾，白翎的水鸟，掠翅江面，一派怡人的风光。用江水的碧绿衬托出鸟的羽毛更白，第二小句写山和花，满山青翠欲滴，遍布的朵朵鲜花红艳无比，简直就像燃烧着一团旺火，十分绮靡，十分灿烂 （2）李清照《武陵春》，"闻说双溪春尚好，也拟泛轻舟，只恐双溪舴艋舟，载不动许多愁。"采用了以乐景写哀的方法，"春尚好""泛轻舟"措辞轻松，节奏明快，恰到好处地表现了词人刹那间的出游之兴。但是美好的春景更加重了诗人愁苦的心情，将无形的愁绪变成有形有重量的愁绪 活动2：请你精读杜甫的《绝句·两个黄鹂鸣翠柳》，诗人运用色彩渲染的方法，在我们头脑中呈现了一幅生机勃勃的春天画面。请你仿照示例，运用想象的手法将头脑中呈现的画面描述出来	指导学生阅读诗歌，整体把握诗中作者运用的表现手法，反复阅读品味、深入探究，欣赏精彩诗句，理解其思想内容和艺术特色。发现、保护并支持学生阅读中的独特理解、体验和感悟

教学环节	教师为主的活动	学生为主的活动	设计意图
		示例： 你看，那刚抽新芽的柳枝，成双成对的黄鹂，自由自在的白鹭和一碧如洗的青天，春天的颜色多么新鲜明丽呀	
环节三： 分析诗歌主题	教师指导学生小组讨论，归纳概括写春类诗词的常见主题	活动1：阅读古代诗歌要知人论世，请你结合作者的生平经历写作背景，归纳写春类诗词常见主题。 明确：赞春、惜时、吊古、离别。 活动2：赞春、惜时、吊古、离别是古代诗人描写春天常见的主题，请从中选择一个词语，结合诗歌内容进行深入分析诗人是如何表现这个主题的？	深入理解作品的主题思想，获得切实的阅读体验和收获，不仅读懂作品，更要读懂作者，学生在这个活动中，对古代文化进行传承和理解
环节四： 写出诗歌鉴赏	教师指导学生阅读并鉴赏古代诗词，开展小组合作，共同完成表格内容，形成诗歌鉴赏能力	活动：学习诗歌离不开鉴赏，请你完成下面的表格信息，对这几首诗歌进行鉴赏，小组内组长负责将表格内容汇总，然后全班交流 表格（朝代/作者/题目/诗句/意象/写法/主题：春秋、隋、唐、宋）	学生在梳理和鉴赏中，培养了审美鉴赏与创造能力
作业布置	1. 阅读：课外读物《唐诗素描》《宋词素描》 2. 写作：阅读于丹的《最美古诗词》，写出评论文字300字		
板书设计	沐春风而思飞扬 ——写春类古诗词鉴赏 以乐景写乐，以哀景写哀 修辞方法　渲染色彩　借景抒情　叠字叠词　赞春　惜时　吊古　离别 以乐景写哀，以哀景写乐　　　　　别人　别家（乡）　别国		

四、自我评析

1. 汲取传统文化精华，培养爱国主义情怀

文化传承是当代中学生应承担的责任和义务，继承优秀的传统文化是彰显文化的自觉意识和文化自信的态度。中国古代诗词由于其高度的思想艺术成就和深厚的民族文化底蕴，早已成为中国文化的代名词，学习古代诗词就是对民族优秀传统文化的传承和发扬。

语文教学就是要抓住中华优秀传统文化中的精华，培养学生对美的感知能力。诗词讲究意蕴的悠远深长，意境的幽邃渺远，这一境界的达成，在诗作中往往与作者的感情息息相关。本节课的设计让学生对古诗词的学习不仅仅停留在诗词的朗读背诵的表层，而是去挖掘、体味诗人暗藏在诗词背后的或痛苦、或忧愁、或喜悦的心情，更深层次地拓展古诗词学习的外延，同时，让学生对古诗词学习产生极大的兴趣，对古诗词中的传统文化产生浓厚的兴趣，为形成一定的传统文化底蕴奠定基础。

2. 与《义务教育语文课程标准》（2011年版）对接这小节内容替换原来的文字

《义务教育语文课程标准》（2011年版）中指出："具有独立阅读的能力，注重情感体验，有较丰富的积累，形成良好的语感。学会运用多种阅读方法。能初步理解、鉴赏文学作品，受到高尚情操与趣味的熏陶，发展个性，丰富自己的精神世界。"

基于以上要求，本节课环节一至四的设计，就是让学生通过阅读大量的写春类的古诗词，拓宽学生的阅读面，使学生学会关注一山一水、一草一木、一叶一花，在感受形象、品味语言的同时，将个人的情感融入自然之中，激发学生对古代诗歌的热爱，对传统文化的热爱，通过对诗歌的积累和感悟，培养学生的审美意识和语文核心素养，不断提高学生欣赏古代诗词的能力。

3. 教师主导性和学生主体性均有所体现

从教学过程来理解主体性教育，其含义包括教师教的主体性和学生学的主体性两个方面，即我们习惯上讲的教师的主导作用与学生的主体作用。在教学中教为主导和学为主体是应该而且能够统一起来的。

本节课教师的主导性体现在设计教学活动有梯度和注重指导学生掌握古诗词鉴赏的一般方法。本课是一节古诗词鉴赏课，学生在大量阅读和积累古诗词的基础上，教师要指导学生善于发现规律、总结方法，才能达到事半功倍的效果，真正全面提高学生对古诗词的鉴赏能力。本节课在教学过程中，教师设计了有梯度的教学活动，如环节二的活动一和活动二。活动一是带领学生学习写春类古诗词

中的四种常见的表现手法，在此基础上，活动二让学生仿照示例，运用所学的手法将头脑中呈现的画面描述出来。这不仅在难度上有了递进，让学生学以致用，而且体现了教师的主导作用的发挥。在环节四当中，教师设计的表格就是指导学生化整为零，掌握古诗词鉴赏的一般方法，引导学生总结诗歌的意象及意象的特点，发挥想象，组织语言进行画面描述，进而体会作者在诗句中融入的情感，知人论世，了解作者生平经历，从而理解作者在诗词中表达的思想感情。

　　本节课的学生主体性体现在从大量的活动中激发兴趣，完成情感体验。语文教学蕴含着丰富的情感，学习的作品都是作者情感的结晶。一篇篇的名诗佳作，之所以传诵不衰，常读常新，就是因为作品饱含着作者丰富的思想感情。本节课不仅选择了大量写春类的古代诗词供学生阅读，还设计了多项学生活动，如诗词飞花令、寻找诗歌意象、诗歌画面描述、小组合作完成诗句鉴赏等，在教学活动中引导学生通过探究、合作的方式共同完成诗歌鉴赏，养成学生自主、合作、探究的学习习惯。教师在教学中信任学生的能力，放手让学生做主。教师在适当时候给学生做出示范，供学生模仿，使学生有了抓手，可以更积极地参与交流、讨论与答疑，关注学生的主体地位，落实了语文课标对古诗词教学提出的要求。

附件：

"沐春风而思飞扬"学案设计

　　每到春来，还感受得到春意在心中的悸动吗？古人给我们留下这么多首春天的诗词，一点一点打开我们的心门，让我们的心都经历一次苏醒，我们才会恍然惊觉生命深处对光阴的柔情。诗意就是我们心里的花朵，不管年华怎样老去，心中有春意春色，每个年华都可以诗意地绽放。

朝代	作者	题目	诗句	意象	写法	情感
春秋	《诗经》	《采薇》	昔我往矣，杨柳依依。 今我来思，雨雪霏霏。			
隋代	薛道衡	《人日思归》	入春才七日，离家已二年。 人归落雁后，思发在花前。			
唐代	韩愈	《早春呈水部张十八员外》	天街小雨润如酥，草色遥看近却无。 最是一年春好处，绝胜烟柳满皇都。			

续表

朝代	作者	题目	诗句	意象	写法	情感
唐代	韩愈	《晚春》	草树知春不久归， 百般红紫斗芳菲。 杨花榆荚无才思， 惟解漫天作雪飞。			
	李白	《灞陵行送别》	送君灞陵亭，灞水流浩浩。 上有无花之古树， 下有伤心之春草。			
		《春夜洛城闻笛》	谁家玉笛暗飞声， 散入春风满洛城。 此夜曲中闻折柳， 何人不起故园情。			
		《闻王昌龄左迁龙标遥有此寄》	杨花落尽子规啼， 闻道龙标过五溪。 我寄愁心与明月， 随风直到夜郎西。			
	杜甫	《绝句》	江碧鸟逾白，山青花欲燃。 今春看又过，何日是归年。			
		《绝句》	两个黄鹂鸣翠柳， 一行白鹭上青天。 窗含西岭千秋雪， 门泊东吴万里船。			
		《蜀相》	丞相祠堂何处寻， 锦官城外柏森森。 映阶碧草自春色， 隔叶黄鹂空好音。 三顾频烦天下计， 两朝开济老臣心。 出师未捷身先死， 长使英雄泪满襟。			

续表

朝代	作者	题目	诗句	意象	写法	情感
唐代	杜甫	《春望》	国破山河在，城春草木深。 感时花溅泪，恨别鸟惊心。 烽火连三月，家书抵万金。 白头搔更短，浑欲不胜簪。			
	白居易	《钱塘湖春行》	孤山寺北贾亭西， 水面初平云脚低。 几处早莺争暖树， 谁家新燕啄春泥。 乱花渐欲迷人眼， 浅草才能没马蹄。 最爱湖东行不足， 绿杨阴里白沙堤。			
		《忆江南》	江南好，风景旧曾谙。 日出江花红胜火， 春来江水绿如蓝， 能不忆江南。			
		《赋得古原草送别》	离离原上草，一岁一枯荣。 野火烧不尽，春风吹又生。 远芳侵古道，晴翠接荒城。 又送王孙去，萋萋满别情。			
	王湾	《次北固山下》	客路青山外，行舟绿水前。 潮平两岸阔，风正一帆悬。 海日生残夜，江春入旧年。 乡书何处达，归雁洛阳边。			
	贺知章	《咏柳》	碧玉妆成一树高， 万条垂下绿丝绦。 不知细叶谁裁出， 二月春风似剪刀。			
	杜牧	《清明》	清明时节雨纷纷， 路上行人欲断魂。 借问酒家何处有， 牧童遥指杏花村。			

朝代	作者	题目	诗句	意象	写法	情感
唐代	贺铸	《子夜歌》	三更月，中庭恰照梨花雪。梨花雪，不胜凄断，杜鹃啼血。			
	刘希夷	《代悲白头翁》	年年岁岁花相似，岁岁年年人不同。			
后唐	李煜	《清平乐》	别来春半，触目愁肠断，砌下落梅如雪乱，拂了一身还满。雁来音信无凭，路遥归梦难成。离恨恰如春草，更行更远还生。			
		《浪淘沙》	帘外雨潺潺，春意阑珊。罗衾不耐五更寒。梦里不知身是客，一晌贪欢。独自莫凭栏，无限江山，别时容易见时难。流水落花春去也，天上人间。			
宋代	陆游	《临安春雨初霁》	世味年来薄似纱，谁令骑马客京华。小楼一夜听春雨，深巷明朝卖杏花。矮纸斜行闲作草，晴窗细乳戏分茶。素衣莫起风尘叹，犹及清明可到家。			
	李清照	《武陵春》	风住尘香花已尽，日晚倦梳头。物是人非事事休，欲语泪先流。闻说双溪春尚好，也拟泛轻舟，只恐双溪舴艋舟，载不动许多愁。			

续表

朝代	作者	题目	诗句	意象	写法	情感
宋代	辛弃疾	《浣溪沙·泉湖道中赴闽宪别诸君》	细听春山杜宇啼，一声声是送行诗。			
		《摸鱼儿》	更能消几番风雨，匆匆春又归去。惜春长怕花开早，何况落红无数。			

"北堂萱草情"群文阅读教学设计及评析

北京市陈经纶中学保利分校　高慧玲

一、教学背景

1. 课程标准要求

《义务教育语文课程标准》（2011年版）中对第四学段学生在阅读上提出："通读课文的基础上，理清思路，理解主要内容，体味和推敲重要词句在语言环境中的意义和作用"，"对课文的内容和表达有自己的心得，能提出自己的看法，并能运用合作的方式，共同探讨疑难问题"，"欣赏文学作品，有自己的情感体验，初步领悟作品的内涵，从中获得对自然、社会、人生的有益启示。对作品中感人的情境和形象，能说出自己的体验；品味作品中富于表现力的语言"。基于以上要求，本课设计的以"母爱"为主题的群文阅读，试图让学生通过对三篇散文横向和纵向的比较阅读，以培养他们的思辨能力。在本课中，教师将引导学生以母亲为主体概括事例，训练学生的归纳概括能力；同时通过母亲形象之间的对比，感受母亲的共性和个性光辉；通过品析细节描写，深刻理解伟大的母爱，从而让学生获得情感体验和心灵触动，感恩父母，达到立德树人的目的。

2. 学习任务分析

《我的母亲》群文阅读选自三位大家之手，分别是胡适、老舍、邹韬奋，三位作者从不同方面描写了自己的母亲，表达了对母亲的思念和感恩之情，让我们感受到了深沉无私的母爱。本节群文阅读课，目的是让学生对同一主题的文章学会比较、学会辨析、学会梳理、学会归纳、学会表达，从而提升阅读的能力。

3. 具体学情分析

本节课教学对象是八年级学生，他们的特点是思维活跃，善于质疑，喜欢以合作的方式解决问题，虽已初步具有自主、合作、探究学习的能力，初步的对比概括，归纳概括能力，但是同主题下文章的比较整合能力有待提高。

二、教学目标

（一）教学目标

1. 通过梳理三篇文章叙写母亲的典型事件，引导学生比较三位母亲的形象特点。

2. 通过品味平实质朴的细节描写，启发学生感受深沉母爱并学习多种随文批注的方法。

3. 通过阅读关键语段，引导学生归纳对比三位作者对母亲感情的异同。

（二）教学重难点及教学策略

教学重点：品味平实质朴的细节描写，理解深沉的母爱并掌握多种随文批注方式。相应的教学策略包括：展示学生提前对文章的优秀批注，回顾归纳批注方法，通过小组合作的方式，分组分篇进行细节的深情阅读和批注，去体会母亲毫不张扬的爱。

教学难点：体会作者对母亲的真挚情感，并归纳比较这三位不同的作者对母亲感情的异同。相应的突破策略包括：小组研讨、资料补充；指导学生赏析重点语段，用抓关键词法，筛选重要信息，锻炼孩子的筛选、比较和整合能力。

三、教学过程

教学环节和教学活动	
环节一：萱草导入（设情境　激兴趣）	选鲜花献母亲，创设情境
环节二：初识母亲（理事件　感形象）	梳理事件，比较母亲形象的异同
环节三：走近母亲（悟细节　谈感受）	品析细节描写，深刻理解母爱
环节四：感恩母亲（谈影响　悟深情）	赏析重点语段，分析作者对母亲的独特情感

主要教学过程			
教学环节	教师为主的活动	学生为主的活动	设计意图
环节一：萱草导入（设情境，激兴趣）	教师用三种鲜花的图片，引导学生思考。以此唤醒学生热爱传统文化的基因，并用萱草花把学生带入母爱的情境	活动1：《诗经·卫风·伯兮》曾经有这样的一个句子"焉得萱（谖）草，言树之背"，有些人推断：中国的母亲花应该是萱草花。请观察大屏幕上三束鲜花，如果让你从中任选一束作为母亲节的礼物送给母亲，你会选择哪一束，请说出选择理由	以传统节日重阳节为引子，以三张鲜花图片引出萱草花，创设传统文化情境，激发学生兴趣
环节二：初识母亲（理事件，感形象）	教师指导学生浏览文章，用萱草花形式的思维导图梳理相关事件，既让同学们耳目一新，又回应了导语，并引导学生比较三位母亲形象的异同	活动1：请同学们快速默读三篇文章，以"在_____（作品）中，我读出了一位_____的母亲，表现在（事件）_____。"的表述形式感知母亲形象，并比较三位母亲的形象特点 方法： （1）浏览过程中，圈点出关键词语； （2）概括事件的语言要简洁 例如：我读出了一位无私、有远见的母亲，她表现在母亲筹备"巨款"，送"我"上学。 活动2：阅读三篇文章之后，你会发现三位母亲体现出的个性美德，透过个性你还会发现这也是中国母亲共同的美德，结合你的母亲或者别人的母亲进行思考并概括，中国母亲身上共有的美德是？ 明确：无私、勤劳、善良、能干、识大体等 个性：胡适母亲的有刚气 老舍母亲的坚强 邹韬奋母亲的情感丰富	以母亲为主体概括事例，训练学生的归纳概括能力，同时通过不同母亲人物形象对比，归纳出异同点，感受伟大母亲的共性和个性光辉
环节三：走近母亲（悟细节，谈感受）	教师指导学生关注表现母爱的细节描写，并进行随文批注，来展示学生优秀批注归纳批注方法，在细节的批注中去阅读并体	活动1：请你再次默读，在默读中勾画出表现母爱的感人词句，从阅读后的心情、母爱的感动、描写精彩的角度，对这些词句进行批注，参照下面句式，然后班级分享	通过品味赏析虽质朴但内涵深刻细节描写，更深刻理解作者笔下那

教学环节	教师为主的活动	学生为主的活动	设计意图
	会母亲的毫不张扬的爱；设置开放性的问题，让学生表达自己的心得，提出自己的看法	句式：我读了_____这段描写，其中_____这几个词语我感触很深，写出了_____ 活动2：阅读三位母亲关爱孩子的言行举止，你认为哪位母亲对孩子的影响最大，请从爱的角度出发，分析哪位母亲更爱自己的孩子	毫不张扬的母爱。让学生在头脑中对文本进行辨析，培养他们的思辨能力
环节四：感恩母亲（谈影响，悟深情）	教师指导学生赏析重点语段，用抓关键词法筛选重要信息，锻炼孩子的筛选、比较和整合能力	活动1： 结合母亲的美德，精读文章的结尾部分，梳理并概括三位作者对母亲的情感	通过重点语段的赏析，深入理解不同作者对自己母亲独特的情感，锻炼他们的分析比较能力

活动1表格：

作者	句式	母亲身上美德	表达方式	情感
胡适	之所以……是	爱花，爱清洁，守秩序软而硬的个性，生命的教育	抒情	敬佩
老舍	如果……如果……如果……	好脾气，待人接物的和气，宽恕人、体谅人	记叙	歉疚
邹韬奋	只是……但是……	可爱的性格、努力的精神、能干的才华	议论	赞美、惋惜

活动2：请你再次朗读下面这首诗，结合诗句谈谈你读出了母亲此刻的什么情感，如果你就是那个远行的游子，读到这首诗，你的心中会有什么感想
　　萱草生堂阶，
　　游子行天涯。
　　慈母倚堂门，
　　不见萱草花。

续表

教学环节	教师为主的活动	学生为主的活动	设计意图
作业布置	教师在学生品味母爱的细节并获得情感体验后，启发他们关注自己母亲的生活细节	1. 结合亲身体验母爱的生活细节，以一组排比句："母爱是_____，_____；母爱是_____，_____；母爱是_____，_____。"表达对自己母亲的爱 2. 阅读《目送》的序言，写出你的阅读感受	让学生获得情感体验和心灵触动，反思自我，感恩母亲，在阅读的基础上形成写作能力

四、自我评析

胡适《我的母亲》、邹韬奋《我的母亲》和老舍《我的母亲》这三篇文章是八年级必读课文朱德《回忆我的母亲》的课后拓展篇目，又恰逢中国传统节日——孝老敬老的重阳节，所以就设计了《我的母亲》之母爱群文阅读专题。在群文阅读备课中，我紧紧围绕语文核心素养：语言建构与运用、审美鉴赏与创造、文化传承与理解三个方面并基于八年级学生的学情去设计活动任务。这节课主要采用批注式的阅读方法，自主合作探究的学习方法很好地锻炼了学生的比较辨析、梳理归纳、自主表达的能力，让学生在阅读中有所收获，现将本节课总结反思如下：

1. 依托课标，真正落实语文核心素养。

《义务教育语文课程标准》（2011年版）提出："欣赏文学作品，能有自己的情感体验，初步领悟作品的内涵，从中获得对自然、社会、人生的有益启示。对作品的思想感情倾向，能联系文化背景作出自己的评价；对作品中感人的情境和形象，能说出自己的体验；品味作品中富于表现力的语言。"基于课标要求，本节课设计了三个主要环节："初识母亲（理事件 感形象）""走近母亲（悟细节 谈感受）"和"感恩母亲（谈影响 悟深情）"。在课堂上，我有意识地指导学生在丰富的语言实践中，通过主动的积累、梳理和整合，形成个体的言语经验，在具体的语言情境中正确有效地运用语言文字进行交流沟通。如"初识母亲"环节，指导学生以母亲为主体概括事例，训练学生的归纳概括能力，同时通过不同母亲人物形象对比，归纳出异同点，感受伟大母亲的共性和个性的光辉，从而有针对性地锻炼了学生的语言建构和运用能力；在"走近母亲"环节的活动2的设计上设置开放性的问题：请从爱的角度出发，分析哪位母亲更爱自己的孩子。让学生大胆表达自己的心得，提出自己的看法，通过这个问题的设置和现场回答，他们的思维的深刻性、敏捷性、灵活性、批判性和独创性等思维品质都不同程度地得以提升。同时以代表母爱的萱草花导入，萱草花古诗结尾，并依托重阳节爱老敬老的生活情境，充分体现了立德树人和传承优秀传统文化的教育观。所以我们应该根据语文学科的特点，注重熏陶感染，潜移默化，把这些内容渗透于日常的教学过程之中。

2. 以阅读批注为纲，进行群文主题感悟。

"养成默读习惯，有一定的速度，阅读一般的现代文，每分钟不少于500字。能较熟练地运用略读和浏览的方法，扩大阅读范围。在通读课文的基础上，厘清思路，理解、分析主要内容，体味和推敲重要词句在语言环境中的意义和作用。"依据新课标有关阅读的这一要求，本节课综合运用多种阅读方法进行群文阅读，并有针对性地进行批注。如课堂三个主要环节综合灵活运用默读、精读和跳读等多种阅读方法，勾画出表现母爱的感人词句，从阅读后的心情、母爱的感动、描写精彩的角度，对这些词句进行批注，深刻理解作者笔下那毫不张扬的母爱，这样很好地为第四个环节悟深情进行铺垫，文章阅读要想进入一个深层次的探究，就必须在上一个环节进行铺垫，学生的思维才会顺利地抵达深层。

3. 凸现语文读写能力的培养。

《义务教育语文课程标准》（2011年版）强调："语文课程评价要体现语文课程目标的整体性和综合性，全面考察学生的语文素养。应注意识字与写字、阅读、写作、口语交际和综合性学习五个方面的有机联系，注意知识与能力、过程与方法、情感态度与价值观的交融、整合，避免只从知识、技能方面进行评价。"本节课围绕母爱主题，从"初识母亲"到"走近母亲"到"感恩母亲"到"赞美母亲"，由浅入深，环环相扣，在前四个环节让学生获得情感体验和心灵触动后，反思自我，感恩母亲，在阅读的基础上形成写作能力，如作业环节。结合亲身体验母爱的生活细节，以一组排比句， 表达对自己母亲的爱。并通过阅读《目送》的序言，写出自己的阅读感受。学以致用，以我手写我口，注意将写字、阅读、写作、口语表达和综合性学习等多方面进行有机联系，全面提升语文素养。文学作品阅读的评价，着重考查学生感受形象、体验情感、品味语言的水平，对学生独特的感受和体验应加以鼓励。如环节三"走近母亲"，活动2中批注完细节后，老师有意设置一些让学生有据可依，有话可说的开放性的问题：分析哪位母亲更爱自己的孩子，让学生勇敢表达自己的心得，提出自己的看法，让学生在头脑中对文本进行辨析，有意识地培养他们的思辨能力，读懂母亲，读出自我。

第四章　身临其境方显真

——整本书阅读教学设计与实施策略

阅读整本书需要的策略和单篇课文有所不同，阅读单篇课文大多是一次性完成信息的提取、整合。整本书的信息量大，覆盖的篇幅多，需要边阅读边记录，用合适的方式逐步梳理、分类，整合概括，因而，整本书阅读策略有其独特性，需要学生在阅读过程中依据目标的要求不断摸索、建构。整本书阅读指导与实践，要激发学生阅读兴趣，以培养阅读习惯为目的，以学生自主阅读为主，教给阅读方法，培养阅读能力。一篇文章篇幅短小，需要的是精读和细读，重点是掌握抓住重点词句深入阅读的方法。一本书篇幅较长，需要的是持续默读，重点是学习运用梳理整合、连接等方法进行文学欣赏，提高认识水平。在阅读中与作者、生活进行对话，发展思维和提高认识。

第一节　整本书阅读的导读策略

整本书导读不同于语文课常规的阅读教学，教师不再逐章逐段对书中的文字进行分析讲解，因此，其最重要的教学目标在于运用适合的导读策略，激发学生的阅读兴趣，教给学生阅读的方法，使学生能够自觉自愿地在课外去寻找这本书来阅读，在扩大阅读面的同时积累语言，提高阅读品味，获得情感的熏陶，受到人生的启迪。

一、整本书导读设计

1. 精选片段进行导读

给学生推荐好书，一般是走进封面、作者或者目录，教师引导学生依据目录对情节和故事进行猜测。运用这样的办法，吸引学生走进作品，然后完成精读。再有就是老师通过简介内容诚恳推荐；或者组织学生开好书推介会，由已经阅读过的学生娓娓道来某本书的好看之处；或者打出这本书的各种"光环"，用书的"荣誉"来吸引学生。

导读的方式有很多，教师可以提前从整本书中，按照一定的原则，精选文段，挑选出一组文章，合理设计，上一节群文阅读课，带领学生读深读透这组文章，引导学生情不自禁走入整本书阅读。例如阅读《呼兰河传》这本书，教师可以精心挑选出两个片段——描写在祖父疼爱下，萧红快乐的童年生活，引导学生仔细阅读，并圈画表现萧红"笑"句段，揣摩朗读充分感受萧红童年的快乐。接下来为学生提供另外一个段落，突出萧红祖母和父亲母亲对她的漠视。文中祖母用针扎萧红，父亲一脚踢翻萧红，阅读到这里，教师提出一个问题："大家想知道这是为什么吗？萧红究竟是怎样度过这样的童年的呢？请你们接下来阅读整本《呼兰河传》吧，答案就在书中，等着你自己去发现。"

精选书中的片段，吸引学生进入书中的故事情节，自己去探寻故事和人物命运发生变化的原因，这样的导读非常容易将学生吸引进书中。

2. 用预测法进行导读

法国著名作家、哲学家萨特曾说过："阅读时你在预测，也在等待。你预测句子的末尾，预测下一个句子，预测下一页书。你等待它们来证明你的预测是否正确。"的确，阅读的过程，就是不断预测、验证的过程。预测阅读是一种高级阅读策略。在阅读策略系统中，它的完整称呼是"预测与推论"——根据已有的信息对故事的结局、情节的发展、人物的命运、文章的观点等多方面进行预测和验证。

熟练地运用预测策略，会让阅读像探险一样有意思。看封面预测、看目录预测、看内容提要预测……都是常见的预测策略。有时还可以根据开头暗示性语言进行预测阅读。长篇小说的开头，在整部作品中起着至关重要的作用，它往往交代故事发生的环境、时间和相关人物。例如：很多长篇小说往往在开头有一些暗示性话语，这些话语，往往暗示着故事的走向，预示着人物的命运。如果教师抓住这样一些暗示性的开头，引导学生进行大胆预测，学生的美好的阅读之旅就会被开启。阅读是文字和读者的经验交互作用的过程，不同的人读同一篇文章，阅读感受是截然不同的，正所谓"一千个读者有一千个哈姆雷特"。因此，启动生活经验进行预测阅读，这是预测的重要策略，也是预测阅读的价值。值得注意的是：预测阅读并不是胡思乱想，而是依据相关的线索和信息进行。

3. 用对比法进行导读

好的导读课，就像精彩的图书预告片。不同的是，在好的导读课上，教师在向学生推荐好书的同时，也在想方设法让学生知道课外阅读的方法，运用对比法指导学生阅读整本书是为了让学生形成独立阅读的能力，在阅读的过程中，学会运用多种阅读方法。

例如：在引导学生阅读《绿野仙踪》这本书的时候，教师可以设计与《西游记》中人物进行对比的环节，让孩子们在阅读初期对书中的人物有了一个初步的定位，进而通过书中的片段赏析和品评激发学生的阅读兴趣。同时通过介绍作者、感受背景，初步感知文本，引发学生的阅读期待。文学作品是以鲜明的文学形象吸引读者。以人物形象为入手点的导读设计不仅引发学生的阅读欲望，还引导学生在阅读作品时随着人物命运变化的过程加深对人物性格特点的理解。再看作品语言。不同作家的作品闪耀着截然不同的语言风格。教师在导读时，从精彩语言、特色语言入手，让学生投入语言的海洋中去。此外，课内阅读教学主要是学习方法，课外阅读则要运用这些方法。诸如朗读和默读的运用，精读、略读和浏览的不同要求，边读边想画面，边读边思考，以及如何抓要点，如何梳理故事情节，如何体会人物形象，如何揣摩语言的精妙，如何做摘抄、做批注、写体会等。可是，这些阅读方法与技能并不是一经传授学生马上就能熟练运用的。不同的书籍，对阅读技能的要求也不尽相同，在导读教学中教师需要加以强调、巧妙点拨。

面对整本书，如何在一节课的时间里让学生了解更多的书本信息，如何让学生体会到阅读的乐趣、产生阅读兴趣，让他们箭在弦上蓄势待发，教师还需要对学习材料进行取舍，选择典型片段设计导读课。学生没有读过这本书，对这本书不知晓、不知情，那就要激发学生的阅读兴趣，从无知到有知，给学生打开一扇窗，让他们看见里面的一些东西，然后吸引他们走进来。当然，阅读整本书的方法还有很多，无论哪种方法，只要是适合学生的，就是有效的方法。

二、整本书教学实施案例

《海底两万里》整本书教学设计及评析

北京市陈经纶中学本部初中 盛宇辉

一、教学背景

1. 课程标准要求

欣赏文学作品，能有自己的情感体验，初步领悟作品的内涵，从中获得对自然、社会、人生的有益启示。

语文学科核心素养

语言建构与运用：品味精彩语句，体味作者情感；学习人物描写和景物描写的方法；在写作中能综合使用叙述、描写、抒情、议论等多种表达方式。

思维发展与创新：把握记叙的顺序，学习多角度、综合运用多种表达方式，培养严谨认真、实事求是的科学精神；加强思维能力训练，提升思维的条理性。

审美鉴赏与创造：培养对文化艺术形式的审美鉴赏能力，能运用一定的方法对传统文化进行鉴赏，能表达自己的审美感受。

文化传承与理解：感受平凡生活中蕴含的无穷乐趣，了解民俗民风，对自己感兴趣的文化内容进行一定的探究，培养自己对文化的感知力，养成科学观察和思考的习惯，吸收传统文化营养并进行传承。

2. 学习任务分析

以设计邮票为具体情境，指导学生对文章内容进行回顾、概括，对文中的主要内容进行简单评析，形成整体感知和认识。

用鱼骨图设计潜艇的航行路线，设计解说词，对整个航海进行概括，形成对主要情节和主要人物的整体感知梳理；绘制并介绍潜水艇简图，选择画面主人公，形成对作品人物精神的认识评析；分享航海日记，整理海底世界航线、场面、精彩的海底世界，重新梳理文章重点经典内容，探究作品科学性幻想性；写邮票参赛推介词，表达对作品的理解和认识，能表达自己的审美感受。

3. 具体学情分析

本节课教学对象是七年级学生，他们的特点是思维活跃、善于质疑，对自己所看到的事物充满了好奇。尤其是科幻小说，他们更是喜爱。今年寒假，电影《流浪地球》的热映，激发了学生们的科幻梦想，在读小说的过程中，学生们对文章中所呈现出来的海底世界很感兴趣，对潜水艇充满了好奇，对潜艇的航线产生了极大的探索欲望，对科学性融入了思考。

二、教学目标

（一）教学目标

1. 通过为《海底两万里》设计宣传画，回顾主要人物情节和环境，形成对作品整体感知和认识。

2. 绘制画面的场景，探究作品幻想性科学性。

3. 选择画面的人物细节，感受科学精神。

（二）教学重难点及教学策略

《海底两万里》是科幻小说，本书的主要魅力在于，丰富大胆的想象中具有科学的神奇力量，由此理解探究作品幻想性、科学性是重要的阅读任务，需要学生在阅读学习中感受理解，结合书中具体内容理解感悟。本节课的教学围绕科幻小说幻想性、科学性特征，设置了设计宣传画这一具体任务情境，结合具体情境完成任务，有利于学生理解感受并迁移运用，形成深入探究。由此在教学活动中，指导学生自主选择文章中带有科学幻想元素的场景，填入宣传画的画面，并且说明场景科学幻想的体现点。学生选择具体场景的过程，是辨别科学性、幻想性特征的过程；对场景的科学幻想性进行解释的过程，是深入探究的过程，也是培养形成解释能力的过程。由此本课教学重点是绘制画面的场景，探究作品幻想性、科学性。

《海底两万里》是儒勒·凡尔纳的巅峰之作，在这部作品中，他将对海洋的幻想发挥到了极致，表现了人类认识和驾驭海洋的信心，展示了人类意志的坚韧和勇敢；种种险象环生的情节显示了人类顽强不屈的优秀品质，展现了人类不懈的开拓精神。阅读文学巨著，感悟其思想内涵价值，获得有益启示是名著学习的核心所在。学生阅读过程中，对动人心魄的海底航行很有兴趣，对于作品神奇的幻想能力充分感受，但是对作品的价值、作品传达的精神内涵等理解有难度，由此感受科学精神成为学生理解的难点。在本课教学中，要求学生选择凸显科学精神的一处人物细节绘制在宣传画上，通过具体的细节描述，感知人物精神内涵，达到突破难点的目的。由此本课教学难点是：选择画面的人物细节，感受科学精神。

三、教学过程

教学环节和教学活动	
环节一：看路线　理情节	绘制航行路线，回顾梳理作品主要情节
环节二：画场景　探科幻	画海底场景，探究作品的科学性、幻想性
环节三：绘人物　品精神	描绘人物细节，品评人物精神内涵
环节四：写宣语　传精神	写宣传语，传达科学精神

		主要教学过程		
教学环节	教师为主的活动	学生为主的活动		设计意图
环节一 整体感知 主要情节	介绍情境任务，指导学生回顾梳理作品主要情节，以接龙的方式讲解海底探险故事，并对航海历程进行评价	学校即将举办科技节，为了营造科技节的活动氛围，学校要求本月壁报的主题要以"科学精神"为内容，八年级（2）班同学选择阅读《海底两万里》这本名著，以名著中人物身上的科学精神为主题，将班级学生分成了几个学习小组，每个学习小组的活动任务是制作一幅宣传画 活动1： 课前大家用鱼骨图形式绘制了潜艇的航行路线，并标记了船长遇险地点和故事。现在根据航线图的提示，用接龙的方法讲述海底探险故事 评价标准： 1. 地点先后顺序正确 2. 探险故事简明扼要 活动2： 根据同学们讲解的故事，请你用四字词概括船长一行几人在海底旅行的过程 预设：悬念迭生，动人心魄，困难重重，惊险刺激，神奇惊险 评价标准： 1. 用词准确 2. 对航海特征形成认识 3. 角度多面		设置具体情境，用鱼骨图绘制潜艇线，讲海底探险故事，形成对航行特征的认识
环节二 绘制场景 探究科幻	指导学生在文章中选择带有科学幻想元素的场景，探究科幻元素	活动： 请大家选择书中熟悉的故事和内容，选择最能表现科学幻想元素的故事场景，用一句话概括这个情节，让其成为宣传画的主要画面，并说明你选择的理由 句式： 第____章，有关_____的情节（场景）适合作为宣传画的主要场景，因为在这个情节中_____，体现了科学幻想元素		结合书中故事内容，概括情节，绘制故事场景，探究科幻元素

教学环节	教师为主的活动	学生为主的活动	设计意图
		示例： 阅读《海底两万里》"漫步海底平原" 尼摩船长走在前面，他的同伴在后面距离好几步跟随着我们。康塞尔和我，彼此紧挨着，好像我们可以通过我们的金属外壳交谈似的。我不再感到我的衣服，我的鞋底，我的空气箱的沉重了，也不觉得这厚厚的圆球的分量，我的脑袋在圆球中间摇来晃去，像杏仁在它的核中滚动一般 我选第16章，有关"我们"在海底平原漫步的场景，因为场景中的"我们"跟随尼摩船长在海底漫步是幻想，穿着厚重的潜水服不觉得沉重是运用了阿基米德定律科学知识，这些描写体现了科学幻想元素 评价： 1. 场景描述具体 2. 体现科学幻想元素	
环节三 感受人物精神内涵	指导学生在宣传画中描绘人物细节，品读人物	阅读这篇名著作品，你会被鲜明的人物形象和曲折的故事情节所吸引，《海底两万里》中出现的几个人物，他们身上都有着鲜明的特征，这种特征下蕴含了可贵的科学精神——执着、创新、虚心、理性、求实、求真、实证 活动1： 请你选择一个人物，阅读与这个人物有关的情节，对人物身上体现的科学精神进行批注，并阐述你的批注理由 活动2： 人物身上的科学精神是通过作者的细节描写体现出来的，而人物身上的细节可以通过动作、表情和语言表现出来，请你选择细节描写的内容，想象细节描写背后人物的表现，将这种表现绘制在宣传画上 我选择的细节是＿＿＿＿＿＿，我将这个细节绘制成人物的＿＿＿＿＿＿＿＿，探索精神体现在＿＿＿＿＿＿＿＿＿	选择人物，结合人物有关情节，对人物做批注；通过绘制细节，探索人物精神

教学环节	教师为主的活动	学生为主的活动	设计意图
		示例： 我选的细节是阿罗纳克斯教授在潜水艇船舱中不停地追问潜水艇动力来源，因为对科学原理的不断探索体现出科学精神。我会在宣传画中描绘教授质疑和探寻的眼神 评价标准： 1. 寻找到的细节依据准确 2. 人物细节和场景相一致 3. 体现科学精神	
环节四： 写宣语 传精神	指导学生围绕科学精神设计宣传语	壁报展览即将开始，你们小组要把设计的宣传画张贴在壁报上，为了能更好地表达你们小组的宣传画的内涵，请设计一句宣传语来体现你们组的设计意图 活动： 请你围绕科学精神，为你的宣传画写一句宣传语，写出你的设计意图 我的宣传语是：＿＿＿＿＿＿＿＿＿，我的意图＿＿＿＿＿＿＿＿＿	围绕科学精神，为宣传画设计宣传语，形成对科学精神的再认识
作业布置		1. 继续阅读《海底两万里》并开展小课题研究 参考课题： ① "鹦鹉螺号"大揭秘 ② 尼摩船长身世之谜猜想 ③《海底两万里》悬念手法探究 ④《海底两万里》中的小百科（化学、地理、海洋生物、物理等） 2. 拓展阅读： 《海洋三部曲》的另外一部《神秘岛》	通过开展小课题研究，进一步探究名著中的人物形象及作品独特写法，完成阅读拓展，开阔学生眼界

板书设计
海底两万里 英勇　顽强　责任 科学　　幻想

四、教学评析

名著教学的复杂性在于，教师往往既要面对高深繁难、包罗万象的学习客体，又要面对理解力有限的幼稚的学习个体。如何将这两者有机地联系起来，实现和谐对接，是一个非常棘手的问题。这节《海底两万里》阅读探究课，教师在引发学生阅读和探究兴趣方面做了有益的尝试，值得借鉴。

首先，教师从学生的兴趣出发设计课堂，用宣传画情境活动贯穿课堂，体现语文的情境性、实践性、综合性，消除了学生与名著的隔阂，激发学生的兴趣。课堂一开场，教师引导学生用鱼骨图形式绘制了潜艇的航行路线，设计接龙活动，讲解海底探险故事。这个教学环节的设置符合初一学生的特点，充分调动了学生兴趣。在绘制路线、听讲故事的过程中，学生们对整部书的情节做了整体梳理，既检查了学生阅读情况，也完成了对整本书的整体感知，设计巧妙。在绘制宣传画的具体情境中，围绕作品核心科学幻想，教师引导学生选择典型场景、典型细节，并进行解说。这样的情境设置，既符合本部名著特点，又调动学生理解感悟探究，也切实培养了学生形成解释的思维能力。课堂的最后环节，教师指导学生围绕科学精神设计宣传语，这个学习任务需要学生把前面各项任务做分析比较，建立前后内容外在和内在的关联，有利于培养学生探究感悟、个性表达的综合能力。"课标"强调"欣赏文学作品，能有自己的情感体验，初步领悟作品的内涵，从中获得对自然、社会、人生的有益启示"，本节课教师引导学生设计宣传语环节，为学生表达个性体验、感悟启示设置了具体的情境，提供了适宜的平台，这个教学环节的设置成为整堂课的亮点。

其次，教师从学的视角进行教学设计和课堂教学，课堂中既关注学生阅读和观察的习惯方法引领，又给学生思维和拓展的空间，让学生的阅读学习有目标、有方法、有空间。几个重要环节中，教师提出活动任务，并且在学生出现问题时及时给出示例，给出语言表达的方法等，这样的教学，对学生思维点拨到位，也训练了学生组织语言简练表达的能力。

最后，恰当利用评价推进课堂，实现高效课堂，也是这堂课的亮点。课堂上将教师、学生个体和小组群体评价三者结合起来使用。针对学生学习的内容、学习习惯、学习方法、情感态度和合作学习等方面进行评价。用实事求是的评价，激励学生积极思维，营造热烈而又轻松和谐的学习氛围，把学生引导到评价中去，调动所有的学生关注评价、参与评价。学生在评价中交流，在交流中学习，在评价中得到进步并共同提高，在提高的过程中促进知识的生成。课堂评价本着如下的标准展开：用激励性评价促进学生主动参与学习过程，形成自信；用改进性评价帮助学生完善结果并深入探究，形成创新；用导向性评价帮助学生走出迷惑并解决疑惑，形成发现。课堂上，在整体认识环节，教师主要评价语言的建构与运用，主要从用词准确、内容概括全面、分析合理、表述有条理等方面进行评价；在研读人物环节，主要评价审美的鉴赏与创造，主要从品味词语、体会"科学"与"想象"、对比语段形成思考等方面进行评价；在读写结合得出启示环节，主要评价文化的传承与理解，主要从将名著阅读与生活实际建立联系、形成新的认识角度进行评价。整堂课评价及时准确，有利于学生准确认识自我学习，并引领学生学习探讨更加深入有效。

总之，教师在指导阅读《海底两万里》的过程中，不但围绕本部名著关键内容，把握名著阅读核心，更依据学生学习特点和文学作品特点设置具体学习情境，让学生在玩中学、学中玩，用教学方法引领学生的学习方法，这种名著教学方式值得借鉴。

深入深出，对接落地
——《傅雷家书》整本书阅读设计及评析

北京市陈经纶中学本部初中　熊素文

一、教学背景

1. 课程标准要求

《义务教育语文课程标准》（2011年版）中指出："要重视培养学生广泛的阅读兴趣，扩大阅读面，增加阅读量，提倡少做题，多读书，好读书，读好书，读整本的书。"

2. 学习任务分析

继续建构整本书的经验，体验读书乐趣，养成读书习惯，发展思维品质，掌握适合自己的读书方法，为一生的发展和人格的完善奠定基础，实现语文素养的全面提升。

（1）在阅读过程中，探索阅读整本书的门径，形成和积累自己阅读整本书的经验。指导学生综合运用精读、略读、浏览、梳理纲要、选择性阅读、批注点评等多种方法阅读整本书，读懂文本，整体把握书中重要观点和价值取向，反复阅读品味、深入探究，欣赏语言表达的精彩之处，理解其思想内容和艺术特色。

（2）确定阅读和学习目标，设计阅读任务和活动，运用选择性阅读方法，引导学生深入思考、讨论和交流，教师平等地参与交流，引导讨论与答疑，发展学生的思辨能力和语言表达能力，获得切实的阅读体验和收获，逐步深化读书经验，总结完善读书方法。

（3）联系个人经验，深入理解作品，享受读书的愉悦，在阅读中融入情感，生成个性化的体验，丰富自己的精神世界，丰富学生的人生经验，促进学生的思想发育和精神成长，引领学生走向更好的自己，完成自身的成长。

（4）走进作品营造的文化场域，受到文化的熏陶感染，提高自己的文化理解和传承能力。

3. 具体学情分析

八年级的学生步入人生比较成熟的阶段，人生观和价值观初步形成，对语文学科知识的领悟力和灵活运用能力较强。在学习的过程中，教师要注重结合学生的生活经验和成长经历，感悟作者在文章中表达的态度和信念，促进学生的成长；提升语文学科核心素养，培养学生浓厚的情感和理性精神。

学生已经初步掌握整本书的一些阅读方法，比如略读、浏览、精读、专题探究等，这个学期通过阅读《傅雷家书》，进一步掌握选择性阅读的读书方法，感受经典作品的丰富内涵，助力学生成长。

二、教学目标

（一）教学目标

1. 选择并阅读《傅雷家书》的有关章节，梳理家书内容，了解傅雷的人生态度。

2. 通过写信进行交流，进一步认识傅雷的人生态度。

3. 结合自己的成长体验和生活经历，领悟作品中的人生教益，表达自己的感悟。

（二）教学重难点及教学策略

1. 本课的重点在于进一步进行选择性阅读，分类梳理家书的内容，了解傅雷的人生态度。

教学策略：选择《傅雷家书》的部分章节，进一步分类梳理家书内容，了解傅雷的人生态度。

2. 本课的难点在于帮助学生进一步认识傅雷的人生态度，能够表达出自己的个性阅读感悟。

教学策略：小组研讨，写信点评，读出人生的教益，指导自己的成长。

三、教学过程

教学设计思路（教学结构图）		
教学环节教学活动		核心素养
环节一：选读梳理	选读梳理部分书信，了解傅雷的人生态度	审美鉴赏与创造 思维发展与提升
环节二：回信交流	小组讨论结局成因，写信谈认识，理解傅雷的人生态度	思维发展与提升 语言建构与运用
环节三：回味分享	认识感悟家书的家训思想，总结交流收获	文化传承与理解
主要教学过程		
教学环节	教师为主的活动	学生为主的活动	设计意图

教学环节	教师为主的活动	学生为主的活动	设计意图
环节一：读家书，梳内容	师生共同选择部分书信，指导学生阅读梳理，重组整合内容；进一步了解家书中体现的傅雷的人生态度	活动1：阅读《傅雷家书》之后，我们制作了"名人名语"书签，请你用朗读的方式，展示自己制作的名言书签 读《傅雷家书》，如欣赏一朵最后的玫瑰，我们一瓣一瓣地读出这朵玫瑰的馨香。今天，我们选择了部分书信，进一步走进傅雷的厚重温情，去了解认识家书中映照的傅雷的人生态度，探究其中的家风家教和文化传承 活动2：阅读这部名著，你会从中体会到傅雷的人生态度，他用自己的人生态度影响了儿子，请大家以小组为单位梳理部分家书的内容，概括傅雷在家书中传达的人生态度 "我一生做事总是，第一坦白，第二坦白，第三还是坦白。"——傅雷	指导学生运用选择性阅读方法阅读整本书，培养学生广泛的阅读兴趣，形成和积累自己阅读整本书的经验 通过梳理选择的部分书信，培养学生概括能力，着力审美鉴赏与创造、思维发展与提升素养的培养
环节二：写回信，谈认识	指导学生精读书信内容，进一步认识理解傅雷的人生态度，运用写信的方式，和傅雷进行思想交流，体会传统书信的优势作用，同时明确自己的	活动：作为读者，你读了家书后一定会对傅雷的人生态度有所认识，或认同，或异议，或疑问，请你就其中一个方面以写信的方式，交流你的看法 提示： (1) 听内容：观点是否明确自己的人生态度？是否紧密结合书信内容阐释观点	指导学生读懂文本，整体把握书中重要观点和价值取向，反复阅读品味，深入探究，欣赏语言表达的精彩之处，理解其思想内容和艺术特色。发

教学环节	教师为主的活动	学生为主的活动	设计意图
	人生态度，围绕观点有逻辑地表达交流	（2）听表述：表达是否有内在逻辑关系、层次清晰？阐释观点是否周严 【补充材料】《傅雷家书》的时代背景： 1956年，当时正是"双百"时期，民主气氛很浓，政策相对宽松，知识分子也比较敢于讲话了，可说是个黄金时期 1957年年底，"反右"开始了。情势急转直下，政治高压一浪高过一浪 1958年的"大跃进"运动（在《家书》中几乎没有提及） 1959年至1961年三年自然灾害，时事艰难，境遇痛苦（在逃避现实而不可得之情境下，冥想也成了一种解脱。傅雷动辄就出神于宇宙之外，遨游于太虚之间）。直至1966年，消极情绪时常可见。 1966年，"文革"开始	现、保护并支持学生阅读中的独特理解、体验和感悟 教学环节设计体现书信的实用性，深入进行选择性阅读交流，学生形成并表达自己的个性观点，发展学生语言建构与运用能力，同时发展与提升学生的思维能力
环节三：说收获，悟教益	引导学生将阅读体验和收获，逐步深化读书经验，表达自己的个性思考和感悟	《傅雷家书》的意义，远远超过了傅雷一家的范围。哲学家可以从《傅雷家书》中研究傅雷的思想、哲理；教育家可以从《傅雷家书》中研究教育子女的方式、方法；文学家可以从《傅雷家书》中研究散文笔法；艺术家可以从《傅雷家书》中汲取音乐、美术的营养…… 活动1：请大家聆听家长阅读的《傅雷家书》片段，谈谈你在聆听的时候心中是什么感受 活动2：走出家书，回味傅雷对孩子的人生教导，谈谈你的阅读收获 总结：有人说，傅聪，你真幸福，你有这样一个优秀的父亲！而我想说，我们每一个读者都是幸福的，因为我们在阅读中分享着儿子傅聪的幸福、父亲傅雷的幸福，去享受今天我们的"家"的幸福	指导学生把握书中重要观点和价值取向，深入理解作品的主题思想，获得切实的阅读体验和收获，逐步深化读书经验，总结完善读书方法，不仅读通作品，读懂作者，还要读出自己。在这一过程中注重培养审美鉴赏和创造能力，引导文化传承与理解

续表

教学环节	教师为主的活动	学生为主的活动	设计意图
布置作业	（任选一项完成） 1.《傅雷家书》中包含着傅雷的家训思想，请你进一步选择和"我家家训"有关的内容，阅读中进一步解读"我家家训"的内涵 2. 给《傅雷家书》写一篇前言或后记（可结合自己的阅读收获重新编排）		

板书设计
家书教子，苦心孤诣 ——《傅雷家书》阅读交流
赤子　　爱国　　淡泊名利　　第一做人　　　朴实的情感 真诚　　坚强　　惜时　　乐观　　……　　　真实的影子 独立思考　　自我批评　　坦诚相待　　　　　忠实的镜子

四、专家评析

专家评课一：

有幸再次走进陈经纶中学，老师们许多年在阅读上所做的工作以及作用于学生的成果都是有目共睹的，刚才苏老师已经就学校的阅读课程建设和本次活动主题做了发言，我接下来就熊素文老师的一节课说说我的点滴感受。

第一，今天熊老师带着学生阅读的是《傅雷家书》，这本书是八年级统编教材中必读书目。我想从整本书的阅读对于初中学生的教学价值这个角度来看这节课。大家知道，2018年1月高中新课标颁布，对于整本书阅读作为任务群在必修和选修中都有具体的教学目标和要求，对于整本书的阅读是最权威的政策性的阐释，整本书阅读"旨在拓宽学生的阅读视野，建构阅读整本书的经验，形成适合自己的阅读方法，提升学生的阅读鉴赏能力，养成良好的阅读习惯，促进学生对中华优秀传统文化、革命文化、社会主义先进文化的深入学习和思考，形成正确的世界观、人生观和价值观"。那么它到我们的语文教学中来，它是课程一个组成部分，它在课堂上，对于学生带来的语文核心素养的影响和效果是什么？熊老师在《傅雷家书》的整本书阅读中，让学生在通读的基础上，让学生选读并进行精读，把握作者的观点和价值取向，体现出整本书阅读对于传承优秀传统文化、形成学生价值观的引领是恰如其分的。

第二，体现出学生对于阅读成果和感受的展示。教学设计中两大阅读活动，学生根据阅读任务进行选读后的精读，与组内同学的分享和班级内成果展示，让学生在课堂上把阅读和表达的行为真实发生。课堂的深度变革，其实是思维的一种深度变革，就是把学生在课堂上表面的喧闹引入思维的轩然大波。熊老师的课堂用任务驱动把学生引入这种思维的轩然大波。这节课的阅读活动先是分类梳理，然后是给傅雷写信的活动，用这种方式把阅读和表达结合在一起，老师把课堂教学向纵深发展了。

第三，对学生进行中华优秀传统文化教育，作用于学生的心理成长和思想的成长。学生如何认识《傅雷家书》的意义？傅雷曾经说过，他给儿子写信有四个作用：讨论艺术，激发青年人的感想，训练儿子文笔和思想，自己做一面忠实的镜子，让儿子做一个德艺具备的艺术家。这些是通过文字呈现出来，需要让学生通过文字感受到。熊老师让学生读过以后和自己现在的理解相结合，表达自己的阅读体会。

当然，让学生深度思维并展示出来需要时间，学生之间的思维碰撞和相互激发，增强分享交流、建构阅读经验和认识，也需要时间，所以建议减少一些环节，适当做课前预习准备，课堂上给予充分时间让学生展示核碰撞，老师要充分关注学生的思维成长的过程，关注学生每个点滴的变化和发展程度，关注阅读鉴赏、表达交流、梳理探究中的一些细节，就像一个农民听到禾苗拔节的声音。学生的学习行为应该具有可感性，教学行为应该具有可视性。学习效果应该具有可检测性。学生的学习成果和获得感，就是可检测的学习效果。

（北京市基础教育研究中心中学语文教研室教研员、特级教师王彤彦老师）

专家评课二：

近年来重视阅读的呼声越来越高，语文老师为什么感到紧迫？需要思考自己所教的能力是不是学生和社会真正需要的素养和能力。

今天活动的学习主题选得比较好，清明节后万物生长，清朗与疏阔，而且今年是傅雷先生诞辰100周年，我们的老师有这样一份匠心特别好。熊老师的课是扎实呈现学生阅读收获的课，是很朴实的。老师想了一些办法，例如思维导图、小组合作、小书签奖励。有一个学生在写给傅雷先生的信中说："我觉得你限制了傅聪的成长。你限制了他的个性。"这节课上到这一刻，我觉得真正的东西出来了。这个学生不大认同傅雷家书中表达的东西，他促使我们思考：我们和傅雷家书之间隔着什么，我们的孩子和傅雷家书之间又隔着什么。熊老师课件中打出"双百"方针"反右"，对于学生甚至他们的父母都是太陌生了。这促使我思考：文本和经验之间的鸿沟和裂痕，如何跨越和弥补？冯老师汇报时候说，她们有一个家书家史系列，这个设计特别好，我很希望从《曾国藩家书》《颜氏家训》，一直到《傅雷家书》一本一本读下来，让我们理解作为一个生长在中国的、受到东方文化熏陶的知识分子，他秉承着怎样的精神气质，他的心中有怎样的家国情怀。傅雷是一个很丰富的个案，我们知道他留学归来到上海美专开了四门课：美术史、艺术论、名画家传及"法文"。他学贯中西，身上有一种中国古代大臣"死谏"的精神，所以今天熊老师的题目起得特别好，"苦心孤诣"，什么是"苦心"，什么是"孤诣"，如果我们没有对中国传统文化的脉络梳理出来去一一解读的话，我们对于苦心孤诣是读不懂，更别说这些小孩子了。所以我觉得这个资源包，这个主题课程，"以身教者从，以言教者讼"，我们学为人师、行为世范，我们的学生乐于跟随，但是我们只是言教的话就会引起很多争论和不满，《傅雷家书》全是文字里穿梭，那么他感动他儿子的力量是什么，感动后来多少中国人的力量又在哪里？这可能是傅雷家书中最关键的地方，需要我们的老师好好体会，把它找出来。

（北京师范大学杜霞教授）

五、教学反思

什么是经典？

经，常也，就是常理。典，范也，指重要的文献、典籍。经典，即万世常理之典范，永远通用的真理，亦即清儒所谓"万世教科书"（清·皮锡瑞《经学历史·经学开辟时代》）。在现代汉语中，广义来说，经典指具有典范性、权威性的作品或著作。同时，经典还具有普适性与耐久性，也就是说经典是适应于全人类的，是不过时的。如果只适合于某一类人，而另一类人不能读；或者在今日为经典，而百余年后无人观览。那么，就不能算是经典，只能说是某一地区或某一时段的时髦书而已。

由此，把《傅雷家书》作为经典指导学生阅读，我们首先要确定这部经典的文本价值、课堂价值、课程价值。《傅雷家书》的典范性、权威性是毋庸置疑的，虽然它有很强的时代背景，但是其中的家教家训、人生追求等思想感情是跨越时代的，所以它能够熠熠生光，对于后世是具有普适性和耐久性的，它能成为每位读者自己的经典，学生在逐步深入阅读的过程中形成自己的个性体验感悟，再有深度的交流，成就深度的思维提升。

1. 对接课程，素养落地

《义务教育语文课程标准》（2011年版）要求："语文课程应致力于学生语文素养的形成与发展。语文课程应激发和培育学生热爱祖国语文的思想感情，引导学生丰富语言的积累，培养语感，发展思维，……同时，语文课程还应通过优秀文化的熏陶感染，提高学生的思想道德修养和审美情趣，使他们逐步形成良好的个性和健全的人格，促进德、智、体、美诸方面的和谐发展。"

　　站在课程的角度，《傅雷家书》的教学价值就不仅仅是书信体文本的阅读，也不仅仅是单篇散文的阅读，在一片片书信厚重的温情中，我们要读出文化的传承和傅雷的人生态度，从而引领学生的价值观的形成。当然这也是依据整本书阅读"旨在拓宽学生的阅读视野，建构阅读整本书的经验，形成适合自己的阅读方法，提升学生的阅读鉴赏能力，养成良好的阅读习惯，促进学生对中华优秀传统文化、革命文化、社会主义先进文化的深入学习和思考，形成正确的世界观、人生观和价值观"。

　　《傅雷家书》的阅读进一步引导学生掌握选择性阅读方法和专题阅读的方法和规律，提高阅读的效率，指导学生感受和体验作品的情感，理解作者的人生态度，探究经典作品的意义和价值。课堂中两个任务的设计，就是本着立德树人的原则，以读写为主渠道，引导学生深入深出，培养学生的审美思辨能力，提升学生的语言建构与运用素养，实现学生综合能力的提升，让语文核心素养落地到学生的真实阅读中，落地到交流课堂中。

　　2. 对接素养，课堂落地

　　"欣赏文学作品，能有自己的情感体验，初步领悟作品的内涵，从中获得对自然、社会、人生的有益启示。对作品的思想感情倾向，能联系文化背景作出自己的评价；对作品中感人的情境和形象，能说出自己的体验；品味作品中富于表现力的语言。"根据新课标中有关阅读指导和评价的要求，本节课只设计了两个主任务：(1) 小组分类梳理部分家书的内容，概括傅雷在家书中传达的人生态度。(2) 作为读者，你读了家书后一定会对傅雷的人生态度有所认识，或认同，或异议，或疑问，请你就其中一个方面以写信的方式与傅雷进行交流。

　　这两个任务很明确、很简单，关键是过程中驱动小组活动和个人思考表达，读写、听说结合，运用导图梳理法、讨论探究法的学习方式让学生动口、动手、动脑。选择《傅雷家书》的部分章节，进一步分类梳理家书内容，了解傅雷的人生态度；运用写回信的方式，写评议的过程中，帮助学生进一步认识傅雷的人生态度，能够表达出自己的个性阅读感悟。运用小组研讨、回信点评，读出人生的教益，指导自己的成长。

　　在任务设计的过程中，老师的定位很重要，所谓贪多嚼不烂，要想课堂有实效，就要以最明确的任务和最大的空间给学生，让学生充分活动，在听说读写中，在语言建构与运用、思维发展与提升中，培养审美鉴赏与创造能力和文化传承与理解能力。比如第一个人的完成，学生小组梳理思维导图并展示表达、板书，学生运用选择性阅读方式，提炼自己的阅读感悟，合作交流中丰富自己的阅读体验。学生在展示中非常关注为人处世、爱国情感、艺术追求等方面的内容，大家谈赤子之心、爱国孝道、淡泊名利，谈真诚、坚强、惜时、乐观，谈独立思考、自我批评、坦诚相待，还有不忘初心，等等。在小组合作完成活动的过程中，老师赠送自制书签点评，还有小组间的互评，同学的点评和补充，整个课堂和谐融洽、充满人文情怀。而写信点评过程中，学生各抒己见，能够激发学生的潜能，树立学生的信心，培养学生的创新能力。课堂上，教师20%的主导作用和学生80%的主体作用都得到发挥，交流更加有效，任务驱动中，素养落地，文化熏陶落地。

3. 对接课堂，思维落地

经典阅读就要以学生自由阅读为主，教师要发挥画龙点睛的指导作用。长篇阅读一般经过三个阶段，老师的三节课得上在节骨眼上：导读课—指导探究课—分享交流课，在这个过程中，学生的思维随着阅读的推进逐渐深入。课堂中的互动是多方位的，是学生的真正阅读和思考。

让思维落地培养，列举几种课堂中采用的方式：（1）学生点评交流中，老师用傅雷名言书签提升学生认识，关注学生的阅读鉴赏能力；（2）小组梳理展示中，各小组标准不同，互相补充中提炼核心点，完善各自的思维导图，关注梳理探究的过程与收获；（3）教师总结概括，提升站位点的指导，给出"伦理"概念，提升学生思维的深度；（4）写信交流，深化学生的阅读感受，让学生表达出自己的个性思考和体会，结合自己的体验经历，汲取成长营养，最终有所获、有所感。

另外，作业设计进一步将课堂引向纵深，进一步结合家书和家训的有关内容，让学生进一步思考"我家家训"，运用书信表达方式巩固课堂成果，将交流进行到底。

旧时代小人物的辛酸命运

——《骆驼祥子》阅读教学实录

北京市陈经纶中学本部初中 申军娟

一、教学背景

1. 课程标准要求

引导学生通过整本书，激发阅读兴趣，养成阅读习惯，拓展阅读视野，建构阅读整本书的经验，形成适合自己的读书方法，提升阅读鉴赏能力，促进学生对中华优秀传统文化的学习和思考，全面提升语文核心素养，用名著中丰富的精神营养来浸润学生的心灵，为他们的终身学习和精神成长打底。

在阅读过程中，探索阅读整本书的门径，形成和积累自己阅读整本书的经验。指导学生综合运用精读、略读、浏览、拓展阅读、梳理纲要等多种方法阅读整本书，读懂文本，整体把握作品丰富的内涵和精髓。

通读整本书，整体把握其思想内容和艺术特色。从最使自己感动的故事、人物、场景、语言等各方面入手，反复阅读品味、深入探究，欣赏语言表达的精彩之处，梳理小说的感人场景乃至整体的艺术架构，理清人物关系，感受人物形象，探究人物的精神世界，体会小说的主旨。

确定阅读和学习目标，设计阅读任务和活动，引导学生深入思考、讨论和交流，提高学生听说读写的能力，提升语文核心素养，获得切实的阅读体验和收获。

联系个人经验，深入理解作品，享受读书的愉悦，走进作品呈现的他人世界，在他人的世界中思考自己的问题，在阅读中融入情感，生成个性化的体验，从作品中汲取营养，丰富自己的精神世界，丰富学生的人生经历，促进学生的思想发育和精神成长，引领学生走向更好的自己，完成自身的成长。

2. 学习任务分析

《骆驼祥子》是部编语文教材七年级下册必读的长篇名著篇目。《骆驼祥子》是老舍先生的代表作，1936年在青岛写成。这是一部以人力车夫祥子为中心，交织着北京穷苦社会世俗风情的作品。作品中的人物都在走着下坡路，从祥子、虎妞、小福子、二强子、老马祖孙，都在走向绝望、暗淡，由这些人物的悲剧构成了整个社会的大悲剧，真实反映了旧中国城市底层人民的苦难生活，以及这个过程中所经历的精神毁灭的悲剧。老舍通过这些人物写出了不合理的社会制度对下层劳动者生活空间的威压，有助于我们认识20世纪二三十年代旧中国城市社会的黑暗图景。如果进一步探究，会发现这部小说还有更深入的意蕴，能引发我们对人生、人性的思考，从而获得有益的启示。通过对《骆驼祥子》整本书的阅读与探究，掌握阅读整本书的方法，学会鉴赏人物形象，感受和体验作品思想情感，探究经典作品的意义和价值。

3. 具体学情分析

本节课的教学对象是七年级学生，《骆驼祥子》是学生进入初中阶段的第三本必读经典名著，上个学期阅读了《西游记》《朝花夕拾》，已经初步掌握整本书的一些阅读方法，比如略读、浏览、精读、专题探究等，这个学期通过阅读《骆驼祥子》，进一步掌握阅读长篇小说的方法，感受经典作品丰富的内涵。七年级学生读完《骆驼祥子》，能够大致把握小说的故事情节，梳理人物的主要经历，但还不能精准把握人物的内心世界以及人物复杂的性格特点，对于人物形象变化的原因存在困惑，对小说结局的安排存有疑虑，对于作品的主题思想、作者的创作意图还不甚明确，需要通过专门的名著教学进行阅读指导。

二、教学目标

1. 绘制祥子的人生曲线图，梳理祥子人生经历，理清人物心路历程。

2. 精读有关祥子的细节描写和主要情节，把握人物复杂的性格特点。

3. 阅读小说的结尾，与话剧改编后结尾进行比较，理解小说的主题。

三、教学重难点及教学策略

1. 教学重点及教学策略

本节课的重点在于，引导学生分析祥子这个人物形象变化的过程，体会祥子复杂的性格特点，教学策略采用"对照阅读"，是让学生结合和人物相关的主要情节以及细节描写进行分析，区分前后的差别，并能用一组词语进行准确概括。

2. 教学难点及突破策略

本节课的难点在于引导学生由祥子的个人悲剧，进而发现书中底层人物都是悲剧性的人物，由这些人物的悲剧构成了整个社会的大悲剧，真实反映了20世纪二三十年代旧中国城市底层人民的苦难生活，从而认识中国当时城市社会的黑暗图景。教学策略是通过小说和话剧结尾改编的比较，去思考探究小说的主题思想和作者的创作意图。小说的主题往往不是单一的，还可以引导学生进一步探究小说更丰富的思想价值，引导学生从人生、人性的角度思考小说的意蕴，从而获得有益的人生启示。

四、教学设计

环节一：

梳理人物经历，引导学生绘制人生曲线图，梳理人物的经历。

活动设计：请你结合《骆驼祥子》的相关内容，为祥子绘制人生曲线图，概括祥子起落的人生经历，并厘清人物的心路历程。

环节二：

分析人物形象，引导学生结合小说主要情节和人物细节描写，分析人物形象的变化过程，体会人物性格的复杂性。

活动设计：在《骆驼祥子》中，祥子的形象有什么变化？请你精读书中祥子的细节描写或主要情节，说说你对祥子这个人物形象的认识。

环节三：

探究小说主题，引导学生把小说结局和话剧结尾对比，思考小说的主题思想，感受作品对当时社会的批判，感悟作者对公平正义社会的热切呼唤。另外，在对比中提升学生的思维能力和审美鉴赏能力。

活动1：在小说的结尾，老舍先生为祥子设计了一个灰色的人生结局：祥子变成了一具没有灵魂也对生活失去希望的行尸走肉，作者这样设计小说结尾有何意图？

活动2：对比原著和话剧改编后的结尾，你认为哪个结尾更合理，并说说你的理由。

补充材料：

2014年版《骆驼祥子》话剧的结尾是这样的：祥子和小福子跟在虎妞的灵柩后，后来他们攀上古旧城墙的土坡，一束强光打到祥子和小福子的身上，祥子告诉小福子：他要到他不知道的地方去了，未来他一定会回来找小福子的。小福子深情地说："她等着。"然后，舞台转暗，全剧结束。

环节四：

分享收获启示，引导学生在读懂作品思想内涵基础上，结合自己的生活经历，分享得到的人生启示，再次感受作品的价值和意义所在。

活动设计：读完整部小说，也许你会联想到下面这些话题：人生的起起落落、人性的善恶挣扎、个人奋斗的悲剧、对公平正义社会的呼唤……请你结合作品内容或自己的生活经历，围绕对自己触动最深的一个话题谈谈你的阅读感受和启示。

五、重难点突破过程

《骆驼祥子》课堂实录

片段一：梳理心路历程

师：在祥子"三起三落"的过程中，他的心里究竟发生了怎样的变化呢？咱们以小组接龙的方式，每个组派一个代表来说说。

生："一起"请大家来看第一章的最后一页："拉了半年，他的希望更大了，照这样下去，干上二年，至多二年，他就又可以买辆车，一辆，两辆，他也可以开车厂子了。"从这里我可以体会到，祥子因为买上了车特别高兴，对未来充满了无限的美好的憧憬。

生："一落"在这本书的第16页第二段："吃苦，他不怕，可是再弄上一辆车不是随便一说就行的事，至少还得几年的工夫，过去的成功全算白饶，他得重打鼓另开张打头儿，祥子落了泪，他不但恨那些兵，而且恨世上的一切了。凭什么被欺悔到这个地步呢？凭什么？凭什么？他喊了出来。"这一段是祥子连人带车被那个兵抓走，他什么也没有了，他的车也被抢了去，我从这里可以体会到祥子心里非常悲哀，非常恨这个世界。

师："凭什么？凭什么？"请你读读这句话，读出祥子的心理。

生：我感觉到的是那种愤恨和悲伤。

生："二起"请大家看第21页的第五段："为什么不去卖了它们，再买上一辆车呢？他几乎要跳起来了，可是他没动，好像因为先前没有想到这样最自然最省事的办法而觉得应当惭愧似的。"这段主要是祥子刚刚从山里面逃出来，得到三匹骆驼，他想到可以把骆驼卖了，再买辆新车，感到非常开心。

师：又重拾起了希望。

生："二落"是祥子被孙侦探敲诈，我找的是第100页第一段："祥子想找一个地方坐下，把前前后后仔细想一遍，知道所有的事情，事情变化太快，他在脑子里追赶不上。"这里写出祥子此时内心其实非常恐惧、特别委屈，所有人都在欺负他，他感觉心里特别痛苦，也很绝望。

师：当存钱罐摔碎的那一刻，祥子的内心是怎样的？

生：祥子的心都要碎了。

生："三起"是虎妞给他买了二强子的车，请大家看第147页："他居然向她笑了笑，一个天真发自内心的笑，仿佛把以前的痛苦全部勾销，而笑着换了个新的世界，像换了件衣服那么容易痛快。"这里可以看出祥子心中重新燃起一丝希望，但祥子晓得这辆车的来历，这样不吉祥的车，这辆车以女儿换来而打死了老婆才出手的车，其实祥子并不喜欢这辆车。

师：买了这样一个不吉利的车，这时他的内心是怎样的？

生：既感到高兴，又感到痛苦，觉得拉这辆车不吉利。

师：不痛快，之前那种高兴更淡了。

生："三落"请大家跟我看第二十章的177页："祥子的车卖了，祥子像傻了一般，他只管往外掏钱，祥子的车又没了。"这时的他很绝望。

师：其他组有没有补充的？我们刚才有找直接描写心理的，有找语言描写的，还有没有别的？

生：我补充一下是"二落"，在101页的第三段："他在桥上立了许久，世界像是已经死去，没一点声音，没一点动静，灰白的雪花似乎得了机会，慌乱的，轻快的。一个劲往下落。"这里读出他在被孙侦探敲诈以后特别绝望，这段环境描写衬托了他的心理，好像世界都在跟他作对。

师：世界像是已经死去了，整个世界感觉都是灰色的，通过景物描写来写祥子的心理。其他地方还有没有也通过景物描写来写人物心理的？

生：祥子"二起"的时候，我找到的是第三章，刚开始说，整个屋子都是很黑暗的，然后又回到灰色，简直更黑了，有的地方成为灰紫的。

师：大家把这一段的颜色词圈出来。

生："大部分的天色是葡萄灰的，就待了一会儿，从门口透出明亮的金黄来，各种颜色都露出金光。"从色彩词看出来祥子心中一个新的希望升起来了。

师：一想到卖了骆驼，就马上可以又买一辆车，有希望了，所以天亮了，这个时候看它的颜色那种变化，有什么颜色呢？

生：红色。

生：金黄色。

生：还有绿色和蓝色。

师：蓝色、绿色，让人感受到一种希望。看来我们要写一个人的心理，梳理他这个心路历程，不光可以直接找描写心理的句子，还可以找什么？

生：可以找他的动作描写、神态描写。

生：还有环境描写。

师：我们来看一下祥子的心路历程：他是一次一次希望着，又一次一次绝望着，他这一生就是在希望和绝望之间挣扎着、撕扯着，那样一个曾经对生活充满了希望的祥子，现在坠入了绝望的深渊，希望再也没有亮起。

片段二：探究小说主题

师：对比原著和话剧改编后的结尾，你认为哪个结尾更合理，并说说你的理由。

生：我认为这两个结尾都有一定的道理。我觉得原著更能跟之前的祥子产生一个对比，祥子在黑暗的社会背景下，最后变成一个堕落的人。从话剧结尾来看，导演改编后的结局给人以希望，没有那种绝望感。

师：我想让大家想一想，这本书仅仅写了祥子一个人的悲剧吗？

生：我觉得祥子的命运代表了当时黑暗社会底层劳苦人民的命运。

师：我们看一看，除了祥子这个车夫之外，其他人的命运如何？

生：老马的孙子小马病死了，没有钱看病，老马就把车给卖了。二强子老婆死了，他又把车卖给了祥子。

生：虎妞是看车场的，她最后没有钱去请大夫，难产而死。

生：刘四爷，后来是把车厂卖掉了，去享福去了。但后来连自己的女儿葬在哪里都不知道，其实也算是一个悲剧人物。

生：还有小福子，生在长在大杂院里，本来自己的生活也过不好，后来是自己受了委屈，吊死，所以小福子也是一个悲剧。

师：看来书中所有的底层人都是悲剧的结局。这么多人其实就组成了一个时代的、一个社会的大悲剧。书当中有这么一段话：雨下给富人，也下给穷人；下给义人，也下给不义的人。其实，雨并不公道，因为下在一个没有公道的世界上。你有没有读出老舍的心声呢？

生：我觉得他想表达的意思就是当时的社会不公，雨本来就是很无辜的一个东西，它下在不公的世界上，它也变得不公道了。我觉得他可能想要表达像祥子那样的人，非常的无辜，他生在一个黑暗的社会，自然也变得堕落了。

师：其实老舍借祥子以及书当中其他一些底层人的命运，发出了对这个时代批判的声音，你觉得他仅仅是在批判吗？他内心还有没有一些渴望和呼唤呢？

生：他同情底层人民的命运，同情他们的遭遇，当时的社会就不给他们出路，让老舍很痛苦，他渴望着他们过上新的生活。

师：看来祥子的绝望，其实表达老舍对那个时代的绝望与批判，但是他内心是在热切地呼唤着，或者渴望着这些人过上一种新生活。

师：刚才同学说到这个话剧结尾，你看导演是这样说的：如果老舍他设计的结局是灰色的，那他设计的结局是一个蓝色的结局，留给了大家想象的空间，以及一丝期望。你同意不同意这观点？我觉得他是把老舍内心那种渴望与呼唤给直观化了，所以让我们能看到希望。可能我们在看的时候，特别期望他有一个美好的结局。

六、教学反思

（一）巧用思维导图，梳理人物经历

中国传统小说很少是以一个人为主角的，如《红楼梦》写了一大群人，《水浒传》一写就是一百零八将，而老舍的《骆驼祥子》是以一个人的生活经历为主线的小说，它是现代文学史上一种新型的小说，通过一个人的悲欢离合写出了一个时代的风云变幻，通过一个人的悲剧写出了一个时代的悲剧。

如何让学生准确把握祥子的人生经历，我采用了让学生为祥子绘制人生曲线图的方式，多数同学绘制了祥子三起三落的人生曲线图；而有的同学结合整本书24个章节主要内容，对祥子的人生经历做了细致的梳理，绘制出来的是祥子多起多落的人生曲线图；还有的同学很有创意，画了一个骆驼形象，巧妙地勾勒出了祥子起落的人生经历。

在展示同学人生曲线图的基础上，我让学生来总结梳理整本书的人物经历或梳理整本书的故事情节的方法。于是，学生发现了可以抓住书中关键词，主要事件，也可以结合每一章节主要内容，还可以结合书名进行联想式的梳理。

语文课不是教教材，而是用教材教，在梳理祥子人生经历的基础上，学生收获了梳理整本书故事情节的方法，可以迁移到今后阅读其他一些名著中去。

在梳理祥子三起三落人生曲线的基础上，利用学生在黑板上绘制的曲线图，引导学生结合书中表现祥子心理的文字，梳理出了祥子的心路历程。

在这个过程中，学生发现表现一个人的心理，不仅可以直接描写人物心理，还可以通过人物的语言、动作、神态、外貌等去表现人物心理；而且还可以通过景物描写去衬托人物心理，通过景物描写的对比，发现了祥子心理的变化。例如：第三章前边写道："夜还很黑，空中有些湿冷的雾气，心中更觉得渺茫。"这里通过夜的黑衬托祥子渺茫的心理。而后边当祥子想到可以卖掉骆驼再去买一辆车的时候，这时天也越来越亮了，书中出现了一系列鲜亮的色彩词：红色、金黄色、蓝色、绿色，"仿佛一切的东西都带着笑意"，这一组色彩词和前边夜色的黑形成了鲜明的对比，让人明显感受到祥子心理的变化过程，随着天由黑转亮，祥子的心也由渺茫变得有了希望。

在学生梳理祥子心路历程的基础上，教师作出小结：祥子的人生就是在希望和绝望之间挣扎着、撕扯着，在经历了一次次的打击之后，曾经对生活充满热切希望的祥子完全坠入了绝望的深渊，心中再也没有亮起希望的曙光。

（二）通过对比细节，深入人物形象

在三起三落的人生经历中，祥子的形象发生了很大的变化，那么他究竟发生了怎样的变化呢？

我先给了学生两处祥子的语言描写："坐上吧，瞧着给！"他的样子是那么诚实，脸上是那么简单可爱；"病了一大场，差点死了！你和先生说说，帮我一步，当我好利落了再来上工！"祥子把早已编好的话，简单地、动人地说出。

学生在对比朗读中，发现祥子由一个朴实的人变成了一个狡诈的人。接下来，我让学生以小组合作的方式在书中查找祥子的细节描写或主要情节，去发现祥子前后形象的变化，于是，学生找到了很多祥子前后变化的细节，在对比中，对祥子的形象有了立体、丰满的认识。

在学生梳理祥子形象的基础上，教师作出小结：原本那个像骆驼一样健壮、勤劳、善良、坚韧、要强上进的祥子变成了一个病弱、懒惰、邪恶、颓废堕落、没有灵魂也没有了希望的行尸走肉。一个曾经那么可敬可爱的祥子变成了一个如此可悲可叹的祥子。

（三）通过对比鉴赏，探究作品主题

在读懂祥子这个人物形象的基础上，让学生把老舍先生的原著结尾和话剧改编后的结尾进行对比鉴赏，意在引导学生深入理解小说主题。

这个过程中，学生形成了激烈的争论，然后教师追问：在书中，仅仅是祥子这一个人力车夫是悲剧的结局吗？其他的人力车夫，其他的底层人的结局又如何呢？

然后学生就会发现：作品中的人物都在走着下坡路，从祥子、二强子、老马祖孙、小福子、虎妞，到曾经威扬一时的刘四爷，都在走向绝望、暗淡。由这些人物的悲剧构成了整个社会的大悲剧。

祥子的悲剧不仅是那个时代洋车夫的悲剧，更是底层百姓普遍的悲剧，老舍通过写祥子的悲剧发出了对那个时代批判的声音，其实内心深处在热切呼唤着一个新时代的到来。话剧正是把老舍内心深处的渴望直观化了，让我们看到了未来的希望。

然后补充顾威导演的设计意图：老舍先生作品的结尾是灰色的，让人对祥子的命运感到无比的绝望、凄凉；而我导演的版本，结尾是蓝色的，比较平静宽容，如果用标点来比喻，就是一个省略号，有一点开放式，我想带给观众想象与希望。

通过对比不同艺术形式，打开了学生的思维，同时学生也收获了比较鉴赏的方法。

最后，出示活动任务：读完《骆驼祥子》这部小说，你也许会联想到一些与小说主人公、与作者的愿望有关的话题，如人生的起起落落、人性的善恶挣扎、个人奋斗的悲剧、对公平正义社会的呼唤……请你结合作品内容或自己的生活经历，选择其中的一个话题谈谈你的阅读感受或启示。

通过这个任务的完成，学生说出了自己内心真实的想法，谈出了对这本小说真实的感受，有的同学从祥子曲折的人生经历，发现每个人的生活都是一条曲线，所以身处顺境要谨慎小心，身处逆境要坚韧不拔；有的同学结合祥子个人奋斗的悲剧，说道：要团结互助才能成就大事；有的同学结合今天的社会，说道：要珍惜今天的幸福生活……

通过对《骆驼祥子》整本书的阅读教学设计，初步摸索出了引导学生进行长篇小说阅读的方法，即：巧用思维导图，梳理人物经历；通过对比细节，深入人物形象；通过对比鉴赏，探究作品主题。

《海底两万里》整本书教学设计及评析

北京市陈经纶中学保利分校　徐营根

一、教学背景

1. 课程标准要求

《义务教育语文课程标准》（2011年版）中对第四学段学生阅读和写作能力提出以下要求："欣赏文学作品，有自己的情感体验，初步领悟作品的内涵，从中获得对自然、社会、人生的有益启示。对作品中感人的情境和形象，能说出自己的体验；品味作品中富于表现力的语言。""能利用图书馆、网络搜集自己需要的信息和资料，帮助阅读。""多角度观察生活，发现生活的丰富多彩，能抓住事物的特征，有自己的感受和认识，表达力求有创意。"

基于以上要求，本节课我引导学生在初步阅读名著的基础上，调动所学地理知识自主创作阅读导图理清情节，并在课堂上交流分享。还指导学生运用批注法分析人物形象，通过质疑讨论，剖析尼摩船长的多元性格。让学生在查阅资料后整合历史知识，深入把握人物的精神内涵。最后指导学生拟写现代诗、短句、对联等去品评尼摩船长，以加深对本书主旨的理解。

2. 学习任务分析

本课是《海底两万里》名著阅读的一节指导课。在学生进行整本书初步阅读后，略去跳读部分，运用批注的方法抓住重要章节，紧扣小说主要人物尼摩船长的形象特点展开分析。通过梳理尼摩船长选择的航程，关注尼摩船长的优秀精神品质，探究他多元的性格特点，并结合阅读体验评价尼摩船长，从而高效地完成本课的名著指导教学。

3. 具体学情分析

七年级的学生对科幻小说有好奇心，学习兴趣较浓，但精读批注能力和跨学科思考问题的综合素养有限，对涉及多学科的小说解读还是有一定难度。经过寒假的阅读和前期作业，学生们对尼摩船长这一形象有了一定了解。教师搭设台阶科学指导，学生便能拾级而上，学会运用多种方法多角度深入理解小说主要人物的精神内涵。

二、**教学目标**

（一）教学目标

1. 通过阅读导图作业展示，自主梳理重要的探险情节。

2. 运用批注的方法抓住重要章节，引导学生全面分析尼摩船长这一主要人物。

3. 结合阅读体验和资料探究，通过拟写现代诗、短句、对联等形式自主评价尼摩船长，感悟尼摩船长献身科学的探索精神和反对一切压迫和殖民主义的斗争精神。

（二）教学重难点及教学策略

1. 通过航行图作业展示，引导学生按照航行线路自主梳理鹦鹉螺号的主要探险情节。

2. 运用批注的方法抓住重要章节，引导学生全面把握尼摩船长这一主要人物的形象特点，体会尼摩船长的献身科学的探索精神。

3. 观看电影片段，赏析人物台词，体会人物内心的挣扎和苦痛，感悟尼摩船长反对一切压迫和殖民主义的斗争精神。

4. 通过拟写现代诗、短句、对联等形式，运用诗化的语言讴歌尼摩船长献身科学的探索精神和反对一切压迫与殖民主义的斗争精神，全面深入地把握人物的形象特点。

三、教学过程

教学环节和教学活动	
环节一：解书名　探航程	从书名入手，激发兴趣，引导学生根据航海图分享小说故事情节
环节二：析形象　品精神	参照批注示例，引导学生通过批注品读人物伟大的精神
环节三：寻人性　解尼摩	品读人物台词，结合历史材料多角度理解人物精神实质
环节四：赠诗语　寄深情	尝试用个性化的语言，表达自己对人物的理解，感悟尼摩船长献身科学的探索精神和反对一切压迫与殖民主义的斗争精神

主要教学过程			
教学环节	教师为主的活动	学生为主的活动	设计意图
环节一：解书名探航程	教师引导学生从题目入手，梳理整本书的主要情节，要求学生以小组为单位对照自制航海图，交流分享尼摩船长的航海经历	活动1：去伪存真 同学们阅读了《海底两万里》这本书，在阅读过程中，一位同学对这本书的名字非常感兴趣，他提出了一个问题：题目《海底两万里》中的"两万里"如何理解，请你探究并回答这个问题 活动2：航程回眸 阅读科幻小说可以使用思维导图的方法梳理情节，请同学们结合你的思维导图，简单介绍尼摩船长等人在航海过程中有过哪些探险经历 要求：语言简洁。人物经历包含地点和事件的经过和结果	引导学生关注整本书的阅读效果。通过理解题目，结合学生自主预习阅读导图作业梳理小说重要情节，展示了跳读和整本书的阅读成果
环节二：析形象品精神	教师下发本书海底狩猎、珊瑚岛智退土著人、珊瑚墓园安葬船员、斗鲨鱼救采珠人、南极脱险、南美洲斗章鱼等重点章节片段节选。指导学生按照批注示例进行自主批注，分析尼摩船长的精神和性格特点，然后分享交流	活动1：评价船长 请你们再次阅读海底狩猎、珊瑚岛智退土著人、珊瑚墓园安葬船员、斗鲨鱼救采珠人、南极脱险、南美洲斗章鱼这几个章节的片段内容。参照示例，结合具体的词句对尼摩船长的形象特点进行批注 示例： 当尼摩船长从衣服口袋中取出一个珍珠囊，放在他手中时，他心中会怎样想呢？这位水中人给锡	通过师生分享，学生学习运用批注方法，品析尼莫船长性格特点和精神品格。把握尼摩船长这一正面形象，感受一个科学探索者的仁爱、责任、智慧、坚韧

教学环节	教师为主的活动	学生为主的活动	设计意图
		兰岛的穷苦印度人的贵重施舍物，由一只发抖的手接过去了。在他惊奇的眼睛里表示出了救他的性命和给他财产的，一定是不可思议的超人的神灵 一上了小艇，各人有艇上水手的帮助，解开了沉重的铜脑盖。尼摩船长的第一句话是对加拿大人说的，他说："兰师傅，谢谢您。" "船长，那是我对您的报答，"尼德·兰回答，"我应该报答您。" 一个轻淡的微笑在船长的嘴唇间露出来，此外并没有一句别的话了 批注："取、放"——两个动词体现尼摩船长慷慨大方、富有同情心，真是具有高尚的品格 "兰师傅，谢谢您。"——尼摩船长上船第一句话不忘向素有不睦的尼德·兰感恩，想到了《弟子规》里那句"恩欲报，怨欲忘"	
环节三：寻人性解尼摩	教师引导学生发现问题，并通过观看电影片段品析人物台词，体会人物内心的挣扎和苦痛，再结合历史资料多角度解读尼摩船长这一主要人物	活动1：寻根探源 请大家观看电影片段，认真品味尼摩船长与"我"的对话，阅读老师提供的人物台词，分析尼摩船长向军舰发动进攻的原因，体会尼摩船长的多元性格 人物台词： 尼摩船长：我叫你别到处乱跑，教授 阿龙纳斯：你刚刚和我一起找你上岸上去，让我看到了人性里残酷的一面。为什么？难道是要为这找个正当的借口？你不但是个凶手，还是个伪君子。这一切都是证据	引导学生通过质疑反思，分析尼摩船长的多元化性格，深入了解作者创作尼摩的原因。体会尼摩船长船长作为反殖民战士的斗争精神

续表

教学环节	教师为主的活动	学生为主的活动	设计意图
		尼摩船长：你称这个叫"杀生"？我杀这些人是为了要能拯救千千万万的人。他们才是凶手、战争贩子！而我是复仇者！难道杀生只是那邪恶国家的专利吗？他们夺走了我的一切，除了我这潜艇的秘密，以及他的动力秘密。他们要我把这一切招出来。他们将我关在狱中，当他们无法得手之后，他们将我的妻子和孩子折磨致死。你了解爱的意义吗，教授？ 阿龙纳斯：我想我是了解的 尼摩船长：但你所不了解的是，仇恨的力量！他就和爱一样，能够占据一个人的心灵 阿龙纳斯：我为你感到难过，那却是个令人难受的替代品	
环节四：赠诗语寄深情	教师补充下文，引导学生用个性化的语言表达自己对尼摩形象的独特感悟并进行创作展示	活动1：诗语赠言 走出《海底两万里》，你对主人公一定有了新的认识，请你通过拟写现代诗、短句、对联等形式评价尼摩船长，感悟尼摩船长献身科学的探索精神和反对一切压迫与殖民主义的斗争精神 要求： 1. 结合相关情节全面评价人物 2. 语言生动，至少使用一种修辞手法	在理解尼摩船长这一人物形象的基础上，引导学生用诗化的语言，从献身科学的探索者和反殖民主义的战士两个方面全面把握尼摩船长这一伟大的人物，培养个性化评价能力，涵养诗情
作业布置	运用批注方法，结合全书内容自主批注康塞尔、尼德·兰两个人物，把握小说其他主要人物形象特点，体会小说的艺术魅力		

四、自我评析

　　这是一堂很精彩的名著阅读指导课。我在听课过程中感受到了同学们对名著阅读的热爱。他们认认真真深入地阅读、研讨、交流、分享，在整个课堂中他们都是积极活跃的，言语中透着兴奋与喜悦，讨论中体现着积极与主动，分享时带着激动与自豪。不知不觉地在轻松愉悦的氛围中一堂课就结束了，感觉这节课过得很快。又感觉这节课很长，这堂课是师生和尼摩船长进行的一次漫长的旅行，有着太多太多趣味盎然的经历。这堂课也是深入尼摩船长内心的一次心灵旅行，感受尼摩船长探索的乐趣和他内心的痛苦与仇恨。我想同学们跟着老师真是过了一把探究的瘾。这得益于授课教师高屋建瓴的设计、深入浅出的引导、全身心的激情迸发式的情感投入。教师用自己对名著的爱感染着学生，激发了学生对名著阅读的爱，又因指导得法，使这堂课异彩纷呈。主要优点如下：

1. 目标明确，设计巧妙。

教师能站在新时代的高度去探究和发掘名著的内涵，精准定位名著阅读的时代意义。引导学生感悟尼摩船长献身科学的探索精神和反对一切压迫与殖民主义的斗争精神，既落实立德树人，又避免学生对名著片面的解读和浅尝辄止的理解，培养了学生思维的全面性和深刻性。接下来就是精心的阅读教学设计，给学生搭建了一个更大、更有效的交流分享展示提升的平台。围绕主问题去设计各个教学环节，使课堂教学主线分明、环节紧凑、重点突出。首先，在这次的阅读指导课上，学生在完成小型世界地图的基础上又合作完成了大型世界地图，学生自己在图上标出海底航行路线，再标出主要的人物和情节，然后在课上小组展示，确保了人人参与人人受益，师生和尼摩船长一起旅行，感受科学探险的乐趣。其次，在阅读过程中，教师给予学生非常充分的阅读方法的指导，如整理情节、梳理人物关系、绘制地图、圈点批注等，学生有了正确方法的引导，阅读效果非常好。尤其是利用圈点批注法分析尼摩船长的人物形象，这是用语文方法解决阅读问题，将人物分析落到实处而不是贴标签式的解读。最后，教师本身的深度阅读，对学生起了很好的引领示范作用，教师对名著的喜爱之情调动了学生阅读名著的兴趣，把平时阅读《海底两万里》最直观的感受与学生分享，更是激发了学生阅读的热情和探究的好奇心。特别是教师在阅读关键处的质疑，引发学生思考，将课堂探究推向高潮。最后，学生用个性化的语言表达对尼摩船长的理解，这是学生在实践中运用语言，也是检测学生对尼摩船长这一人物形象理解得是否全面深刻的重要评价手段。

2. 内外延伸，阅读深入。

一堂好课绝对不仅仅是课堂上的热热闹闹，它应该沟通课堂内外，将学生的课内学习和课外学习结合起来，将学生的学习和生活结合起来，得法于课堂指导的是学生的学习生活。名著阅读课尤其如此，它是一个完整的过程。这堂课是学生在课外充分阅读名著的基础上进行的阅读指导和分享课。学生在课上有了精彩的表现和意想不到的生成应该归功于课前所花的功夫。在阅读名著之前，教师相信学生，充分尊重和调动学生的自主性，将学生分为若干个学习小组，指导学生以小组为单位制订阅读计划、写阅读笔记、做批注、查资料，因为课外指导的功夫用得足，所以学生读《海底两万里》读得非常认真仔细，课上学生小组合作讨论就能落到实处。反过来，学生课上收获大又促进他们积极进行课外阅读，形成良性循环。我相信，课后作业"运用批注方法，结合全书内容自主批注康塞尔、尼德·兰两个人物，把握小说其他主要人物形象特点，体会小说的艺术魅力"，一定会有更多意外的惊喜。

3. 学科融合，引导得法。

在明确的目标引领下，学生带着任务去学习和探究离不开一些必要的行之有效的方法和手段。跨学科整合是目前行之有效的解决学习重点难点问题的办法之一。跨学科整合能够深度挖掘名著的时代内涵和审美价值，落实立德树人。这节课，与地理学科整合，教师指导学生利用世界地图、手绘地图和地球仪，梳理《海底两万里》的相关情节，使小说曲折复杂的情节变得更加直观并形成思维链。与历史学科整合，让学生深入理解殖民时代的特征，把握尼摩船长复杂的思想情感，理解小说的主题。又结合中国近代历史的特点和新时代的特征，把握尼摩船长勇于探索、不畏艰难、追求真理、维护正义这一光辉形象的时代价值，将阅读活动与立德树人很好地结合起来。这样跨学科整合，不是简单生硬地把两个学科拼在一起，而是利用多学科的知识解决名著阅读的重点和难点问题。这样的学科整合让课堂立即变得立体、鲜活、生动起来，它对学生的指导意义是非常深刻的，它对学生提升语文素养的影响是深远的。

第二节　整本书阅读的教学方略

整本书阅读需要的是真读，真读即读者自己进行个性化的体验与创造。例如思辨读写策略，一是充分的原生态阅读，二是强调对主旨与内容的批判性理解，三是开展包括转化性写作在内的表达训练。在整本书阅读与反复品味中梳理情节、把握人物、关注环境与细节是原生态阅读的任务。这种阅读状态就像温儒敏先生所说的玩赏性的"连滚带爬"。这个阶段的教学设计，重在引导、督促和管理学生的阅读活动。

在整本书阅读实施上有许多方法，项目式学习和专题阅读就是两种不错的方法。项目式学习，就要把整本书当成一个项目系统进行整体规划，教师要事先设计好学习任务，让学生在完成任务的同时得到激励，可以用星级评价或者积分评价学生在合作学习中的表现，用这种方法对学生进行过程的管理。主题教学就是以主题引领，围绕主题设计学习任务，如读《论语》，仁、义、礼、智、信都可以做主题，围绕主题切入文本内容，开展学生之间的讨论活动，深化文本的阅读与理解。

一、整本书阅读的教学方略

1. 前后勾连，整体把握

读整本书，进去容易出来难。进去了，被一鳞半爪所吸引，全然不顾前后左右，必然形成片面认识，而瞻前顾后，拉出几条线来，就会形成完整认知，对人事景物及其关系的把握就要准得多。例如：在阅读《鲁滨孙漂流记》这本名著过程中，教师可以布置书面表达作业，一是以鲁滨孙的名义，根据自己28年的孤岛生存经验，写一份"孤岛求生指南"；二是以晚年鲁滨孙的口吻，回顾自己传奇的一生。这样的设计，引导学生在阅读中对情节和故事进行前后勾连，从整体上把握名著的内容，形成对书的整体印象。

2. 深层品味，体会意蕴

整本书里有立体、完整和充分的生命场，带给学生充沛而巨大的冲击与影响，这个生命场需要教学引导才能帮助学生打开。整本书阅读的学习任务和目标不像单篇课文那样集中和明确，阅读过程既费时力，又耗心血，学生收获的不是一地鸡毛，便是一堆概念，整本书阅读教学课堂指导显得非常必要。因此学生深读作品、精读作品，真正沉浸到作品中体会其中的意蕴是非常重要的。

对经典作品的整本书阅读，应该着重阅读过程的落实，只有学生真正阅读进去了，有了自己的阅读体验，才会有自己的感悟、思考和收获。经典对阅读者的熏陶，是在阅读者阅读的过程中春风化雨润物无声实现的。文学作品多含隐喻，需要把握言外之意、象外之旨，否则就可能歪曲事实，很难进入故事情境，也就把握不住人物心理、环境特质，否则就会把书读散了，还可能导致曲解内容或者主旨。

3. 情动于中，问疑结合

学生阅读的过程是一个情动的过程，还是一个思考的过程，更是一个见识形成的过程。"情""思""识"恰是阅读的主要思维活动，也是学生在阅读之后进行写作的关键内因。整本书阅读不仅要致力于阅读能力的提升，还要致力于学生写作内因的培养，通过阅读打通写作的关口，通过写作加深阅读的体悟。当学生有一定的情感积淀，有一定的思考深度，乃至形成某些观点和看法时，指导学生表达自己阅读时的情感、思想和见解才会有效果。在建立读写联系的过程中，指导学生采用想象的方式进行阅读。例如：想象你就是书中的某个人物，根据"你"的经历和感受写一本日记；创作一首诗歌、歌曲或一个故事来表现书中的人物、冲突或主题；根据书中的某一人物或情节画一张画或图表，并作出相应的详细解释；想象对书中某一人物进行采访，你可以问他书中有关的内容，也可以问他其他问题，用你自己的语气提问，然后用该人物的语气进行回答。

整本书阅读还是探究性、研究性较强的学习活动，在阅读过程中，特别是在阅读指导课上，教师应该侧重培养学生读书时质疑和提问的能力。例如：学生自己发现和提出问题，问题提出后可以由教师来解答，也可以启发学生回答，还可以让同学讨论。不论问题由谁解决，答案都不是最重要的，重要的是培养学生去"疑"，鼓励学生会"问"。学生无论提出什么样的问题，其中一定有与语文学科密切相关的，当然，也会出现与语文关系不大的；有问得清楚的，有问得不清楚的；有的问题富有研究价值，有的问题缺少研究价值，无论是什么样的问题都是宝贵的教学资源。我们应该珍视这些真实问题，将这些问题作为教学的资源，与学生一起分析、修正、筛选、归类和研究，引导学生聚焦核心问题，教师对学生进行恰当的引导和梳理，将学生的问题与阅读探究有机结合起来。

二、整本书精读实施案例

《活着》整本书教学设计及评析

北京市陈经纶中学保利分校　冯清颖

一、教学背景

1. 课程标准要求

《义务教育语文课程标准》（2011年版）中对关于阅读教学的相关表述是："阅读是学生的个性化行为。阅读教学要引导学生钻研文本，在主动积极的思维和情感活动中，加深理解和体验，有所感悟和思考，受到情感熏陶，获得思想启迪，享受审美乐趣。"

"欣赏文学作品，有自己的情感体验，初步领悟作品的内涵，从中获得对自然、社会、人生的有益启示。对作品中感人的情境和形象，能说出自己的体验；品味作品中富于表现力的语言。"

基于以上要求，我设计了这节课。在珍视学生独特的感受、体验和理解的基础上，加强对学生阅读的指导、引领和点拨。不以模式化的解读来代替学生的体验和思考；训练学生通过合作学习解决阅读中的问题，注重培养学生感受、理解、欣赏和评价的能力。

2. 学习任务分析

学生阅读本书已经有一周，对于本书，学生比较感兴趣，虽然阅读的字面难度不大，但小说的主题到底是什么，学生存有争议。

如果从旁观者的角度看，《活着》的主人公福贵的一生，除了苦难还是苦难，其他什么都没有；可是当福贵从自己的角度来讲述一生时，他苦难的经历立刻充满了幸福和欢乐。他相信自己的妻子是世上最好的妻子，他相信自己的子女也是世上最好的子女，还有他的女婿、他的外孙，还有那头也叫福贵的老牛，还有曾经一起生活过的朋友们，还有生活的点点滴滴。

"《活着》里的福贵，让我相信，生活是属于每个人自己的感受，不属于任何别人的看法。我写《活着》这篇小说，写人对苦难的承受能力，对世界乐观的态度。写作过程让我明白：人是为活着本身而活着的，而不是为活着之外的任何事物所活着。"（余华自序）所以，这节课，教师力图通过交流分享，引导学生读出作者的意图，读出自己的不同感受。

　　3. 具体学情分析

　　本节课教学对象是八年级优班学生，他们的特点是思维活跃，善于质疑，喜欢以合作的方式解决问题，并有良好的阅读写作积累。但是对于小说主题的理解还只是停留于文字表面，容易被特殊社会背景下的特殊个人经历误导，认为人生是虚无的，可以不作为。所以，本节课的教学正是围绕如何理解主题展开，解决学生的阅读困惑，满足学生的阅读和成长需求。

　　二、教学目标

　　（一）教学目标

　　1. 通过感知情节、品读细节，引领学生感知文本内容的压抑和沉重，以及字里行间的乐观和坚强。

　　2. 通过交流阅读体验，领悟主题，并联系实际，让学生在感知文本的冷峻和理性的语言风格的同时，获得对人生的有益启示。

　　（二）教学重难点及教学策略

　　教学重点：通过感知情节，品读细节，引领学生感知文本内容的压抑和沉重以及字里行间的乐观和坚强。相应的教学策略包括：引导学生细读文本，通过批注的方式，感知文本字里行间的乐观和坚强。并通过教师的示范降低难度，给学生一个抓手。之后在小组合作探讨交流中深入理解本作品的主题。

　　教学难点：通过悟主题，在感知文本的冷峻和理性的同时，助力学生形成正确的价值观和世界观。相应的突破策略包括：尊重学生的阅读初体验，通过小组主题词式的交流研讨，在共鸣和质疑中激发更多的体悟，感知文本的冷峻和理性的语言风格。再通过教师配备的资料助读使学生认可作者想传达的主题：活着就是为了活着本身。之后设计两个开放的话题：1. 你觉得"佛系少年"的人生观和余华在《活着》传达的人生观相同吗？2. 请你结合本节课的所学，劝一劝癌症性格的人！试图使学生联系实际，区分不同时代的人对理想追求的不同态度。

三、教学过程

教学环节和教学活动	
环节一：知情节	通过提问引领学生梳理课文的主要情节
环节二：品细节	通过提供批注样例，引导学生当堂批注，便于文本的阅读走向纵深
环节三：悟主题	通过主题词的展示，感知文本冷峻和理性的语言风格
环节四：联实际	通过提供两个开放性话题，引导学生客观看待时代对于人生的意义

主要教学过程			
教学环节	教师为主的活动	学生为主的活动	设计意图
环节一：知情节	引导学生梳理小说中最感兴趣的人物去世时间以及去世原因	活动： 选择一位你印象最深的人物，说一下她/他的去世时间以及原因	通过"活着中的死去"，梳理文中人物的结局以及原因，感知文本内容的压抑和沉重
环节二：品细节	展示常见的批注方法，引导学生对于文本的阅读走向纵深	活动： 请你根据下面的提示，再次走进小说，选择书中能体现"活着中的那些乐观、坚强"的人物进行批注 方法指导： 小说自主批注法 细批： 第一步：赏析批（从小说人物视角出发进行鉴赏批注） 第二步：联想批（由此情节联想到生活中或其他书中人物及事件） 第三步：质疑批（对作者所写内容有所质疑）	通过"死前的乐观和坚强"，批注感知人物内心的乐观和坚强
环节三：悟主题	教师展示学生阅读本书后提炼的主题关键词，并自由分组展示、交流	活动1： 倾听不同组的小说主题关键词的阐述，或补充或质疑 主题词：救赎、轮回、不争之争、遇见、珍惜、向死而生	尊重学生的阅读初体验，在交流的共鸣和质疑中激发更

教学环节	教师为主的活动	学生为主的活动	设计意图
	阅读感受；随时观察、把控课堂的走向；通过适时的追问引导学生不断深入思考	活动2： 请你阅读助读资料，谈谈作者想表达的主题是什么，请参照下面的句式进行概括 推荐句式：活着是——，而不是—— 助读资料1： 《活着》里的福贵经历了多于常人的苦难，如果从旁观者的角度，福贵的一生，除了苦难还是苦难，其他什么都没有，可是当福贵从自己的角度出发来讲述自己的一生时，他苦难的经历里立刻充满了幸福和欢乐，他相信自己的妻子是世上最好的妻子，他相信自己的子女也是世上最好的子女，还有他的女婿、他的外孙，还有那头也叫福贵的老牛，还有曾经一起生活过的朋友们，还有生活的点点滴滴。《活着》里的福贵，让我相信，生活是属于每个人自己的感受，不属于任何别人的看法。 ——麦田新版自序 助读资料2： 我开始意识到，一位真正的作家所寻找的是真理，是一种排斥道德判断的真理，作家的使命不是发泄，不是控诉或者揭露，他应该向人们展示高尚，这里所说的高尚，不是那种单纯的美好，而是对一切事物理解之后的超然，对善和恶一视同仁，用同情的目光看待世界。 我写《活着》这篇小说，写人对苦难的承受能力，对世界乐观的态度，写作过程让我明白，人是为活着本身而活着的，而不是为活着之外的任何事物所活着。 ——作者中文版自序	多的体悟，感知文本的冷峻和理性的语言风格
环节四：联实际	教师预设两个开放性话题，引导学生客观看待时代对于人生的意义	活动1： 有的人认为《活着》中的福贵在经历一切后的超然，对善和恶一视同仁，用同情的目光看待世界的经历，距离自己过于遥远。毕竟时代不同啦！也有的人认为，"佛系少年"的生	激浊扬清，助力学生形成正确的价值观和世界观

教学环节	教师为主的活动	学生为主的活动	设计意图
		活理念更自在、更舒适。请你结合自己的人生经历，说一说你更认同哪一种人生观 活动2： 在可以预见的和不可预见的苦难和困境中，选择活着就是一种姿态。当人唯一拥有的财产就是自己的生命时，为了活着而活着，就是一种最昂扬的状态 请你就活着的价值和意义发表你的观点	
作业布置	1. 结合本节课你的阅读收获，以《活着》为题写一段200字左右的随笔 2. 阅读余华的《许三观卖血记》，利用本节课所学的赏析批、联想批、质疑批三种方法批注第一章		

四、自我评析

首先老师对这一节课的定位是非常准确的，这是一节课外阅读的交流分享课，"快乐读书，让学生喜欢读书、热爱读书，进而培养学生高品质的阅读，让阅读成为孩子们终身的习惯"是我们的阅读课的宗旨。如果通过教师有意识的一节节系列的阅读课程的引领，使学生养成终身阅读的习惯，那便是语文教师之幸事，那便是社会之幸事，那便是教育之幸事。

课堂中，学生声音洪亮、语言流畅、表达完整、思维深刻、见解独到，可见老师平时培养的功夫。听完这堂课，我发现有许多精彩之处：

第一，教学思路清晰。

作为阅读分享课，教学过程设计了这样四个环节：一、知情节；二、品细节；三、悟主题；四、联实际。环环相扣，每一个环节又有若干活动的支撑，思路清晰，不拖沓。

第二，语文味道浓厚。

本节阅读分享课洋溢着浓浓的语文味。比如在第二个环节"品细节"中，教师通过展示常见的批注方法和自己的批注范例，引导学生通过当堂的批注展示和交流，将对文本的阅读引向纵深。这样便有了品词析句、潜心会文的过程，也有了听说读写的扎实训练。学生在咬文嚼字中收获阅读的快乐。

第三，关注语文学科素养的提升。

这是一节高品质的语文课，一直在培养学生的语文学科核心素养上做文章。

比如，在第一个环节"知情节"中，教师通过"活着中的死去"看似矛盾的内容的梳理，引导学生关注文本，帮助学生"在已经积累的语言材料间建立起有机的联系"，发现文本的"矛盾"，引起思考，助力主题的理解。

八年级的学生正是人生观和世界观初步形成的时期，所以借助阅读的力量助推学生从中获得对自然、社会、人生的有益启示印证了这节课阅读分享课的初衷。在第四个环节，教师预设了两个开放性话题，引导学生通过文本与社会生活的勾连，深入思考活着的价值和意义，思考当今时代对于成就个人价值和意义的巨大作用，为培养文化自信和制度自信的中国公民打下坚实的基础，实现了学科育人的功能。

同时，在语言的建构与运用能力的提升上也给了学生明确的可以参照的说话的样例。比如在第三个环节"悟主题"中，给了学生表达的语言样式"活着是_____，而不是_____"，使学生的语言表达有依据、有条理、有逻辑性。同时并列式的"……是……而不是……"的复句内容的填充，更深层次地培养了学生的逆向思维和反思思维，培养了学生运用批判性思维审视作品的能力，同时在提升学生思维的深刻性、灵活性、批判性、独创性上开了一扇窗。在思维发展与提升层面，教师还通过精准又不细碎的主问题的设计，给予学生独立思考、合作交流表达的机会，在探究质疑中收获阅读的快乐。

第四，尊重学生新鲜的阅读初体验。

俗话说，"一千个读者，就有一千个哈姆雷特"。本节课教师在珍视学生独特的感受、体验和理解这一点上做得也很好。在第三个环节"悟主题"部分，给每一个小组充分的时间展示组内的理解，充分尊重学生间的思想的交锋，不将自己的理解和主流学术的理解强加给学生，而是切实通过加强对学生阅读的指导、引领和点拨，加强学生对于文本字词句的咂摸功夫，之后再通过引入作者的写作目的的自述，通过抽丝剥茧的方式，让阅读慢下来，让语文课也慢下来。

第五，巧妙地点播。

本节课言语机会最少的是教师，课堂上教师好像是缺位的，但是字字句句细细品来，又仿佛一字不可少、一字不可多。比如在第四环节"联实际"中，当学生中出现不同的声音且矛盾对立时，教师的选择是先充分倾听学生的见解，之后通过不断追问"还有谁能补充一下吗""还有谁质疑这个观点吗"，带领学生再次走进文本、走进生活，使学生在批判思维和自我反思中获得个性创新素养的提升。在这节课教师不多的言语里，有巧妙的点拨，更有由衷的赞美、热情的鼓励。

《了不起的狐狸爸爸》整本书教学设计及评析

北京市陈经纶中学帝景分校　栾　芳

一、教学背景

1. 课程标准要求

《义务教育语文课程标准》（2011年版）中对第二学段学生阅读能力提出"养成读书看报的习惯，收藏图书资料，乐于与同学交流，课外阅读总量不少于40万字""能复述叙事性作品的大意，初步感受作品中生动的形象和优美的语言，关心作品中人物的命运和喜怒哀乐，与他人交流自己的阅读感受"等要求。

基于以上要求，本节课通过学习《了不起的狐狸爸爸》一书，交流图片故事情节，感受文中人物形象，引导学生掌握基本的阅读方法，并培养学生良好的阅读兴趣和习惯。最后通过续写故事，让学生自由创编故事，为学生搭建展示的平台，提升学生写作的能力。

2. 学习任务分析

新课标提出："具有独立阅读的能力，学会运用多种阅读方法。有较为丰富的积累和良好的语感，注重情感体验，发展感受和理解的能力，能初步鉴赏文学作品，丰富自己的精神世界。"在整本书阅读学习活动中，不仅加大了学生的阅读量，而且学生在阅读过程中能够了解整本书的故事情节，培养了独立阅读能力；感受故事中的人物情感，注重了人物的情感体验；而且还加大了阅读量，丰富了阅读积累。对学生整体提升语文素养非常有帮助。

罗尔德·达尔的《了不起的狐狸爸爸》，讲述狐狸爸爸如何和三个坏农场主斗智斗勇，找到好吃的养活一家人的故事。整本书情节紧张曲折，配有少量插图，书中语言生动活泼，极富夸张性，描绘的角色形象鲜明，颠覆了我们对狐狸的固有印象，一下子激发了学生的浓厚兴趣。通过本次阅读指导课的学习，培养学生阅读整本书的兴趣，学习阅读整本书的方法，丰富学生的想象力，并提高他们的写作水平。

3. 具体学情分析

叶圣陶老先生曾经这样说道："单凭一部国文教本，是说不上反复历练的。所以必须在国文教本以外再看其他的书，越多越好。"因此带着学生一起多读书、读好书、读整本书，是非常有必要的。

小学四年级的学生，他们在语文课本里已经学习过记叙文、说明文、古诗、散文等文体，对这些文体知识有一定了解。但课本上的文章都是单篇的，虽然老师教学时也会根据不同的文章为学生推荐相关的整本书的阅读。但是基本上都是放手让孩子在课下进行自主阅读。学生还没有一定的读书方法，还没有养成良好的读书习惯，阅读效果不佳。所以带领学生一起读整本书，交流书中的精彩情节，教给学生阅读方法，丰富学生想象力，并提升他们的写作能力，是十分有必要的。本节课的教学正是通过了解《了不起的狐狸爸爸》书中人物性格特点，以感受人物品质为主题，教给学生阅读方法，培养他们自主独立阅读能力而设计学习任务的。

二、教学目标

（一）教学目标

1. 通过展示精彩故事情节的绘画作品，分享读书体验，初步了解故事中的人物形象。

2. 通过小组合作探究，使学生掌握阅读方法，培养学生评价人物性格特点的能力，并进一步感受狐狸爸爸的"了不起"之处。

3. 通过思考与交流感受狐狸爸爸乐观、坚强、机智等品质，并表达自己的感悟。

（二）教学重难点及教学策略

教学重点：

1. 通过展示精彩故事情节的绘画作品，分享读书体验，初步了解故事中的人物形象。

2. 通过小组合作探究，使学生掌握阅读方法，培养学生初步评价人物性格特点的能力，并感受狐狸爸爸的"了不起"之处。

教学难点：

通过小组合作探究，使学生掌握阅读方法，培养学生初步评价人物性格特点的能力，并感受狐狸爸爸的"了不起"之处。

三、教学过程

教学环节和教学活动	
环节一：绘画　讲故事	通过展示"精彩故事情节"的绘画作品，交流故事内容
环节二：交流　知人物	通过对故事环节中的人物进行交流评价，感知人物特点
环节三：创编　练习作	自由创编故事，为学生搭建展示的平台，提升学生写作的能力
环节四：拓展　再阅读	激发学生阅读兴趣，运用阅读方法，课下再进行拓展阅读

主要教学过程			
教学环节	教师为主的活动	学生为主的活动	设计意图
环节一：绘画讲故事	教师明确学习任务：让学生在书中找到自己觉得最精彩的情节，小组分工合作，进行绘画，讲述情节内容，并感受书中人物品质	活动1：看图讲故事 请同学们观察前面的几幅绘画作品，根据画面内容讲述与之有关的故事，听故事的同学按照下面的评价标准对他们进行评价 评价标准： ①认真倾听同学讲述，听后评选表述最细致、生动的同学。同时请讲故事的同学说说如何能讲得这样精彩 ②听的同学可以给讲的同学进行补充或提出建议 活动2：总结阅读方法 请大家先思考后回答，我们阅读这篇故事都使用了哪些方法，你在使用这些方法阅读这本书的时候，哪种方法是最有效的，请结合例子谈谈 方法提示：批注方法、制作人物卡方法、积累好词好句的方法	通过学生讲述精彩环节，并介绍自己讲述的方法，同时请听的学生进行点评，总结出读书方法。此环节不仅让学生能够回顾故事内容，同时让学生学习读书方法，今后学生也可以运用这些方法进行独立阅读。这也正体现《小学语文课标》中所提出的语文工具性的使用
环节二：交流知人物	教师出示书中的几个精彩情节图，让学生通过排序的方法梳理故事情节，掌握完整的故事内容，同时进一步了解	活动1：梳理顺序 请同学们回顾书中的故事，然后观察老师提供的几幅图片，请你按照作者叙事的顺序，将几幅图片按照原文排列顺序 活动2：猜测人物 请大家观看画面上的人物和有关细节，猜猜它是谁？参照老师提供的句式对它进行介绍 提示：博吉斯、邦斯、比恩、獾、狐狸爸爸 参考句式：我猜测这幅图片上画的是_____，因为图上有_____，根据书上	在进行精彩情节描述这一环节中，仍然让孩子们在分享的过程中进一步进行语言的建构。要求孩子用上想象、修辞、人物描写等方法。进一步体现语文的工具

教学环节	教师为主的活动	学生为主的活动	设计意图
	人物形象。并运用句式进行汇报自己的感悟，从而加强语言建构	＿＿＿＿＿＿的内容。我认为它是一个＿＿＿＿＿＿＿＿＿＿的人 评价标准： 1. 声音洪亮，语言有条理，叙事有顺序 2. 叙述中可以使用想象、比喻等修辞方法 3. 叙述中运用积累的词句，至少使用一个成语、一个修辞方法进行描述。在描述人物时需要用上人物描写，语言、动作、心理、神态、外貌，至少用两种 **活动3：分享精彩情节** 故事中的狐狸爸爸给我们留下了深刻的印象，你对它的印象如何？请选择狐狸爸爸身上的优秀品质，把这些优秀品质的词语写在纸条上，贴在黑板上对应的图下 明确：机智勇敢、沉着冷静、善良大方好品质	性作用，提升学生的语言运用能力
环节三：创编练习作	出示"继续等待"一图，引导学生展开想象运用语言、动作等描写方法续写故事情节。进一步加深对人物形象的理解和认识，同时提升学生的写作能力	**活动1：故事续写** 同学们，根据故事情节的发展，我们继续想象，猜测狐狸爸爸又会遇到什么危险和困难？他用什么办法解决的呢？运用想象、修辞方法、至少一个成语，以及对人物的一种描写方法，进行续写。 **活动2：**我们阅读了这本书之后，回味一下书中的情节和重点人物，谈谈这本书带给你的收获 罗尔德·达尔是英国杰出儿童文学作家、剧作家和短篇小说作家，对世界儿童文学影响巨大，多部作品被拍成电影。他的代表作有《查理和他的巧克力工厂》《了不起的狐狸爸爸》《女巫》《好心眼巨人》《玛蒂尔达》等	在最后一个环节，学生进行自主创作，续写故事。老师在布置任务的时候对学生说明方法，这些方法正是我们刚刚课堂中学生总结学习到的，此时，真正达到学以致用，这也正是学生实际获得的体现

续表

教学环节	教师为主的活动	学生为主的活动	设计意图
环节四：拓展再阅读	教师介绍作者罗尔德·达尔，推荐他的作品，激发学生阅读兴趣	活动1：你听了以上关于作者的介绍之后，有什么想法，请你讲出来 活动2：看到老师提供的书籍，当你第一眼看到书的名字，你最想阅读哪本书？说说为什么	通过本节阅读课中所学习到的阅读方法，指导学生课下进行更多的整本书阅读。提高孩子的阅读量和阅读兴趣，真正培养学生的阅读能力
作业布置	1. 制作罗尔德·达尔作品的读书小报，张贴在班级文化墙上，供大家学习和交流 2. 阅读《了不起的狐狸爸爸》这本书之后，写一篇100字的读后感		

四、自我评析

1. 课堂教学发挥学生的主体作用

《义务教育语文课程标准》（2011年版）中提到：学生是学习和发展的主体。语文课程应充分激发学生的主动意识和进取精神，倡导自主、合作、探究的学习方式。因此，在《了不起的狐狸爸爸》整本书交流分享课中，我把大部分时间让给学生们，让他们在老师的主问题中进行合作、探究、交流、分享。在学生的交流碰撞中，了解狐狸爸爸的主要行为、性格特点，从而体会"了不起"的原因。

由于是交流分享课，学生们在课前都已经进行了整本书的阅读，对故事的内容都有所了解。课上他们针对老师的问题进行探究，然后小组交流汇报。在课堂教学中，我让学生讲讲狐狸爸爸"了不起"的精彩片段，并用一两个词语概括狐狸爸爸的"了不起"之处。孩子们有的发挥想象讲述精彩的情节；有的从绘画中寻找细节体会狐狸爸爸的"了不起"，还有的同学从绘画的颜色上感受"了不起"之处，孩子们的展示非常精彩，令我意想不到。我想一节课中教师应尽量为学生搭建施展的舞台，那样学生的发展空间将会更加广阔。

2. 名著阅读与语文教学建立联系

《义务教育语文课程标准》（2011年版）中提到：语文课程是人文性与工具性的统一。也就是说，在语文教学中，要教会学生学习语文的方法，只有学生掌握了方法，今后才可能很好地进行独立阅读。这也正如教育家叶圣陶所说"教师的教是为了不教"的道理。

在第一个环节中，我让几名学生介绍一下故事的大概情节。在设计这一问题的时候，让学生说说你是怎样把故事讲得这样精彩、这样吸引同学的？那么学生一定会介绍自己的读书方法，比如有边读边画、边读边批注、积累好词好句等方法。这样一来，学生们互相学习借鉴读书方法，今后在自己阅读的时候也会使用到，从而提高了学生的阅读能力，课堂上也就实现了语文的工具性与人文性的统一。

3. 语文课堂落实语言运用

小学语文课堂中一项重要的教学任务就是学习语言文字，实现学生的语言建构与运用。在交流评价人物形象的这一环节中，我让学生结合自己对人物的了解，用"我猜测这幅图片上画的是_____，因为图上有_____，根据书上_____的内容。我认为它是一个_____的人"这一句式来回答。学生在这个练习中学生学会了表达，构建了他们自己的语言体系，这也是学生们在这节课上的实际获得。

通过《了不起的狐狸爸爸》整本书交流阅读分享课，学生在回忆交流精彩故事情节的过程中，又进一步归纳总结了阅读整本书的方法，进一步感受到不同人物的性格特点，而且进行了语言的建构，提升了自己的写作创编能力。同时鼓励学生进行拓展阅读，以此提升学生的阅读兴趣，帮助学生养成良好的阅读习惯。

《莫泊桑短篇小说选》教学设计及评析

北京市陈经纶中学嘉铭分校   王文权

一、教学背景

1. 课程标准要求

《义务教育语文课程标准》（2011年版）课程的基本理念中明确：学生是学习的主体。语文课程必须根据学生身心发展和语文学习的特点，爱护儿童的好奇心、求知欲，鼓励自主阅读、自由表达，充分激发他们的问题意识和进取精神，关注个体差异和不同的学习需求，积极倡导自主、合作、探究的学习方式。教学内容的确定，教学方法的选择，评价方式的设计，都应有助于这种学习方式的形成。

《义务教育语文课程标准》（2011年版）明确：要注重引导学生多读书、多积累，重视语言文字运用的实践，在实践中领悟文化内涵和语文应用规律；注重将社会主义核心价值观有机地融入语文学习过程。对作品中感人的情境和形象，能说出自己的体验；品味作品中富于表现力的语言。还强调：欣赏文学作品，要有自己的情感体验，初步领悟作品的内涵，从中获得对自然、社会、人生的有益启示。本课就是由课内的《我的叔叔于勒》拓展阅读莫泊桑的29篇短篇小说，通过小组合作探究研读莫泊桑的作品。

2. 学习任务分析

阅读是学生语文核心素养的正源，其中课内单篇阅读和课外名著阅读是语文阅读的根本，是基础。教材是施教的基础，但仅限于课本还是不够的，教材中的文本仅是个例子，凭这个例子要让学生能够举一反三，这就必须以文本为基础，辅以课外读物，最终形成以课文为中心向周围辐射式的阅读方式，根据文本拓展阅读，养成良好的阅读习惯。

《我的叔叔于勒》是部编本九年级上册第四单元（小说单元）中的一篇。单元教学目标要求我们通过本单元的学习，学会梳理小说的情节，试着从不同角度分析人物形象，并能结合自己的生活体验，理解小说的主题。

《我的叔叔于勒》情节跌宕起伏、曲折有致，运用多种方法刻画人物形象，堪称一篇佳作。在仔细研读的基础上，引领学生拓展阅读《莫泊桑短篇小说选》，研读欣赏莫泊桑的短篇小说，领悟这个世界短篇小说巨匠的文学艺术魅力，学生以小组合作的方式分别从情节梳理和人物形象塑造两个方面展示阅读的成果，体会作品所要表达的主题。

3. 具体学情分析

本课的教学对象是九年级学生，经过初中三年的阅读学习，学生已经初步具备了一定的表达概括能力和阅读理解能力，初步具有了赏析小说作品的能力。能对阅读的作品进行质疑、探究，愿意把自己的阅读体验和感受与大家分享。

二、教学目标

（一）教学目标

1. 读莫泊桑的短篇小说，了解小说中塑造的各色各样的人物形象。

2. 体会莫泊桑小说中塑造人物形象的特点，理解作品的主题。

3. 通过对作品的研读，感受小说的艺术魅力。

（二）教学重难点及教学策略

教学重点：体会莫泊桑小说中塑造人物形象的特点，理解作品的主题。

教学难点：通过对作品的研读，感受小说的艺术魅力。

教学策略：学生自主研读小说作品，自主探究在阅读中遇到的问题，通过查找资料、表演等多种方式体会人物形象，理解作品主题，感受小说的艺术魅力。

三、教学过程

（一）课前准备

1. 阅读《莫泊桑短篇小说选》

译序	勋章到手了
月光	绳子
幸福	小酒桶
戴奥菊尔·萨波的忏悔	烧伞记
在旅途上	一个儿子
项链	莫兰这头公猪
一个诺曼底佬	一个农庄女工的故事
两个朋友	珠宝
骑马	壁柜
西蒙的爸爸	港口
在一个春天的夜晚	一次郊游
戴丽叶春楼	爱情
小狗皮埃罗	一家人
羊脂球	修软椅的女人
瓦尔特·施那夫斯奇遇记	附录一：莫泊桑：《论小说》
我的叔叔于勒	附录二：一个被逼出来的译本

2. 全班分成6个小组，每个小组4~5人。每个小组从《莫泊桑短篇小说选》中选取两篇喜欢的文章进行重点研读。（为防止重复选择，采用抓阄的方式）

1组（张嘉瑞）	《项链》《骑马》
2组（张博雅）	《西蒙的爸爸》《勋章到手了》
3组（张镕州）	《烧伞记》《绳子》
4组（潘泽元）	《小酒桶》《瓦尔特·施那夫斯奇遇记》
5组（颉乐丛）	《骑马》《小狗皮埃罗》
6组（孙敬婷）	《珠宝》《两个朋友》

3. 组长带领组员完成展示前期准备

展示一：体会莫泊桑短篇小说构思的巧妙和情节的波澜起伏。

要求：（1）以流程图的形式梳理所选两篇小说的情节，并标出设计构思精妙之处。

（2）按照所画的流程图，把这个故事用简洁生动的语言讲给大家听。

（3）用一首诗或一副对联说出你的阅读感受。

4. 展示评价表

展示评价表

评分标准	分数	得分	总分
人物分析清晰到位，汇报内容依据文本准确充分	20		
有精彩片段赏析，赏析到位	10		
汇报者仪态自然大方，表述清晰流畅	10		
小组合作参与程度高	10		
展示有特色、有亮点	10		

（二）教学实施

教学环节和教学活动	
环节一：回顾莫泊桑小说中的人物	根据提示，让学生猜是哪部作品中的什么人物
环节二：理解莫泊桑小说中的人物	学生以小组为单位，通过多种形式展示探究研读的结果
环节三：探究塑造人物形象的目的	通过问题的讨论，探究莫泊桑小说的主题

主要教学过程			
教学环节	教师为主的活动	学生为主的活动	设计意图
环节一：回顾人物	教师总结学生课前列出的莫泊桑小说的情节结构流程图讲述故事环节中的展示情况	活动1：阅读《莫泊桑短篇小说选》中人物的外貌，或经典语言，或典型动作，或主要事件，都会给你留下深刻的印象，请你根据老师提供的节选文字，猜一猜是哪部作品的什么人物 明确： 1.《绳子》中的奥希科尔纳 2.《项链》中的玛蒂尔德 3.《两个朋友》中的莫里索和索瓦日等作品中的人物	回顾小说中的人物形象，强化对人物形象的理解

教学环节	教师为主的活动	学生为主的活动	设计意图
环节二：理解人物	教师指导小组研读作品，明确小组人物研读汇报的要求训练学生的想象力，加深了对文章内容的理解，对主题的认识，对小说写作技巧的领悟	在阅读过程中，我们对人物进行了梳理，也制作了人物档案，请以小组为单位，对你研究的人物进行汇报 活动1：请选择你喜欢的方式（配音、续写、诵读），对自己阅读印象深刻，以及作者写得最精彩的片段进行展示和交流明确： 第一组：给《项链》电影配音。加深学生对文章内容的理解 第二组：研读完《小酒桶》后，想象十年后在阴曹地府中，老婆婆状告希柯老板的情景 第三组：《骑马》分角色朗读 活动2： 阅读这几部名著，其中一定有你喜欢的一个人，请你写一副对联赠予文中你喜欢的人物	了解品味莫泊桑短篇小说中刻画的人物形象。培养学生审美鉴赏与评价的能力。进行传统文化的熏陶
环节三：探究塑造人物形象的目的	教师总结小组汇报的情况，提出讨论的问题，给出评价标准，深入理解作品中的人物	活动1：有人说，莫泊桑憎恶那些爱慕虚荣、唯利是图的人，所以在小说中对他们进行了辛辣无情的讽刺和批判。你认同这个观点吗？结合文章内容谈谈你的认识 要求：根据自己对作品的理解阐释。可以认同也可以不认同，只要言之有理就可以 评价标准： 1. 要有自己的观点 2. 能联系莫泊桑的作品或莫泊桑的生活经历阐述	通过阅读作品谈出自己的理解和感悟 通过分析归纳培养学生的核心素养
作业布置	1. 继续阅读莫泊桑短篇小说《菲菲小姐》《坟墓》《暗号》《头发》《决斗》等篇目，研究莫泊桑短篇小说的艺术特色 2. 把自己的研究所得写成一篇小论文（选做）		

四、专家评析

陈经纶中学把"实施做人教育，建设书香校园"作为学校打造教育品牌的发展目标。集团张德庆校长一直倡导把阅读作为学生最重要的学习方式，并全力推进多种方式的阅读。嘉铭分校李升华校长以"阅读主导教学方式"为学校教学概念，率先开启了全学科阅读教学实践。在全学科阅读教学概念引领之下，语文学科以阅读为语文教学之"正统"，助力嘉铭九年级四段语文阅读课程实践，以阅读教学特色促进学生的全面发展。

在今天这个全学科阅读现场会上，我听了一节九年级上册莫泊桑的《我的叔叔于勒》一课的拓展阅读课，下面说说自己的几点感受。

（一）符合新课标精神，让学生爱上了经典

新课标讲到阅读时，提到"要重视培养学生广泛的阅读兴趣，扩大阅读面，增加阅读量，提高阅读品味。提倡少做题，多读书，好读书，读好书，读整本的书""鼓励学生自主选择优秀的阅读材料"。

王老师这节课很好地体现了新课标精神，带领学生由课文的学习，拓展到了莫泊桑的其他优秀作品。课下，我和学生聊了一会儿，看得出来，所有的孩子都认真地读了这29篇作品，有感受，有体会。很多孩子说起莫泊桑的小说，那是滔滔不绝、侃侃而谈。我们做教师的职责就是引领孩子们爱上阅读、爱上经典，王老师做到了。从一节课，可以看到王老师课堂外的功夫。

（二）基于部编教材的1+X阅读探索

王老师这节课，由课内莫泊桑的一篇文章，拓展了作者的29个短篇，真正做到了拓展学生的阅读量，使学生通过一组文章的阅读，学会了寻找其中的共性，使学生读有其法。教学活动中，学生的展示活动丰富有趣，提高了学生的审美鉴赏与综合评价的能力。

新课标中讲到"阅读教学应注重培养学生感受、理解、欣赏和评价的能力"。王老师的课上采用了小组合作的方式，组员在一起读文思考，提出质疑的问题，并动手自己解决问题。在小组研读的过程中，把握了作品的人物形象，提高了学生分析文章的能力、语言表达的能力，同时也培养了学生的团结协作精神。这堂课很好地体现了两个理念。

1. 教学活动要以学生为中心

教学是一种师生共同参与的发展心智的活动，在全部活动中学生应该始终处于中心地位。在这一过程中，教师所做的一切都是为学生服务的，都是要以学生获得发展的需要为转移的；换言之，是为学生能够生动、活泼、主动地参与教学活动创造条件的。学生是课堂的主人，课堂是学生的舞台。

2. 经历学习过程比获得结论更重要

教学的目的不单纯是使学生获得某种知识的结论，更重要的是让学生经历获得知识和运用知识的过程。他们只有在经历这一过程的活动中，才能使才智得到发展，才能学会怎样去发现问题、怎样去解决问题，才能产生探索的欲望、获得创造的能力。

展示一组：给《项链》电影配音。

通过小组展示加深了学生对文章内容的理解，很好地把握了作品中的人物形象，理解了作品的主题。

展示二组：研读完《小酒桶》后，想象10年后，在阴曹地府中，老婆婆状告希柯老板的情景。

这组展示，训练了学生的想象力，加深了对文章内容的理解、对主题的认识。

展示三组：《骑马》分角色歌朗读。

这组展示，加深了学生对文章内容的理解、对小说写作技巧的领悟、对主题的认识。

与此同时，这堂读外国作品的阅读课，不忘中华传统文化的渗透。小组展示环节，设计了"送给所赏析人物一副对联"环节，不仅仅说出了学生的阅读体验，还培养学生正确的道德观和价值观。

（三）问题的设计，激发了学生理性的思考，学会了知人论世

"一石激起千层浪"，课堂设计的问题"有人说，莫泊桑憎恶那些追求名利、爱慕虚荣、唯利是图的人，所以在小说中对他们进行了辛辣无情的讽刺和批判。你认同这个观点吗？结合文章内容谈谈你的理解"特别好。很好地把整本书的人物进行了归纳总结，让学生争论起来、论辩起来，在争论与论辩中很好地理解了作品的主题。了解了莫泊桑小说人物塑造的人性美，提高了文学鉴赏的能力。

（四）社会主义核心价值观的渗透自然流畅、水到渠成

教学中特别注意了理念的点滴灌输，适时对学生进行了社会主义核心价值观的教育，让学生终身受益。

1. 当学生意见不一致、有分歧的时候，就这样总结："经典作品是需要随着年龄的增长，阅历的丰富慢慢理解的，是需要一生揣摩研读的。""今天你的解读是一家之言，将来你也许会有新的认识。"

2. 当分析到《项链》中的马蒂尔德和《骑马》中的海克托等人物时，就这样总结："人的道德观、价值观决定着人的言行，影响着人的命运。"

专家评课：北京市基础教育教研中心中学语文教研室教研员、特级教师王彤彦老师。

《城南旧事》整本书阅读教学设计及评析

北京市陈经纶中学崇实分校　乔文娟

一、教学背景

1. 课程标准要求

《义务教育语文课程标准》（2011年版）中对第四学段学生名著阅读能力提出："了解作品的主要内容，了解主要人物的性格特征和精神品质，了解作品的思想意义和价值取向。对作品的主题、人物、语言等有自己独特的感受和体验，并从作品中获得对自然、社会、人生的有益启示。""培养学生广泛的阅读兴趣，扩大阅读面，增加阅读量，提倡少做题，多读书，好读书，读好书，读整本的书。"苏霍姆林斯基也说过："让学生变聪明的办法不是补课，不是增加作业，而是阅读，阅读，再阅读。请记住，儿童的学习越困难，他在学习中遇到的似乎无法克服的障碍越多，他就越需要阅读。"

基于课标和教育家的引领，本节课我引导学生抓住关键词语梳理故事情节，形成对作品的初步认识。对作品的人物、主题从三个角度进行理解和分析，引导学生合作探究，形成解释，引发自己的感受和思考，从作品中的语言、人物和主旨等方面获得自己的体验和感受。培养学生从多种角度理解文本内容，提高学生分析问题和解决问题的能力，提升语言表达、审美鉴赏等方面的能力。

2. 学习任务分析

学习任务："整本书阅读与指导"。

加德纳的多元智能理论认为："人的智能不是单一的，而是多元的，人除了言语语言智力和逻辑数理智力两种基本智力外，还有其他七种智力……这些潜能只有在适当的情境中才能发挥出来。创设各种活动情境，给学生成功的机会，促进多元智能发展。"

李卫东老师在《混合式学习：整本书阅读的策略选择》中提出："理想状态的整本书阅读应是冲破语文教学狭小格局的深阅读、深度学习，需要精读、泛读的灵活转换，课内阅读和课外阅读的深度整合，正式学习和非正式学习的对接融通。"

基于以上教育家的引领，我认为，教语文就是做好三件事：带领孩子们读书、思考和写作；做个好语文老师也是做好三件事：陪孩子们一起读书、思考和写作。

建构读整本书的经验，体验读书乐趣，养成读书习惯，在前期阅读过程中指导学生运用圈点批注的方法，关注文章的主要内容和人物形象。通过摘抄精彩的片段交流阅读的体验和感受，掌握适合学生自己的读书方法，为一生的发展和人格的完善奠定基础，实现语文核心素养的全面提升。设计专题阅读活动指导学生综合运用精读、略读与浏览等多种方法阅读整本书，能够读懂文本，整体把握文本丰富的内涵，发现特点，提取精髓。通过开展阅读分享会的形式，确定阅读与学习目标，引导深入思考，讨论与交流，引导学生联系个人经验，享受读书的愉悦，丰富自己的精神世界。

教师以自己的阅读经验，平等地参与交流、讨论与答疑，保护和支持学生阅读中产生的阅读体验和收获。通过阅读，把握书中的重要观点和价值取向。探索阅读整本书的途径与方法，初步建构学生阅读整本书的经验，并逐步深化读书经验，总结完善读书方法。在阅读过程中，能以多种形式发现、交流学生发展思辨能力和想象联想能力的状况，引导学生掌握正确的思维方法，在交流探讨中提高写作与口语表达能力。

3. 具体学情分析

本节课的教学对象是七年级学生。七年级学生经过半年的学习已经有了阅读整本书的经验，但对经典作品的关注点主要停留在对故事情节零散的了解，对主题思想、人物的精神品质等方面也停留在浅层次的了解上，对于作品"成长"主题的理解没有思考和体会。

经过采访与调查发现，学生阅读《城南旧事》后最感兴趣的方面集中在《我们看海去》《驴打滚》《惠安馆》这三篇文章。学生的困惑主要集中在人物命运变化和主题的理解上。比如：秀贞和妞子真的是母女吗？为什么结尾二人都惨死了呢？《我们看海去》这个题目与故事里的"小偷"有什么关系？《驴打滚》里的宋妈为什么会离开我们？故事里的人物为什么都离开了小英子？

从上述这些问题可以看出，学生对于《城南旧事》的内在逻辑、作品主旨、作者想要表达的思想情感等方面的理解还很浅显，这需要通过名著阅读专题教学进行指导。本节课的教学正是围绕学生在《城南旧事》阅读过程中的主要困惑展开，基于学生的现状和需求，致力于解决学生的实际问题，促进阅读能力的提升而设计的。

二、教学目标

（一）教学目标

1. 通过结合目录中的关键词语，梳理小说的主要内容，形成对作品的整体认识。

2. 通过品读小英子的成长变化，感悟成长的收获，理解小英子的人物形象。

3. 通过探究"成长中的别离"，感悟小说的主题，领会作者"心灵的童年"。

（二）教学重难点及教学策略

1. 教学重点及教学策略

本节课的重点在于让学生领悟到《城南旧事》的思想主旨和文学价值。

相应的教学策略包括：结合各篇目中的关键词语梳理故事内容；品读小英子的成长变化，感悟成长的收获；理解"别离"与"成长"之间的关系，把握作者的写作初衷。

2. 教学难点及突破策略

本课难点在于解决学生对于《城南旧事》的核心困惑，作者为什么从小英子的视角来看待身边的人和事？小英子的形象究竟有什么意义？

相应的教学策略包括：小组研讨、资料补充；从小说中小英子的成长变化原因推知作品的价值，引导学生加深对作品的理解。

三、教学过程

教学环节和教学活动	
环节一：回忆旧事　回顾成长	梳理英子的"旧事"
环节二：精读片段　感悟成长	思考英子变化的原因
环节三：懂别离　悟成长	把握作者创作初衷
环节四：写自己　懂成长	感悟作品价值形成认识

主要教学过程			
教学环节	教师为主的活动	学生为主的活动	设计意图
导入		请同学认真观看胡佳宁同学绘画国画的小视频，猜猜这幅图画可以作为哪篇文章的插图	通过观看学生录制的小视频，引出"骆驼队、北京城墙"等有关作

续表

教学环节	教师为主的活动	学生为主的活动	设计意图
			品的图画，引出《冬阳童年骆驼队》这篇文章，导入新课
环节一：回忆旧事回顾成长	出示《城南旧事》各篇目中的"道具"，让学生从这些词语入手，理解内容，梳理小英子经历的"旧事"。指导学生阅读名著内容的角度和方法，掌握阅读方法，形成对小说整体的认识	活动：阅读名著《城南旧事》，可以采用梳理故事地点的方法，了解人物和抓住关键情节。下面的关键词语就是从书中提取出来的，请大家从以下关键词中，任选一个，回顾书中的故事，参照句式，结合原文内容，说出关于英子的成长故事 骆驼队　诗歌《我们看海去》 驴打滚　石榴和夹竹桃 惠安馆　兰姨娘 提示句式：我选《＿＿＿＿》，根据词语（＿＿＿＿）我想到英子的"旧事"是＿＿＿＿＿＿＿＿ 要求：1. 以小组为单位讨论完成 2. 评价标准：声音洪亮，内容全面，表达流畅	1. 根据新课标要求：鼓励学生在阅读与交流中提高表达能力和思辨能力 2. 对应核心素养：审美鉴赏与创造，思维发展与提升
环节二：精读片段感悟成长	教师指导学生从表层原因到深层原因逐步深入分析，引导学生掌握从人物的变化去分析小说，指导整本书阅读方法，一步步触及名著的主旨	活动1：在英子经历的旧事中，其中有一件事让英子开始长大了，那就是爸爸的去世。请再读《爸爸的花儿落了》，围绕爸爸给英子的"闯练、闯练"这句话，结合文本英子心理、动作描写的语句，具体谈谈英子成长中有了怎样的变化？由此你会联想到自己的经历吗？如果有请与大家分享吧 句式：我认为英子在＿＿＿＿成长了，根据＿＿＿＿这段描写，我发现了她的成长。因为她之前是＿＿＿＿，现在变成了＿＿＿＿＿＿＿＿ 活动2：在小英子成长过程中，也包含了对别人教导的一种反抗，在这种反抗中，体现出英子对自己内心真实想法的	1. 对接新课标：确定专题学习目标，深入思考和讨论，发现、保护和支持学生阅读中的真知灼见。学生在分析过程中形成整本书阅读方法 2. 对应核心素养：思维发展与提升

教学环节	教师为主的活动	学生为主的活动	设计意图
		坚守，请阅读下面节选内容，思考英子对待"贼"的做法和母亲对待"贼"的做法有什么不同，然后以小英子眼里的成人世界为开头说出你的认识 补充材料： 宋妈也抱着珠珠进来了，人们已经渐渐地散去，但还有的一直追下去看。妈妈说："小英子，看见这个坏人了没有？你不是喜欢做文章吗？将来你长大了，就把今天的事儿写一本书，说一说一个坏人怎么做了贼，又怎么落得这么个下场。" "不！"我反抗妈妈这么教我！我将来长大了是要写一本书的，但绝不是像妈妈说的这么写。我要写的是："我们看海去。" 句式： 1. 母亲和英子对待"贼"的做法不同，请概括不同点，思考英子为什么这样做？概括英子的性格 2. 小英子眼里的成人世界是_____。 要求：（1）结合原文的词句分析，有自己的观点 （2）感受符合文章实际	
环节三：懂别离悟成长	从"别离"的角度探究问题，理解作者的创作初衷，探求其作品内在的意义	《送别歌》是一首由艺术家李叔同作词的中文歌曲。历经几十年传唱经久不衰，成为经典名曲，也是《城南旧事》的主题曲。《送别》的歌词类似中国诗词中的长短句，有古典诗词的文雅，但意思却能平白易懂。在这部作品中的故事大多以"别离"为结局，有点曲终人散的味道。请选择作品中的别离的人和事件，探究作者安排别离的意图，思考：这些别离的故事对英子与成长有什么帮助 句式： 我认为：_____离开了小英子，这种_____的别离教会了小英子_____，也教会了我_____	1. 对接新课标：把握书中重要观点和价值取向，总结、完善读书方法，学会阅读题记，加深对作家作品的理解 2. 对应核心素养：文化传承与理解

续表

教学环节	教师为主的活动	学生为主的活动	设计意图
环节四： 写自己 懂成长		走出《城南旧事》，英子的成长过程和成长经历带给你怎样的思考呢？请你以"英子，我想对你说"为题，写一段话，表达你对英子身上真善美的认识 要求：1. 主题明确 2. 有自己的故事 3. 语言生动	
作业布置		1. 请你以小英子朋友的身份给她写一封信，结合自己的生活实际就成长中的困惑或烦恼向她倾诉，并写出自己的真实想法。（300字左右） 2. 推荐林海音的《窃读记》，谈一谈你的阅读体验	

四、自我评析

1. 注重方法指导

本节课与以往的单篇教学不同，侧重于整本书阅读与研讨，针对学生在阅读过程中的疑惑展开教学设计，致力于解决学生实际需求。本节课的设计主要以"成长"为课脉，借助学生推知小英子成长变化的原因，激发语言文字的想象和理解，引发更深层次的思考，为提高学生的想象力、洞察力与思维能力铺路。

首先学生从每篇文章的关键词语入手，梳理小说的故事情节，激发学生的学习兴趣，掌握阅读整本书的方法，形成对小说的整体认识。例如：以关键词"夹竹桃"引发学生想到《爸爸的花儿落了》这篇文章，联想到小英子与爸爸的有关情节，为七年级学生整体把握作品的主要内容提供了方法，即选择关键词语迁移联想文章的主要内容，复述故事情节，形成对整本书的整体认识，提高了学生对文章的感知能力。

探究思考中从成长中的困难、成长中的反抗、成长中的别离三个主题带领学生感受作者创作的初衷，领悟作品的思想主旨和文学价值。在《爸爸的花儿落了》这篇文章中，学生结合相关语段，比较小英子前后成长的变化，理解成长与困难之间的关系，引导学生树立起面对困难要勇于"闯练"的情感态度。《我们看海去》这篇文章，通过指导学生运用精读的方法学习《我们看海去》，抓住母亲与小英子对"贼"的不同看法，把矛盾作为探讨的主题，探究小英子的内心世界，培养学生用真善美的眼光去看待身边的人和事。在《驴打滚》这篇文章中，学生通过分析"宋妈"的别离，对比文本中每个人多种方式的"别离"，探究出"曲终人散的味道"，深刻理解作品的主旨，体会作者的创作初衷。

最后以读写结合的形式考查学生对作品的领悟程度，注重学生的阅读体验，将作品中的文字与学生自身经历建立起联系，写出自己对"成长"的内心独白，提升学生对作品的感悟能力获得有益的成长的体验，提升学生审美鉴赏的能力，传承了中国传统文化中对真善美的深刻理解，完成了学生认识、理解、体会"成长"这个主题的蜕变过程。

教学设计中的每一个环节都在引导学生联系个人经验，对作品中感人的情境和形象，表达出自己的情感体验。从学生的视角出发，提供学生可以借鉴的句式，给学生搭好台阶，鼓励学生敢于表达、善于表达，落实语言的建构与运用。

2. 关注学生主体

在教学中教师以小组合作学习的方式引导学生合作，探究发表看法，在相互的交流与思想的碰撞之中开拓学生的思维，提高学生的口语表达能力；关注学生的主体地位，通过精读、略读、浏览等阅读方法，表达自己对作品的感受、体验和思考，落实了语文课标对名著阅读教学提出的要求。

3. 落实立德树人

通过学生对作品的阅读和理解，把握学生的情感倾向和价值取向。比如就"成长中的别离"这个主题，教师在教学过程中引导学生辨别"别离"的不同，爸爸的死是生死离别，宋妈的离开是长久的别离，秀贞的永别是不可挽回的别离等，对学生进行做人教育，引导学生理解"别离"意味着忘记过去、记住美好，鼓起勇气奔向新生活，对学生形成良好的人生观和价值观做了适当的引导，以此引导学生体会名著的文学价值。

第五章　领异标新二月花

——专题阅读教学设计与实施策略

在中国的教育传统中，一直是重视整本书阅读的。古人读书求取功名，阅读的一般都是整本书。叶圣陶先生曾明确提出"读整本书"的语文教育思想。20世纪上半叶的语文课程标准中，整本书阅读大多数是归入"略读"一类的，课程标准对于阅读类型、方法、数量等有较为明确的要求，且有一定的考核要求，不仅注重课外阅读，也有专门的课时进行课内指导，整本书阅读在当时具有课堂教学地位。20世纪下半叶，整本书阅读完全归入课外阅读之列，阅读要求流于笼统。尽管"新课标"明确提出"读整本书"，但是仍旧属于"课外阅读"范畴，且没有具体的教学要求和考核要求。

特别是基于整本书专题的读写教学设计，可以避免读写零碎化和片段化，有利于学生与经典深度对话，构建完整的人格。这里所说的"专题教学"与"单元教学"是有着本质区别的。从不同角度而言，专题教学是具有语文学科研究价值的问题，是师生共同探讨的感兴趣的语文话题，也可以是从学习内容中提炼概括的具有语文学科特征的主题。"单元教学"是将教材、活动等划分为完整单元进行教学的一种教学法。每个单元均有规定的学习目标和内容，时间长短因学习内容和学生个人情况而异。其目的在于改变偏重零碎知识和记忆文字符号的教学，强调学生手脑并用获得完整的知识和经验。以完形心理学、差异心理学为其心理学依据，重视整个学习情境中的各部分关系，以及对学生个别差异的适应。

对于整本书的专题读写教学设计，从当下的教学实践来看，存在着不少问题。一是专题随意化。专题的确定往往是由教师随意指定，缺乏规划性和系统性。二是文本高端化。所选文本大多为"阳春白雪"，难以激发学生的阅读共鸣。三是读写割裂化。读写结合点模糊，读与写不能形成交互关系。四是训练浅表化。学生在读写训练中缺乏有效的过程指导，训练浅尝辄止。针对以上这些问题，我们有必要进一步探讨专题读写策略的有关问题。

第一节 专题读写设计策略

开展专题读写设计，我们一般从教材文本出发，根据文本形式的同一性，构建读写专题。在读写专题的确定上，要兼顾文本内容与形式两方面，才能让学生既能获得思想认识上的提升，也能获得写作形式方面的启迪。实践证明，内容与形式融合式的专题读写训练，效果更为明显。除了考虑文本内容与形式之外，在教学的具体实施上，我们还需要运用一些读写策略，下面就针对专题读写策略问题进行探讨。

主题与专题之间的关系是包含与被包含的关系，主题是教师基于学科的阶段性学习要求与学生发展需求确立的综合性学习活动核心要旨，学生在整个单元学习活动中，都要围绕这个主题展开，并力求实现相关的学习目标。而专题则是基于主题单元学习任务完成的需要划分的若干"子活动"。专题式读写是指根据主题展开的读写活动，主题可以不受教材限制而由师生自主确定。主题式读写所选的文本指向同一主题，但文本之间又有差异，这种差异构成思维的张力，能激发学生对这一主题的深度思考。从文本内容角度，我们可以根据写作对象和主题思想的同一性，引导学生由教材中的某一篇文本生发开去，阅读相关文本，借助"异中求同""同中求异"的比较法，帮助学生自我建构。文本形式包括构思特点、写作手法、行文风格等。基于文本形式和内容特点，在专题教学活动的实施中要注意如下几点。

一、精读与选读相结合

专题读写的阅读方式是多样的，需要处理好精读、略读与选读的具体指导及相互关系。不能因倡导群文阅读而放弃精读指导，也不能因为细读习惯而忽视略读指导，同时还应兼顾学生的阅读个性，做好选读指导。叶圣陶曾经说过："就教学而言，精读是主体，略读只是补充；但是就效果而言，精读是准备，略读才是应用。""如果只注意于精读，而忽略了略读，功夫便只做得一半。""精读文章，只能把它认作例子与出发点，既熟习了例子，指定了出发点，就得推广开来，阅读略读书籍。"可见，精读是略读的基础，略读是精读的补充，二者作用不同，但是同样重要。阅读指导最有效的抓手是指导学生写好读书评点及读书笔记。读书笔记既是阅读心得的提炼与整合，也是一种有效的写作训练方式。

二、教师是同行者

阅读需要输出，而写作是对阅读输出的一种检验。既然如此，这就决定了阅读教学不能孤立地进行，要有机地与作文教学相结合。在教学中要重视发挥文本的范文作用。学习文本不仅要理解内容，还要体会文章的表达方法并加以运用。著名语文教育家张志公先生提出：阅读教学要"带学生从文章里走个来回"，即"首先把语言文字弄清楚，从而进入文章的思想内容，再从思想内容走出来，进一步理解语言文字是怎样组织运用的"。著名特级教师于永正这样教学生："要他们在读书时想作文，边读边研究人家是怎么写的；写作文时想你读过的书，如人物外貌怎么描写，怎样刻画语言动作，等等，都可以借鉴。"

为了实现以上目标，在读写教学中，教师的角色最好是同行者，成为学生读写的导游与陪练。教师不仅要关注还要介入学生的学习过程，实现师生两个主体的融合。教师要对专题读写做好提前规划，优选资料，同时要跟学生共读共写，拉近与教学对象的距离，及时准确地发现问题，最终实现教的过程和学的过程能够更好地融合。

三、成立读写共同体

专题阅读教学有助于师生共同建立起平等、民主、教学相长的教学观念，使教与学的重点从单纯的获取知识，转到学会学习、掌握学习方法和技能，由被动的接受式学习转向主动的探索式学习，最终实现知识、能力、觉悟三者有机统一的目的。充分体现专题阅读在研究性学习活动中学生主体地位和教师主导地位。基于以上的学习优势，教师可将学生组成读写共同体，引导学生进行探究式学习，让学生处于"高挑战、低威胁"的学习状态中，激发读写兴趣。如指导学生进行"怎样写作真情作文"项目写作时，将主课题分解成五个子课题，让五个小组进行认领，继而让每组围绕各自的子课题开展研究，再进行小组汇报交流。这种深度合作的学习方式，激发了学生的探究热情，且有利于知识的主动建构。

阅读是获取信息和更新知识的基本途径，专题读写策略是为了解决某个课题而进行的有计划、有选择的阅读。指导学生阅读教材以外的阅读材料，认识世界、扩大视野、丰富知识、培养能力和发展自我。有效开展专题读写教学实践，让学生在专题读写教学中养成良好的阅读习惯与写作习惯，在体验消化读写方法的基础上，建构自己的读写知识体系。

第二节　专题阅读实施案例

读文化经典　传民族精神
——"身边的文化遗产"专题阅读设计与评析

北京市陈经纶中学本部初中　　闵宇霞

一、教学背景

1. 课程标准要求

《义务教育语文课程标准》（2011年版）中提出："认识中华文化的丰厚博大，汲取民族文化智慧。关心当代文化生活，尊重多样文化，吸收人类优秀文化的营养，提高文化品位。""在发展语言能力的同时，发展思维能力，学习科学的思想方法，逐步养成实事求是、崇尚真知的科学态度。""能主动进行探究性学习，激发想象力和创造潜能，在实践中学习和运用语文。""对课文的内容和表达有自己的心得，能提出自己的看法，并能运用合作的方式，共同探讨、分析、解决疑难问题。"

基于以上要求，本节课我通过设置情境、任务驱动，引导学生关注中国文化遗产，以文化为抓手，引导学生群文阅读，探究文化内涵，吸收文化营养，提高文化品位；在阅读文章和相关材料的基础上，引导学生提取信息、整合信息，发展学生的思维能力；通过合作学习与交流，探究中国文化内涵，解决问题，实现对学生阅读能力、探究能力的培养。

2. 学习任务分析

传承中国文化始终是语文教学的重要任务之一。语文教学应充分发挥语文学科人文素质教育的特殊功能，通过文字这一载体，让学生在祖国灿烂的文化长河中游弋，使中华传统文化得以光大。本节课以"身边的文化遗产"为切入点，通过设置情境，引导学生探究中国文化内涵，汲取文化营养。

　　群文阅读就是师生围绕着一个或多个议题选择一组文章，而后师生围绕议题进行阅读和集体建构，最终达成共识的过程。它追求在有限的时间内让学生经历较高水平的探究性阅读，体验发现的乐趣。本节课围绕"文化"这一主题，引导学生群文阅读，通过提取信息、整合信息，让学生在阅读中促进思维，感受中国文化丰富的底蕴。

　　部编版八年级第六单元的综合性学习"身边的文化遗产"，以活动的方式引导学生关注身边的文化遗产。本节课就以活动为依托，从实际出发，延伸课内外文化阅读，让学生阅读《瓷器之美》《中国文化名片——瓷器》《礼遇四邦　书写中国文化自信》《文化遗产——民族的魂》《留给明天》等多篇文字材料，建构学生对文化的认识，在活动实践中感受文化，在合作研究中吸收文化精髓。同时通过联系学生已有的经验、批注、联读等多种阅读方法，让学生体会文本的丰富内涵，提升学生的阅读能力和文化品位。

　　3. 具体学情分析

　　本节课授课对象是八年级学生。由于在七年级的寒假与暑假，学生以小组的形式自主研究了中国的传统文化。他们对所涉及的文化进行了阅读、实地考察、撰写研究报告。其中的长城、剪纸、古诗词等文化已被列入中国非物质文化遗产。因而学生对身边的文化遗产有了一定的了解。但是对于如何传承这些文化，学生还需要认真地思索与实践。到了八年级，学生探究意识增强，他们喜欢走进生活学习语文，喜欢在研究中获得发现。

二、教学目标

　　（一）教学目标

　　1. 设置情境，做标签，了解身边的文化遗产。

　　2. 通过群文阅读，掌握提取信息、整合信息的能力，探究文化遗产的内涵。

　　3. 认识保护我国文化遗产的意义，增强继承和弘扬中华民族优秀传统文化的意识。

　　（二）教学重难点及教学策略

　　本节课重点在于引导学生结合情境了解身边的文化遗产及其内涵。

　　1. 情境教学法。教师有目的地设计学生活动的情境，让学生在情境中完成学习任务。

　　2. 阅读交流法。阅读群文以及相关材料，小组合作交流对文化遗产及其内涵的认识。

　　本节课的教学难点在于认识文化遗产的价值、文化传承的意义和必要性。

探究法。阅读材料，探究材料中揭示的保护文化遗产的意义。

三、教学过程

教学环节和教学活动		
环节一：说文化遗产	结合情境，了解文化遗产	语言建构与运用、审美鉴赏与创造
环节二：读瓷器文化	群文阅读，感受文化内涵	语言建构与运用、思维发展与提升
环节三：议文化传承	阅读材料，探究文化传承	语言建构与运用、文化传承与理解

主要教学过程			
教学环节	教师为主的活动	学生为主的活动	设计意图
环节一：说文化遗产	设计学生学习任务情境，引导学生从实际生活出发，为"身边的文化遗产"做展示标签	新学期开始了，学校准备在校园中设计一个文化墙，用来宣传中国文化遗产。为了丰富文化墙的素材，现在向你们征集熟悉的文化遗产内容。请你结合自己在暑假期间的"文化主题"研究成果，每位向学校推荐一种文化遗产，制作成标签，并阐述推荐理由 标签： **遗产名称** ／ **遗产类型** ／ **遗产描述** **遗产价值** 标准：1. 遗产描述关注文化内涵 2. 遗产价值关注独特性 示例： **遗产名称** 剪纸 ／ **遗产类型** 传统美术 **遗产描述** 中国剪纸是一种用剪刀或刻刀在纸上剪刻花纹，用于装点生活或配合其他民俗活动的民间艺术。不同地域的剪纸有不同的样式和风格	联系学生已有的经验引导阅读，从生活经验出发，落实阅读，从阅读材料中提取有价值信息。培养学生提取信息的能力

续表

教学环节	教师为主的活动	学生为主的活动			设计意图
		遗产名称	剪纸	遗产类型　传统美术	
		遗产价值	把多种物象组合在一起，并产生出理想中的美好结果。用比兴的手法创造出来多种吉祥物，追求吉祥的寓意，表达了人们对美满幸福生活的渴求，对丰衣足食、人丁兴旺、健康长寿、万事如意生活的祈求		
环节二：读瓷器文化	教师引导学生进行有关瓷器文化的群文阅读，了解瓷器文化的内涵	在本次文化遗产的征集活动中，学校教师也参与到活动中来。他们推荐了瓷器文化，同时提供了几篇文章和一些图片，请你阅读文段，完成如下任务。 任务1：速读三篇关于瓷器文化的选文，针对选文内容，提取有关信息，完成遗产描述 遗产名称／遗产类型 遗产描述 遗产价值 示例： 遗产名称　瓷器　遗产类型　非物质文化遗产 遗产描述　瓷器是由瓷石等在窑内经过高温烧制而成，外表施有玻璃质釉或彩绘的物器 遗产价值　瓷器是中国文明史上的重要物品，是中国文化的名片，这个名片中凝聚着中国文化的信息，也体现了中国人的审美追求			采用任务驱动法阅读、批注法阅读的方式，读出自己的认识，感受瓷器文化的内涵

教学环节	教师为主的活动	学生为主的活动	设计意图
		任务2：结合对瓷器内涵的描述，为瓷器的图片写出文化配文 【补充材料】 定窑白釉童子诵经壶 北宋（960—1127） 北京顺义辽代净光舍利塔基出土 诵经壶做成童子形象，童子束冠，闭目；以双手捧着翻卷的经卷为壶流，经卷中心孔为壶嘴，身后有柄；人体中空为壶腹，头顶部有孔用来注水，底部略呈六棱形。此壶在造型上构思巧妙，制作上胎釉精细，充分体现出制瓷匠师的高超技艺	
环节三：议文化传承	教师引导学生阅读相关材料，探究文化传承的意义和必要性	为了配合本次活动的开展，学校利用广播向大家宣传保护文化遗产的意义和必要性，请阅读材料并完成任务 **任务1：**速读链接材料《文化遗产——民族的魂》《留给明天》，并结合文化的信息，针对文化遗产的"魂与根"谈谈你对文化传承的认识 文化是根，因为＿＿＿＿＿＿＿；文化是魂，因为＿＿＿＿＿＿＿ 【补充材料】 文化是一个国家、一个民族的灵魂。文化兴国运兴，文化强民族强。没有高度的文化自信，没有文化的繁荣兴盛，就没有中华民族伟大复	联读法——用链接材料建立起阅读和任务之间的联系，培养学生的阅读思维

续表

教学环节	教师为主的活动	学生为主的活动	设计意图
		兴。要坚持中国特色社会主义文化发展道路，激发全民族文化创新创造活力，建设社会主义文化强国。 ——习近平	
作业布置		必做： 作为炎黄子孙，我们要给文化遗产一个明天，大家都有一份责任，我们以倡议书的形式来表达我们对祖国文化遗产的热爱，让更多的人都参与到"保护我国文化遗产"这个行动中来 要求：格式正确；字数在60字以上 选做： 1. 阅读新闻材料，写出一段评论，表达你的观点 2. 拓展阅读茶文化，探究茶文化的内涵	

四、自我评析

（一）以任务为向导的任务群学习

语文学习任务群是以任务为导向，以学习项目为载体，整合学习情境、学习内容、学习方法和学习资源，引导学生在运用语言的过程中提升语文素养。本节课，为了帮助学生了解更多的文化遗产知识，闵老师设置了文化遗产分类、文化遗产阅读、文化遗产研究报告撰写等相关内容的专题活动，引导学生从自己感兴趣的文化遗产入手，分成小组进行共同探究。这就是学习任务群的任务导向。在课上，学生以小组为单位，查阅文化遗产的相关资料，按照不同的专题进行不同的阅读探究，形成文化遗产的研究报告，最后在班内分享交流。这就体现了学习任务群以学习项目为载体，整合学习情境、学习内容、学习方法和学习资源，引导学生在运用语言的过程中提升语文素养的语文学习任务群的基本理念。

闵老师的设计从学习任务群出发，在不同的板块设计中促进学生针对问题进行解决的完整学习过程，把握住了"文化遗产"这一教学任务的目标，同时有机地融入了阅读与鉴赏、表达与交流、梳理与探究的学习活动，引导学生在运用语言的过程中大量阅读、深入阅读、自主阅读，从而提升语文素养。

（二）以情境为依托的活动设计

素养是指向复杂现实问题的，是综合性表现，体现了情境式的学习，也凸显了学生是学习主体和原点所在。本节课闵老师以学校的活动——宣传文化遗产为任务情境，开展了一系列的阅读探究，符合《义务教育语文课程标准》（2011年版）中的教学要求——"安排和教学策略的选择，体现了以促进学生的发展为中心。教师在教学中去积极响应，激发学生求知欲望，在学习者身上培养发现的快乐，创设符合学生心理，贴近学生生活，且又能与本节课密切相关的情境。"闵老师抓住了以"文化传承"为纽带，以"文化宣传"为情境，在情境中促进学生思维活动、心智发展。促进学生发现文化遗产背后的文化内涵，感受中国文化遗产的博大精深，认识保护我国文化遗产的意义，增强继承和弘扬中华民族优秀传统文化的意识。

在这一情境中，闵老师还分别设置四个不同的任务，带动学生将阅读与以往的学习经验结合，在课堂当中产生新的生成。

任务一：陈经纶中学要在楼道的文化墙上宣传中国文化遗产，想向同学征集宣传素材。请结合假期文化主题研究成果，向学校推荐你所了解的一种中国文化遗产，制作成标签，并说明推荐上文化墙的原因。

任务二：速读三篇瓷器文化的选文，针对选文内容，提取有关信息，完成遗产描述。

任务三：结合对瓷器内涵的描述，为瓷器的图片写出文化配文。

任务四：速读链接材料《文化遗产——民族的魂》《留给明天》，并结合文化的信息，针对文化遗产的"魂与根"谈谈你对文化传承的认识。

闵老师四个任务的设计，从训练学生基本的提取信息入手，到整合相关信息，运用信息进行表达，形成能力培养的循环，全方位地培养了学生的听说读写能力，凸显了以学生为中心、引发学生意义上的语言实践，进行多样化的语文学习活动任务，体现学生在真实的语言运用情境中反映出来的语言能力与品质。

（三）以文化为载体的资源开发

语文新课标中提出："语文课程对继承和弘扬中华民族优秀文化传统和革命传统，增强民族文化认同感，增强民族凝聚力和创造力，具有不可替代的优势。"

闵老师在本节课的所有环节中都始终围绕着"文化遗产"这一主题展开。闵老师选取的与瓷器文化有关的两篇文章，选取了《青花瓷》的一段歌词，来引导学生在阅读文段中学会针对瓷器文化的文化内涵提取信息。同时还有效地进行图文结合，不仅提供阅读文章，同时还提供瓷器图片，通过引导学生为图片做文化配文的活动，来推进学生有效地整合信息，并运用信息进行准确表达。闵老师的设计，不仅是通过文本阅读让学生全面地了解瓷器文化，解决学生对文化遗产内涵探究的教学难点，更是打破以文章为单位的传统教学方式，进行资源开发，为学生设计了阶梯式的阅读顺序，形成阅读方法，由易到难，由形象到抽象，使学生对文化由零散的片段式的感受，到理性思维，再到整体的文化观的形成。

《小石潭记》专题教学设计及评析

北京市陈经纶中学民族分校　林承青

一、教学背景

1. 课程标准要求

《义务教育语文课程标准》（2011年版）中对第四学段学生阅读能力提出"对课文的内容和表达有自己的心得，能提出自己的看法，并能运用合作的方式，共同探讨、分析、解决疑难问题""欣赏文学作品，有自己的情感体验，初步领悟作品的内涵，从中获得对自然、社会、人生的有益启示。对作品中感人的情境和形象，能说出自己的体验；品味作品中富有表现力的语言""阅读浅易文言文，能借助注释和工具书理解基本内容。注重积累、感悟和运用，提高自己的欣赏品味"等要求。

基于以上要求，本节课我引导学生在品读课内文言文《小石潭记》的精美语段，赏析景物背后掩藏着的情感的基础上，借助注释和工具书，阅读课外文言文《始得西山宴游记》，引导学生在读、品、写中积累、感悟和运用文言知识，培养学生文言文阅读分析能力、审美鉴赏能力、语言建构和表达能力。

2. 学习任务分析

领会古诗文丰富内涵、品味精美语言是八年级下册第三单元教学重点之一。《小石潭记》语言精练，景物优美，情感丰富，这就激起了我和学生对《小石潭记》以及柳宗元同一题材其他文章的阅读探究。《始得西山宴游记》是"永州八记"第一篇，两篇文章有许多相同点，也存在不同点。通过本次阅读教学，让学生掌握品读语言的方法，学会从"景""情"结合的角度鉴赏语言，学会运用对比的方式深入剖析文字背后的情感，在情境书写中表达自己对社会、人生和自然的独特思考。

3. 具体学情分析

本节课教学对象是八年级学生，他们思维活跃，喜欢以合作的方式解决问题，有一定的文言文阅读基础，但是文言语段的阅读赏析还停留在文字表面，关键词句的理解不准确，文言文知识迁移能力较弱，对课外文言文有抵触甚至害怕情绪，在对比阅读中寻找异同更是困难。

基于以上问题，本节课教学围绕"品读语言、体会情感"这一主线，帮助学生解决关键词句理解以及赏析语言方面存在的问题，转变学生对课外文言文的态度，提升学生阅读赏析文言文能力。

二、教学目标

（一）教学目标

1. 品读写景语句，赏析景物特点，体会景物中蕴含着的丰富情感。

2. 通过语段比读、情境写段练习，获得更深刻有益的思考。

（二）教学重难点及教学策略

教学重点：品读写景语句，赏析景物特点。相应的教学策略包括：提供赏析示例，让学生明白赏析的角度和方式，思考景物所包含的作者的情感；小组讨论；补充材料；教师巡视指导。

教学难点：通过语段比读、情境写段练习，获得更深刻有益的思考。相应的突破策略包括：小组研讨，教师补充相关背景知识，引导学生多角度思考问题形成自己独特的认识。

三、教学过程

教学环节和教学活动	
环节一：读乐　探究情感	读"乐"切入文本，深入理解作者情感
环节二：读美　品味景物	美读、美赏写景语句，体会美景背后的丰富情感
环节三：比读　思考人生	比读中积累、运用知识，思考人生道理
环节四：写段　表达感受	读写结合，感悟道理，表达体会

主要教学过程			
教学环节	教师为主的活动	学生为主的活动	设计意图
环节一：读乐探究情感	教师指导学生精读片段，从文字表层入手，从"景""情"两个层面深入分析关键词句背后隐含的深层内涵	导入：知者乐水，仁者乐山。 ——《论语·雍也》 任务1：作者在景物中蕴含了自己的情感，在文中使用了两个"乐"字，请你找到包含"乐"字的句子，结合链接材料，分析"乐"的内容，思考作者是真正的快乐吗？ 关于柳宗元的链接资料： 793年，21岁，进士及第，声名大振 796年，24岁，被安排到秘书省任校书郎	由经典语句引出对于两个"乐"字的品读 抓住"乐"字进入文本，让学生结合材料去理解作者的经历，帮助学生深入文本

续表

教学环节	教师为主的活动	学生为主的活动	设计意图
		801年，28岁，被任命为蓝田尉（正六品） 803年，30岁，被调回长安，任监察御史里行。成为王叔文革新派的重要人物 805年1月，顺宗继位，推行改革 805年8月，宪宗继位，改革失败 805年9月，32岁，被贬为邵州（今湖南邵阳）刺史，11月，在赴任途中加贬为永州司马 归纳："乐"只是暂时的、表面的。小石潭的美景，不但没能驱散柳宗元凄凉忧伤的心情，反而反衬了柳宗元的悲伤之情	
环节二：读美品味景物	教师展示"读美 品味景物"阅读要求，出示赏析示例，引导学生参照示例品读课文精美语句，进行批注、交流、分享	《小石潭记》中有许多景物描写的句子，这些景物具有"美"的特点，美的背后也蕴含着作者的情感，请朗读文章，以小组合作方式完成如下学习任务。 任务1：每组挑选一种景物，结合具体语句，讨论"小石潭美，美在_____，从中体会到作者的心情" 示范："水"例：小石潭美，美在清澈的潭水。"水尤清冽"中"尤"字凸显了水的清澈、清凉，从中体会到作者的喜悦之情	从审美鉴赏入手，引导学生品读写景句，赏析景物特点，体会情感
环节三：比读思考人生	教师明确任务，给示例，引导学生从写景句入手，分析景物特点，在对比中体现作者的情感态度，进而形成自己的认识	任务1：被贬永州10年，柳宗元一边游历永州山水，一边创作诗词歌赋。请你阅读"永州八记"中的另一篇材料《始得西山宴游记》，运用批注法，根据示例，对景物之美进行批注 示范："其高下之势，岈然洼然"，几个州高低不平，忽而高山深邃，忽而深谷低注，连绵起伏，不可胜状。八个字写出了作者居高临下所见的州土全貌，让人心胸顿然开阔 任务2：两篇文章都是写景抒情，在景物描写和表达情感等方面有什么异同点？说说你的体会 归纳：柳宗元曾经说："余虽不合于俗，亦颇以文墨自慰，漱涤万物，牢笼百态，而	拓展阅读，建立不同文本之间的联系 教师的示例给学生品读语句提供了抓手、搭建了台阶 比读后的评价，引导学生以积极的态度面对挫折，促进语言的建构和输出，落实立德树人思想

续表

教学环节	教师为主的活动	学生为主的活动	设计意图
		无所避之。"意思是说虽然因永贞革新遭挫，但我未改本色，借山水之题，发胸中之气，洗涤天地间万物，囊括大自然的百态，用笔赞赏山水美的同时，把自己和山水融化在一起，借以寻求人生真谛，聊以自慰。因而，"永州八记"中山水的形象美、色彩美和动态美，不是纯客观地描摹自然，而是以山水自喻，赋予永州山水以血肉灵魂。可以说，永州山水之美就是柳公人格美的艺术写照，是动人心弦的人与自然的交响华章	
环节四：写段表达感受	教师明确任务，引导学生表达自己的感受，提示学生从"景""情""理"等角度展开写段	任务1：《小石潭记》如同陈年老酒，跨越千年越发香醇，小石潭景也越发幽美迷人，如果你也在小石潭边，会有怎样的感受？请结合你所见到的美景进行解说 任务2：此时此刻，如果你在小石潭边遇见了柳宗元，你想对他说什么？请结合小石潭的具体景物、作者的政治抱负、《始得西山宴游记》中作者的情感等内容写一个片段	回归课文，身临其境说感受，增进体会，为写段做铺垫。读写结合，内化阅读收获，形成自我认识，促进语言建构和表达
作业布置	1. 课下阅读"永州八记"中的一篇，欣赏人格化了的永州山水美景，感受作者的人格美 2. 制作人物作品卡片，梳理人物写作经历		

四、自我评析

1. 本文设计巧妙：切入点小，收获点多。

先由"乐"字切入文本，学生在品读含"乐"语句中，由"景"到"情"深入分析关键词句背后隐含的深层情感，水到渠成。这是收获之一。对于"景""情"的品读并没有停留在此，紧接着提出"小石潭美，美在_____，从中体会到作者的心情"的问题，深入品赏景物之"美"环节。水美，石美，鱼美，溪美，竹树美，藤蔓美……人乐，"乐""美"统一，"乐"情不同，"美"情亦有异，对景的品赏更深一层，对作者心情的理解也更深更丰富。这是收获之二。然而，仅仅就《小石潭记》一篇文章来析"情"未免单薄了，所以随后进行的"比读思考"环节，将同一作者、同一背景下的写景作品进行比读，既是品"美"活动的迁移，也是析"情"活动的延续。小石潭之美与西山之美，美中有同更有异。读美、析情到此环节，对柳宗元虽遭贬谪，但未改本色，以山水自喻，融情山水的人格美有了更透彻的体悟。这是收获之三。然而"纸上得来终觉浅"，要实际了解学生的领悟情况，还需要发之于笔端。一个"此时此刻，如果你在小石潭边遇见了柳宗元，你想对他说什么"的追问，将学生的思绪从寄情山水的柳宗元拉回到课堂上的自己，从读《始得西山宴游记》之景之情之理，引回归到《小石潭记》中的景、情、理，与其说是与柳宗元的跨时空交流，还不如说是借柳公之名与自己进行的一段心灵对话。这个环节，学生形成并表达出自己的独特情感体验和认识，这是学生真正的成长体现。这又是一个收获。整节课在读、赏、思、写中培养能力，落实立德树人。

2. 注重文言文朗读和文言词汇的积累。

本节课设计丰富多彩的阅读活动，落实文言文教学目标。四个板块中有三个板块围绕"读"展开，在"读乐""读美""比读"环节中都注重引导学生抓住词句细读品赏，既有重点词句的理解，又有情感内涵的体悟。如在"读乐"环节，学生抓住两个"乐"字，读"如鸣佩环，心乐之"等含"乐"语句，析"乐""如"等词的含义，体会作者"乐"的原因，再带着对"乐"的理解美读含"乐"语句。在情感理解的过程中，适时补充作者仕宦背景材料，让学生对柳宗元的人生经历有所了解，做到知人论事、知人论情，促进文化渗透。

3. 美点揣摩欣赏品味，方法引导提炼。

环节二中，用"小石潭美，美在_____"的句式，引导学生对课文进行美点寻踪、妙点揣摩、趣点品读。如本文中对"潭中鱼可百许头，皆若空游无所依……怡然不动，俶尔远逝，往来翕忽。似与游者相乐"一句进行赏析时，抓住"若""似""空游""怡然"等一字、一词之美，赏玩妙处。感受多一字无趣、少一字不妙，体悟景情之美。这一环节，学生在教师的引领点拨下细读品析文本美点，对作品的品读不知不觉间已经站到了文学欣赏的高度、审美的高度。同时学生按照教师给定的句式，结合具体词句，分析景物特点、作者心情，并组织语言进行表达，这既是语言的建构，也是方法的提炼。

4. 本节课多处援引资料，恰到好处。

本节课引入了一些课外资料，从课内教学延伸到课外阅读。例如：课始对《论语》中"智者乐水，仁者乐山"的理解，让学生感受到仁智之人对山水的喜爱，进而巧妙地引入"读乐"环节，体会柳宗元对山水的喜乐情怀。进而引入

《始得西山宴游记》的对比阅读，让学生感受到同一作家在不同情景中的情感的异同，体会到柳宗元以山水自喻、融情山水的精神境界，又从课外回归了课内，这似乎就是既"出乎其外"又"入乎其内"。

总而言之，整节课板块设计清晰且环环相扣，每个板块都很好地落实了学生是学习的主体的理念。充分调动学生的积极性，在生生对话、生本对话、学生与作者对话、学生与自己对话的良好活动氛围中逐层推进，既兼顾文言文落实基础文言字词的要求，又抓"景"析"情"，体现了课堂教学的有效性。

家国孤惊名万世　诗圣仁心著千秋
——《杜甫传》诗文专题教学设计及评析

陈经纶中学保利分校　安　博

漫步在古诗文的花丛中，透过那起伏跌宕的平仄，嗅到来自千年前的芬芳。每一簇花朵的背后都站立着一个可亲可爱可敬的灵魂。学习古诗文不仅可以解读单篇文意，还可以阅读传记，结识一位位跨越千年的"忘年交"，从而对他们的诗文有了更深刻的理解。我与学生一起翻开《杜甫传》，传记中的一串串文字带我们同杜甫进行一场"零距离"的接触。重温家国梦，感怀济世情。

一、教学背景

（一）课程标准要求

《义务教育语文课程标准》（2011年版）中对第四学段学生阅读能力提出："建构读整本书的经验，体验读书乐趣，养成读书习惯，发展思维品质，掌握适合自己的读法，为一生的发展和人格的完善奠定基础，实现语文核心素养的全面提升。"

（二）学习任务分析

通过对《杜甫传》整本书的阅读与研究，掌握阅读传记作品的方法，学会鉴赏人物形象、感受和体验作品思想情感。

1. 指导学生综合运用多种阅读方法，通过精读、略读与浏览等多种方法阅读整本书，能够读懂人物传记，把握主要人物命运、形象及作者评价，整体把握文本丰富的内涵，发现特点，提取精髓。

2. 确定阅读与学习目标，通过活动设置引导学生深入思考，进行讨论与交流。教师以自己的阅读经验，平等地参与交流讨论与答疑，发现、保护和支持学生阅读中产生的阅读体验和收获。联系个人经验，享受读书的愉悦，丰富自己的精神世界。

3. 通过阅读，把握书中重要观点和价值取向。探索阅读整本书的途径与方法，基本了解阅读传记文学的方法，积累阅读整本书的经验，并逐步深化读书经验，总结完善读书方法。

4. 在阅读过程中，能以多种形式发现、交流学生发展思辨能力的状况，引导学生掌握正确的思维方法，在交流研讨中提高口语表达能力，形成独立的个性化认知、思考与理解。

（三）具体学情分析

本节课的教学对象是八年级学生，学生在初中阶段有过阅读单篇、短篇传记的经历。而《杜甫传》是学生第一次整本书阅读传记作品。《杜甫传》在记述杜甫经历之外，还对杜甫生活的历史时代、杜甫的诗歌有大量评价和研究，这增加了学生阅读理解的难度。对于初中生更容易把握杜甫的形象和人生经历，而对于传记所体现的杜甫的光辉思想和人格魅力，以及对杜甫的评价认知不足。

学生在阅读中针对作者对于杜甫的塑造和评价上，会产生疑问。结合学生的疑难问题，通过发现传记阅读规律，把握评价人物的视角，剖析杜甫思想品格，形成对于杜甫的评价。

二、教学目标

（一）教学目标

1. 通过阅读杜甫诗句，绘制杜甫命运曲线图，整体感知杜甫形象，把握杜甫命运。

2. 通过精读有关杜甫的描写，结合人物传记的阅读方法，分享评价杜甫人物形象。

3. 通过阅读链接材料，尝试探究杜甫忧国忧民等精神，感受杜甫的思想光辉与人格魅力。

（二）教学重难点及教学策略

1. 本课的重点在于通过《杜甫传》阅读，基本了解阅读人物传记文体的阅读方法。

教学策略：通过对比两则评价帮助学生发现读人物传记可以结合人物的语言、事迹、思想和作者评价进行理解；通过思考被迫离京对杜甫命运的影响，学生尝试评价人物传记中人物形象。

2. 本课的难点在于解读传记中杜甫的形象，探究杜甫的思想品格。

教学策略：通过回顾诗句、绘制命运图、小组探讨等形式，引导学生把握整本书中杜甫的曲折命运，探寻杜甫"忧国忧民"思想的文化根源，剖析杜甫伟大的人格光辉。

三、教学过程

教学环节和教学活动		
教学环节	教学活动	核心素养
环节一：读诗句　说形象	阅读杜甫诗句，概括杜甫形象	语言建构与运用
环节二：绘简图　析命运	针对传记中的杜甫经历，绘制曲线图整体感知杜甫命运	思维发展与提升
环节三：读选文　试评价	运用阅读传记方法，试对杜甫命运转折进行评价	审美鉴赏与创造
环节四：疑评价　明思想	结合材料理解作品主旨，探究杜甫思想价值	文化传承与理解

主要教学过程			
教学环节	教师为主的活动	学生为主的活动	设计意图
环节一：读诗句说形象	展示杜甫不同年龄段具有代表性的诗句，引导学生回顾课内外积累的名句与课外整本书阅读体验，想象此时杜甫形象并组织语言进行表达，整体感知杜甫形象	请阅读杜甫在青年、中年和老年三个人生阶段写下的诗句，你会发现他的人生理想也融化在其中，选择诗句判断写于哪个人生阶段，用词语概括你从诗句中读出了一个怎样的杜甫形象。 1. 会当凌绝顶，一览众山小 2. 烽火连三月，家书抵万金 3. 安得广厦千万间，大庇天下寒士俱欢颜 运用句式：我选择＿＿＿＿这一句，我读出了＿＿＿＿（人生阶段）杜甫＿＿＿＿的形象。根据是＿＿＿＿	通过问题涉及促使学生回顾整本书内容。教学活动主要应在具体的交际情境中进行。努力选择贴近生活的话题，采用灵活的形式组织教学 通过回顾诗句的形式运用句式回答问题，培养学生审美鉴赏与创造、语言建构与运用能力

续表

教学环节	教师为主的活动	学生为主的活动	设计意图
	通过绘制命运曲线图的形式促进学生整本书阅读的整体把握。抓住杜甫的重要经历，梳理杜甫命运	阅读《杜甫传》中节选的文字材料，提取选文中关于杜甫经历的信息，小组合作绘制"杜甫命运曲线图" 选句："可是一往情深的杜甫，后来无论是在长安的书斋，或在秦州的客舍，或是在成都和夔州，都有思念李白的诗写出来，而且思念的情绪一次比一次迫切。"	通过对整本书中杜甫命运的把握，对课文的内容和表达有自己的心得，能提出自己的看法和疑问，并能运用合作的方式，共同探讨疑难问题。阅读书中文段分析尝试评价杜甫形象，培养了学生思维发展与提升的能力
环节二：绘简图析命运	通过案例引导，让学生分析阅读人物传记、把握人物形象的视角，学习评价人物的方法	1. 阅读下面《杜甫传》选文，从这些人名或地名你能联想到哪些诗句，并说说此时杜甫的经历 （参考句式：阅读材料，我读到＿＿这个地名（或人名），我想到＿＿＿＿这句诗。此时他正经历＿＿＿＿的命运） 2. 请你结合两组选文，对此时杜甫进行简单的评价，并说说传记中评价人物的角度 第一组： （1）进士落第并不算什么打击，他在洛阳住了不久，便开始了他第二次的漫游 （2）杜甫亲身经历这段故事，再也不能有什么话来鼓励安慰这一家人了，他写出最富有	通过对整本书中杜甫命运的把握，对课文的内容和表达有自己的心得，能提出自己的看法和疑问，并能运用合作的方式，共同探讨疑难问题。阅读书中文段分析尝试评价杜甫形象，培养了学生思维发展与提升的能力

教学环节	教师为主的活动	学生为主的活动	设计意图
		戏剧性的一首——《石壕吏》 （3）西邻有一个穷苦的妇人，常在杜甫屋前打枣吃，杜甫从来不干涉她。如今这草屋搬来新的主人却要插篱防止，杜甫劝他不要这样做 第二组： （1）只有现实生活的认识与体验，才能在一个诗人心里燃烧起对于人民和国家的热爱，这对于杜甫还要有所等待 （2）作者感到人民最深的痛苦。杜甫有这样的成就，完全由于他接近了人民 （3）从有关国家兴亡的大变故到一个无食无儿的妇人，都引起杜甫深切的关怀	
环节三：读选文试评价	精读作品中杜甫命运转折的经历，抓住杜甫理想中入仕与创作间的矛盾，引导学生通过阅读理解作者观点，形成自己的认识。通过示例引导学生学会阅读人物传记，指导学生对人物进行评价	冯至说"幸而不久杜甫的生活发生了一个大的变动"，你认为离开长安和皇帝对杜甫来说是"幸运"还是"不幸"？请你选择原文的句子，运用评价方法，站在你自己的角度围绕"幸运""不幸"对杜甫命运进行评价 评价传记人物的视角： 读者视角（传主人生经历、情感和精神品质）；作者视角（作者的观点和评价） 评价传记人物的方式： 1. 以读者或作者视角评价人物命运、性格、思想或写法（赏析式评价） 2. 联系自己生活或阅读经历体验展开评价（联想式评价） 3. 对原文或作者观点评价有所质疑（反思式评价）	通过品读杜甫人生转折经历，逐步培养学生探究性阅读和创造性阅读的能力，提倡多角度的、有创意的阅读，利用阅读期待、阅读反思和批判等环节，拓展思维空间，提高阅读质量 通过运用评价方法评价杜甫，培养了学生审美鉴赏与创造能力
环节四：寻依据明思想	针对作者评论，引导学生通过思辨，阅读链接材料中体现的思想和选文中杜甫的事迹尝试着为作者	作者说"杜甫有这样的成就，完全由于他接近了人民"，请你阅读下面的三段选文发现杜甫的光辉思想，并结合相关链接材料，为杜甫思想找到根据。 选文1：杜甫看到那些一向当惯统治者的爪牙的吏役们为了拼凑兵额，任意捕捉，不顾民情，作出许多残酷的事	阅读链接材料，体会杜甫的精神光辉。阅读是学生的个性化行为，应引导学生钻研文本，在主动积极的思维和

续表

教学环节	教师为主的活动	学生为主的活动	设计意图
	评价寻找依据。剖析杜甫思想，感受诗人的人格光辉	选文2：杜甫路过新安，他亲眼看见一群孩子被赶入军中，是这样凄惨：肥男有母送，瘦男独伶俜（孤单）；白水暮东流，青山犹哭声 选文3：但是杜甫一转念，想到抵御胡人是人民应有的职责，于是立即转换口气来安慰这些青年：送行勿泣血，仆射（指郭子仪）如父兄 链接材料： 1. "子路问君子。子曰：'修己以敬。'曰：'如斯而已乎?'曰：'修己以安人。'曰：'如斯而已乎?'曰：'修己以安百姓。'" ——《论语·宪问》 2. 孟子曰："人有恒言，皆曰'天下国家'。天下之本在国，国之本在家，家之本在身。" ——《孟子·离娄上》 3. 长太息以掩涕兮，哀民生之多艰。 ——屈原《离骚》	情感活动中，加深理解和体验，有所感悟和思考，受到情感熏陶，获得思想启迪，享受审美乐趣 为杜甫精神寻找文化根源这个环节培养了学生的文化传承与理解能力
作业布置	从下边三项表达作业中任选一项完成，不少于400字： 练习一：阅读《杜甫传》，结合全书展开评价，写一篇《杜甫，我想对你说》 练习二：拓展阅读李长之的《李白传》，写一篇评价李白的读书笔记 练习三：两题任选写一则小传。（1）结合自己生活经历，为最熟悉的同学、朋友、老师写一则小传。（2）为你熟悉的一位作家（如白居易、傅雷、奥斯特洛夫斯基等）写一篇小传		

板书设计

《杜甫传》阅读指导课

才 ← 圣 → 德

思虑民族前途
担忧国家命运
关怀人民疾苦
讥刺官吏骄奢

四、自我评析

这节名著阅读指导课对整本书阅读进行了深入的思考和颇有成效的实践，我从以下三个方面进行评价：

1. 授课内容定位准确契合课标要求，体现方法指导和核心素养的培养。

这节课重点落在思维发展与提升和文化传承与理解上，落实课标中"发展思维品质，掌握适合自己的读法，实现语文核心素养的全面提升"的要求。学习目标是结合杜甫诗句和绘制曲线图来初步感知杜甫形象、把握杜甫命运，通过精读描写杜甫片段，结合人物传记的阅读方法，深入开展人物评价，再通过连接材料引导学生深入理解杜甫的思想光辉和人格魅力，教学环节上按照学生的认知能力步步深入安排教学任务，使学生的思维不断发展和提高。

小的教学环节上也是这样安排的，如传记阅读的指导方面，先是从书中的材料入手，让学生发现阅读传记可从作者和读者角度进行评价，接着自己运用学到的评价方法，通过探讨杜甫离开长安的"幸运"与"不幸"，使学生认知步步加深。

再有就是在学生学习过程中关注杜甫由诗人走向"诗圣"的思想变化与人格魅力。杜甫关注国计民生忧国忧民的精神，在逆境中不懈追求人生价值的抱负，激励学生人格和人文精神的养成，通过名著阅读实现"立德树人""以文育人"。

2. 采取以学生为主体，教学策略新颖有效。

本课重点是根据学生的需求制定的，是引导学生通过阅读《杜甫传》，基本了解人物传记文体的阅读方法。通过解读命运曲线图、对比两则评价、关注细节描写、补充资料等教学策略，为学生了解人物传记的阅读步骤和方法提供了帮助。其中小组合作，以各抒己见的方式，使学生勇于表达自己的观点，学生的回答非常精彩，气氛非常活跃。教学策略非常到位。

3. 激发学生的学习兴趣，增强立德树人精神力量。

最重要的一点，我认为一本名著的阅读，能够激发学生兴趣，并为学生继续学习铺好道路。通过读《杜甫传》，了解了他的人生经历和忧国忧民的精神，学生可以知人论世地学习杜甫的其他作品，能够更好理解，并给予自己更好的精神滋养。学习传记的阅读方法，使学生能有效地阅读其他名人的传记，阅读《苏东坡传》《贝多芬传》，可以帮助学生在整本书的阅读中找到精神导师，不断引领学生学习进步。

五、教学反思

拾阶漫道觅芳丛

"课本里就5首杜甫诗，为什么要读整本《杜甫传》呢？"面对学生这样的问题，开始我没有回答。当我和学生一起在寒假线下读书、线上交流之后，我想即便不作回答，答案也已经不言而喻了。

当我们向往一座高峰时，很多人选择捷径奋力登顶，但总有一些人会选择一条幽径，拾阶而上漫步其间，慢慢领略美景，享受登山的过程。

选择通过整本书阅读带动古诗文教学，就好似走了一条幽径。在师生共读过程中，我们在被杜甫伟大的家国情怀感动的同时，也摸索出了一些提升阅读能力的方法。

在设计整本书阅读教学时，我力求针对本书的阅读方法和思想内容两个层面，引导学生深入阅读学习，从中读有所悟。在设计《杜甫传》阅读指导课时，主要通过任务驱动式的活动，为学生搭建学习认知的台阶，攀登途中收获能力之花。

一、课标指方向，素养为台阶

"建构读整本书的经验，体验读书乐趣，养成读书习惯，发展思维品质，掌握适合自己的读法，为一生的发展和人格的完善奠定基础，实现语文核心素养的全面提升"是《义务教育语文课程标准》（2011年版）中对第四学段学生阅读提出的能力要求。

我这节课重难点紧紧围绕课标要求，主要落在发展思维品质、掌握读书方法、完善人格素养和提升综合素养上。针对《杜甫传》这部名著的特点，在课程中牢牢把握指导读书方法和分析杜甫形象的双线进行设计。

在整本书阅读的指导策略上，我从艾德勒和范多伦合著的《如何阅读一本书》中获得启发。培养学生阅读语文的核心素养，不可揠苗助长，而应水到渠成。阅读更多的应是自我发现型的学习，整本书的阅读被分为基础阅读、检视阅读、分析阅读和主题阅读四个层次，其中格外强调分析阅读。分析阅读就是全盘整体的通读，或是优质的精读。作者给出了分析阅读的三组规则，我在设计课程时渗透在环节之中了，逐层深入，搭建提升素养的台阶。

第一组是找出作品的整体及部分结构。教学设计通过引导学生在阅读《杜甫传》全书后为杜甫命运绘制思维导图，通过摘取杜甫典型诗句、回顾他的人生经历予以体现。第二组是定义与诠释书中的共识、主旨与论述。教学设计中通过阅读文段，把握传记阅读方法，体会杜甫诗人形象，以及深入阐释杜甫忧国忧民的仁爱精神和"诗圣"情怀，体现了这一点。第三组是评论作者的学说，以赞成或反对的意见完成我们对他的作品的理解。教学设计中学生从读者视角和作者视角去评价杜甫，结合作者观点，最终形成带有个性化色彩的自我观点，实现真正有效的自主阅读。以上三个方面的设计为学生核心素养能力的培养搭建了阶梯。

二、阅读培能力，方法搭台阶

老师教读一本书，学生可以学会读一类书。这就是举一反三，触类旁通。本节课与以往的单篇教学不同，侧重于整本书阅读与研究，针对学生在阅读过程中的疑惑处展开教学设计，致力于解决学生实际需求。结合每部名著的不同文体特点、思想内容，教授相应的阅读方法。整本书阅读教学中一定要注重读书法上的指导。通过这部书就是要让学生掌握传记阅读的方法，在这条道路上去自主探索，撷取鲜花。

借助阅读方法探寻、小组研讨、资料补充等方式，为学生摸索人物传记阅读方法搭建了任务驱动式台阶。通过解读命运曲线图，引导学生从整本书整体把握人物命运；通过对比两则评价帮助学生发现读人物传记可以结合人物的语言、事迹和作者评价进行理解，自主发现阅读方法规律；通过思考被迫离京对杜甫命运的影响，学生尝试评价人物传记中的人物形象，运用阅读方法评价；结合补充资料，帮助学生多角度思考、多方面评价，在实际情境中应用阅读法。几个环节为学生了解人物传记的阅读步骤和方法提供了帮助。

三、关联课内外，视野上台阶

两个选择不同道路的人，虽然殊途同归都相会在了山顶，但一路上的风光不尽相同。两个同学可能都非常熟练地掌握了初中必会的杜甫五首诗作，但他们的感悟可能是不同的。直接窥见几朵浪花和胸有大海再见浪花，他们的鉴赏与认知水平也是不一样的。由此可见，通过名著阅读促进古诗文阅读的尝试至少不是舍近求远、画蛇添足。

作为课外拓展阅读，起到增强学生文学素养的作用。环节中渗透课内课外作家作品、文学知识相关联，整本书阅读与精读环节相关联，人物传记文体阅读方法与文学鉴赏相关联，课内名著阅读与课外名著阅读相关联，人物传记阅读与写作相关联。在探究思考中，感受杜甫的高尚情怀，拓宽了文化视野，增强精神力量，发挥立德树人的作用。

四、驱动重引导，处处有台阶

一条道路修建的是否成功，就需要考验修路人能否既考虑道路的客观条件，尽可能把阶梯修筑完美，更要考虑行人的舒适度，每节台阶搭建的高低缓急都格外重要。

我在一节课的教学中为学生搭建台阶，以任务驱动式引导自主阅读深入学习。在阅读整本书的前后几周时间里，我同样在为学生自主阅整本书设计任务驱动环节，以不同形式为学生搭建整本书阅读的台阶，为了让学生能够在传记阅读的道路上"行"有所获。

（一）初读有"趣"

学生初读时，不要求学生精细化阅读，能够大致了解一下杜甫这位伟大诗人的生平经历，读到一些曾经熟悉的诗句，对创作背景有相应了解即可。我设计激趣问答，利用QQ语文学习群的平台进行发布与互动，每章都有一两道互动问题，利用跨学科资源增强趣味性。通过互动活动，抓住一个"趣"字，让学生在阅读中轻松有雅趣，引导性的活动简单丰富有乐趣。

（二）细读重"精"

抓住《杜甫传》这部传记的特点，和学生一起边读边批注。由于杜甫诗作被誉为"诗史"，从他的诗作中能反映出当时社会、历史的诸多信息。因此，在学生的提议下，我们仿照历史教材大事年表的形式，在阅读时摘录重要信息。从诗、事、史三条线索把握和梳理作品，为理解传记中人物、读出自己感受与评价进行精细的梳理，突出阅读中的"精"字。

（三）品读得"法"

在课程中针对学生如何阅读人物传记、深入评价传记中人物形象给出了方法上的指导。从整本书的视角出发，通过整体关注作品，让学生总结普遍的传记阅读规律。根据阅读示例寻找评价人物传记视角的规律，并通过示例分析评价方法，学生寻找到了阅读传记文学的规律，登上第一层台阶。在学生总结规律后，让他从整本书中选取展现读者视角和作者视角的段落，并且通过截取离开长安后杜甫是"幸运"还是"不幸"引导学生对杜甫形象进行评价，在此基础上又登上了一层台阶。这一过程凸显了教师对于阅读"法"的指导。

（四）悟读可"用"

活学活用、厚积薄发。将学习评价传记人物形象的阅读方法放诸写作之中行吗？当然可以，而且还要对学生大力支持、鼓励。学生会从文章中读出自己的感受，自觉地将名著中的形象和生活实践进行联系，写出自己的理解。这是作为教师需要为学生把关和指引，帮助他把输入的信息转化为输出的资源。

我在设计中，课程结束前给学生一个更高的要求，让他写一篇传记。这既是对自己感悟的一种自然的表达和流露，也是促进学生及时将学会的知识、掌握的能力进行实践，重在活"用"。

"会当凌绝顶，一览众山小"，只有不断攀登整本书阅读教学的顶峰，不断在教学实践和研讨中打破"旧我"，熔铸"新我"、提升"自我"、追逐"超我"，才能不断提升。感谢冯淑娟老师的多次指导，提出了很多宝贵的建议。我在一系列的教学实践与修改中不断学习、不断反思、不断吸纳、不断提升。漫道雄关，探索不止，我将继续迈出探索的步伐，向下一个阶梯迈进！

> 险峰竦峙万峰空，
>
> 游者心思学者同。
>
> 无限风光何处是？
>
> 拾阶漫道觅芳丛。

走进王安石家国情怀
——古诗专题阅读教学设计及评析

北京市陈经纶中学劲松分校　　陈仲童

一、教学背景

（一）课程标准要求

新课标对初中阶段古诗文学习的总体要求是：诵读古代诗词，阅读浅易文言文，能借助注释和工具书理解基本内容。在新课标背景下的中学古诗文教学，教师起到主导作用，并充分信任学生，从朗读训练到意象赏析到感悟文章的精神内涵，都应由教师引导学生采用多种形式完成，提升学生学习古诗文的成就感，培养他们自主学习古诗文的能力，使他们能通过学习，自主地发现并解决问题，提升他们的文学鉴赏品位，为下一阶段古诗文的学习奠定基础。同时，突出古诗文教学对传承传统文化，弘扬社会主义核心价值观的重要作用。

（二）学习任务分析

本课所学习的诗文，均出自"唐宋八大家"之一的王安石之手，不过创作时期不尽相同，《忆昨诗示诸外弟》创作于1043年春天，抒发了"此时少壮自负恃，意气与日争光辉"的雄心壮志。《登飞来峰》是宋仁宗皇祐二年（1050）夏，诗人王安石在浙江鄞县知县任满回江西临川故里时，途经杭州时写下的，是他初涉宦海之作。此时诗人只有30岁，正值壮年，抱负不凡，正好借登飞来峰一抒胸臆，表达宽阔情怀，可看作实行新法的前奏。

《泊船瓜洲》作于王安石晚期，为神宗熙宁八年（1075）王安石第二次拜相，自江宁赴京途经瓜洲时所作。

《答司马谏议书》是王安石给司马迁的一封回信，内容写道："如君实责我以在位久，未能助上大有为，以膏泽斯民，则某知罪矣，如曰今日当一切不事事，守前所为而已，则非某之所敢知。"后来二人完全决裂，司马光向皇帝请辞，隐居洛阳专心撰写《资治通鉴》。

通过阅读分析以上几首诗文，带领学生感受诗人不同时期的心理状态；学会赏析诗文中的意象；感受和体验作品所表达的思想情感，触摸诗人的家国情怀；学习诗人身上的精神品质，树立热爱祖国的深厚情感。

（三）具体学情分析

对于刚升入初中的七年级学生来说，古诗文学习的难度是比较大的。小学阶段他们只是接触了一些简单易懂的古诗词，面对整篇的文言文，他们没有全面的认识，学生也很难再接触到更深层次的课外文言读物。学生阅读量较少，所掌握的课外文言知识也就非常有限，让学生主动去阅读晦涩难懂的文言文就更加困难了。

本节课的教学对象是七年级学生，本次是一次组合式阅读尝试。学生除了《登飞来峰》一诗，未深入接触过王安石的其他作品，而且学生对通过意象分析诗人情感的能力较为欠缺，这使得学生不能很好地揣摩诗歌内容及主旨。如何使初中生更容易地把握古诗主旨，感受诗人情感，可以选择同一诗人不同时期的多篇作品进行组合式阅读。所以，本节课将带领学生在阅读中品味诗中的意象，走进诗歌意境，理解诗歌内涵，触摸诗人的家国情怀，学习诗人身上的精神品质，树立热爱祖国的深厚情感。

二、**教学目标**

（一）教学目标

1. 理解诗歌大意，走进诗歌意境，品味诗中意象，体会作者情感，有感情地朗读诗作。

2. 通过组合式阅读，知人论世，触摸诗人的家国情怀。

3. 学习诗人身上的精神品质，树立热爱祖国的深厚情感。

（二）教学重难点及教学策略

1. 教学重点及教学策略

重点在于理解诗歌大意，走进诗歌意境，品味诗中意象，体会作者情感，有感情地朗读诗作。

学生在上学期的诗词学习中，大概了解了诗词学习的方法，但在古诗词的赏析、关注作者的情感倾向、形成自己的认识等方面有待提高。

相应的突破策略包括：诗词朗读方法引导、小组研讨、资料补充。通过为诗词配插画的形式引导学生从意象和重点词语上整体把握诗词；通过作者不同时期的诗作补充，结合补充的诗词创作背景，帮助学生多角度思考、全方位评价。引导学生阅读诗词时要多拓展视野，借助链接材料寻找作者的情感倾向。几个环节为学生了解诗词的阅读步骤和方法提供了帮助。

2. 教学难点及突破策略

通过组合式阅读，知人论世，触摸王安石的家国情怀。

虽然学生对王安石的诗歌有一些积累，但在人物形象和思想的理解以及人物评价上需要系统的认知。

相应的教学策略包括：通过王安石青年、中年、老年不同阶段的诗词，结合诗词中的意象，让学生形成初步的认知。通过诗词写作背景以及相关历史知识的补充，引导学生评价王安石形象，感受王安石的家国情怀。

三、教学过程

主要教学过程			
教学环节	教师为主的活动	学生为主的活动	设计意图
环节一：初读诗歌理解大意	教师指导学生用平仄节奏朗读诗歌方法，初步走进诗作、理解大意	活动1：自读诗句，读准字音，读通诗句 运用古诗的平仄知识读出诗句的韵味和节奏 活动2：朗读诗歌，根据你对诗句的理解用简图作画，标记出塔、日、浮云，根据诗句内容，推测诗人会在什么地方 评价标准： 1. 读准字音和断句，准确标注平仄 2. 能读出仄短平长 3. 主要意象选取恰当、位置合理，并能从诗文中找到依据	通过这一活动激发学生阅读兴趣
环节二：聚焦意象组合阅读	教师引导学生在积累的诗句之间构建联系，从关注诗句意象上升为感悟诗句背后的情感	活动：不畏浮云遮望眼，自缘身在最高层——此时，王安石站在了塔的最高层，他眼前看到怎样的一幅画面？此刻会有哪些古人的诗句涌向王安石的心头呢 提示： 围绕"山""云"等意象进行拓展和发散 评价标准： 1. 能够借助诗句意象，准确运用动词、形容词及修辞，对诗歌画面进行展开性描述	学生围绕意象构建诗句之间的联系和组合

教学环节	教师为主的活动	学生为主的活动	设计意图
		2. 能够运用我认为，此时作者眼前展现的是一幅_____的画面；此时，_____（诗人）的诗句"_____"会涌上作者的心头，因为_____。这样的句式来组织答案，用词准确，表述完整	
环节三：聚焦意象感悟情感	教师引导学生从关注诗句意象上升为感悟诗句背后的情感，感悟诗人的家国情怀	"春风又绿江南岸，明月何时照我还"，这句诗出自王安石的《泊船瓜洲》，"春风""长江""明月"这几个意象让人读出王安石的思乡之情 活动： 朗读王安石的《忆昨诗》，结合链接材料内容，仿照上面《泊船瓜洲》从意象入手分析情感的方法，小组合作，分析王安石笔下"春天"这个意象所包含的少年壮志和家国情怀 评价标准： 1. 选取的意象可以展现作者的少年壮志 2. 可以灵活运用《忆昨诗》，通过"_____意象，表达了王安石_____情感"这样的句式来组织答案，并且表述完整	学生通过分析意象，体会作者的情感
环节四：拓展阅读了解人生	引导学生联系材料及课堂所学内容，谈谈对家国情怀的理解	阅读《答司马谏议书》中的文字片段，结合内容分析，片段中的哪些内容能够与链接材料中习近平总书记的观点一致。请阅读片段后，小组合作完成下面的任务 链接材料： 作为当代青年，我们代表着中国最具活力的群体，既应该有"苟利国家生死以，岂因祸福避趋之"的时代担当，也应该有"计利当计天下利，求名应求万世名"的人生觉悟，不管以后身处何处、身居何职，都要谨记习总书记的嘱托，在各行各业担当作为、奉献青春 评价标准： 1. 根据资料与注释能准确理解选文的含义	学以致用，通过拓展阅读，学生学习古人的家国情怀

教学环节	教师为主的活动	学生为主的活动	设计意图
		2. 表述精练，观点明确并能从资料中找出依据 3. 用准确的语言分析《答司马谏议书》和链接材料之间的联系	
环节五：练笔	读写结合	学习了王安石的几个作品，我们深入地了解了王安石。请你从下面两个话题任选一个，写一段话，引用诗句，结合自身感悟，从"家国情怀"的角度写出你的感触，100字左右 评价标准： 1. 表述用词准确 2. 练笔时可以运用，"你在_____，吟咏出_____。让我_____""你在_____，吟咏出_____让我_____"这样的格式进行表达 3. 结合自己的生活经历或阅读积累阐述新的理解和认识	读写结合，训练学生的写作能力
作业布置		1.《登飞来峰》《元日》《梅花》是王安石在不同历史时期创作的三首诗作，请朗读这三首诗作，深入体会飞来峰、爆竹、桃符和梅花这些意象中蕴含的家国情怀 2. 搜集王安石诗作，了解王安石的故事	巩固课堂所学

四、自我评析

（一）课程设计定位精准

《登飞来峰》是七年级下册第20课的第三首古诗，如果简单地讲解古诗内容的话会让课堂内容失于单薄，而且不能促进学生更好地领会诗即传情的效果。本课跳出传统课堂的模式，变单篇教学为群文阅读。在教学过程中，穿插出现作品的创作背景和相关历史知识，朗读与赏析相结合，课内篇目与课外篇目相结合，过去与现在相结合，起到增强学生文学素养的作用。

（二）关注学生主体获得

《登飞来峰》在课堂上肩负着古诗学习和传承传统文化双重作用，但是学生对古诗的学习兴趣不高，而且以往对诗歌的认识也仅止于能够背诵。所以本课从朗诵教学入手，拉近诗歌和文本的距离，同时，书声琅琅的课堂也回归了诗歌教学的本位，在诵读中提高学生对诗歌的审美品位。补充资料阅读教学的方法不仅丰富了文本的内容，而且帮学生理解文本搭好了梯子，让学生自己在对比延伸的过程中深入文本，有效地打开了学生的思维，让学生的视野和课堂教学的空间得到了较好开拓。合理的拓展，延伸了语文教学的深度和广度，将知识传授、能力培养、价值观引导融为一体。

（三）落实德育教育立德树人目标

初中阶段正是人生观价值观形成的阶段，通过王安石的《登飞来峰》，学习古人"不畏浮云遮望眼"的勇气与决心，并结合其他诗作了解王安石的家国天下精神。在探究思考中带领学生感受诗人不同时期的心理状态，感受和体验作品所表达的思想情感，触摸诗人的家国情怀。学习诗人身上的精神品质，树立热爱祖国的深厚情感，达到立德树人的目的。

五、教学反思

如何让古诗文教学实现趣味性与高效性的统一呢？与以往的单篇教学不同，我选择跳出古诗文的传统教学模式，开启了一种新的尝试。和学生一起阅读了王安石的作品后，对教学过程的优点与不足之处有了反思。

（一）组合阅读

与以往的单篇教学不同，跳出了古诗词的传统教学模式，开启了一种新的尝试——把作者不同时期创作的诗文《忆昔诗》《登飞来峰》《泊船瓜洲》《答司马谏议书》进行组合阅读与研究，激发学生的学习兴趣。学习诗人身上的精神品质，树立热爱祖国的深厚情感，达到立德树人的目的。落实"语言、思维、审美、文化"这四个学科核心素养。

（二）背景引导

在教学过程中，穿插出现作品的创作背景和相关历史知识，朗读与赏析相结合，课内篇目与课外篇目相结合，过去与现在相结合，起到增强学生文学素养的作用。通过引导学生结合作品创作背景知识，感知时代背景内隐含的内容。在培养学生学习古诗文习惯的同时，让学生主动阅读主动思考质疑，真正地进行有效的学习。

（三）立德树人

在探究思考中带领学生感受诗人不同时期的心理状态，学会赏析诗文中的意象，感受和体验作品所表达的思想情感，触摸诗人的家国情怀，引导学生对内隐在文本里的作者所秉持的人生态度和价值取向进行意义建构，加深了对世界与自身的认识与理解，从而得到了更多、更有价值的启发。

（四）教学不足

整堂课中，学生学会了平仄朗读，学会了赏析诗文中的意象，也很喜欢这种组合式阅读的方式，但教后反思，觉得还是有些许遗憾之处。比如，作为一节语文课，学生的课堂朗读时间不充裕；一些环节给予学生思考与讨论的时间不足；对回答问题不够准确的同学的引导不够到位；等等。如果在这几个方面有所改进，课堂教学一定能更加完善。

古来多孝义，里有崇孝人

——《论语》孝道专题阅读设计及评析

北京市陈经纶中学帝景分校　张蒙蒙

一、教学背景

（一）课程标准要求

《义务教育语文课程标准》（2011年版）中指出："要重视培养学生广泛的阅读兴趣，扩大阅读面，增加阅读量，提倡少做题，多读书，好读书，读好书，读整本的书。"

（二）学习任务分析

与以往的逐句翻译讲解不同，我们尝试采取一种新的方式——主题式阅读《论语》，让学生明确整本书阅读的切入点，从而触类旁通，提升语文核心素养，探究整本书阅读的有效途径。通过诵读，总结概括《论语》中"孝"的表现和原因，理解儒家"家国同构"的孝道伦理；通过辩论，理解"孝"的时代价值，树立对中国传统文化的认同感，达到立德树人的目的，获得有益的阅读启示。在探究的过程中，逐步提升学生对优秀传统文化的理解能力，丰富个体关于整本书的阅读经验，体验读书乐趣，养成读书习惯，发展思维品质，为一生的发展和人格的完善奠定基础，进而实现语文素养的全面提升。

1. 在阅读过程中，分门别类地梳理《论语》，比如对于与"孝"相关的句子进行整合，探索主题式阅读《论语》的途径与方法。课堂上，指导学生运用工具书、结合语境疏通文言文，在此基础上，使用质疑、联想等多种批注方法进行阅读，让学生在读懂文本的基础上，整体把握书中与"孝"相关的重要观点和价值取向，反复阅读品味、深入探究。

2. 通过诵读，确定阅读和学习目标，设计多种阅读任务和活动，引导学生质疑探究，由表及里，深入思考，积极进行讨论和交流。在此基础上，总结概括《论语》中"孝"的表现和原因，理解儒家"家国同构"的孝道伦理，理解其深邃的思想内容，从而发展学生的思辨能力和语言表达能力，使学生获得切实的阅读体验和收获。

3. 在阅读过程中，以辩论形式，联系现实生活和个人经验来探讨孝道的当代价值，促使学生深入理解作品，生成个性化的体验，关注学生的思辨发展。

4. 激发学生的探究兴趣，落实好语文学科的"语言、思维、审美、文化"等核心素养，探索阅读整本书的路径，形成和积累学生自己的阅读经验，使学生受到文化的熏陶感染，提高学生的文化理解和传承能力。

（三）具体学情分析

本节课的教学对象是七年级学生，对于学生来说，普遍存在对传统名著"知其然，不知其所以然"的困惑，很多学生觉得《论语》的年代已久远，经典高高在上，可望而不可即，没有明白经典来源于生活、也必将指导生活的道理，更不了解经典中一直有契合当下的鲜活而亲切的内容，所以，应该让如《论语》般传承千年的经典走进学生生活。

在学习的过程中，首先，要引导学生了解中国历史上经典的孝道故事，启蒙学生，消解学生与经典的隔膜；其次，要引导学生借助工具书透彻理解文句，通过阅读领悟"孝"的经典名句的内涵和智慧，体会中华传统文化的博大精深、源远流长；最后，要结合学生对于现实生活的体悟以及个人现实生活中的理解，畅所欲言，积极感悟孝道的时代价值，从而批判地理解践行孝道，在阅读中提升语文学科核心素养，培养学生亲近传统的情感和理性的质疑探究精神。

二、教学目标

（一）教学目标

1. 学习运用工具书并结合语境疏通文言文的方法。

2. 通过整合归类，文本细读，总结概括《论语》中"孝"的表现和原因，理解儒家"家国同构"的孝道伦理。

3. 通过合作探究，读写结合，探讨《论语》中"孝"的现实社会意义，传承孝道。

（二）教学重难点及教学策略

教学重点：通过整合归类，文本细读，总结概括《论语》中"孝"的表现和原因，理解儒家"家国同构"的孝道伦理。

教学难点：通过合作探究，读写结合，探讨《论语》中"孝"的现实社会意义，传承孝道。

教学策略：小组研讨、读写结合。

三、教学过程

<table>
<tr><td colspan="3" align="center">教学设计思路（教学结构图）</td></tr>
<tr><td align="center">教学环节</td><td align="center">教学活动</td><td align="center">核心素养</td></tr>
<tr><td>环节一：追根溯源，引出孝道</td><td>揣摩字形，初探本源义</td><td>审美鉴赏与创造
思维发展与提升</td></tr>
<tr><td>环节二：故事分享，思考孝道</td><td>初读《论语》，评价人物</td><td>思维发展与提升
语言建构与运用
文化传承与理解</td></tr>
<tr><td>环节三：疏通文意，探究孝道</td><td>整合归类，质疑探究</td><td>思维发展与提升
语言建构与运用</td></tr>
<tr><td>环节四：观照现实，反思孝道</td><td>辩论价值，升华理解</td><td>思维发展与提升
文化传承与理解</td></tr>
<tr><td colspan="3" align="center">主要教学过程</td></tr>
<tr><td align="center">教学环节</td><td align="center">教师为主的活动</td><td align="center">学生为主的活动</td><td align="center">设计意图</td></tr>
<tr><td>环节一：
追根溯源，
引出孝道</td><td>教师出示甲骨文字形，引导学生进行字源探究，初识孝义</td><td>活动：揣摩字形，初识孝义
同学们，观察老师所出示的甲骨文"孝"的字形，请你尝试用比喻句描述这个字的外在形象，然后推断其内涵</td><td>激发学生阅读兴趣</td></tr>
<tr><td>环节二：
故事分享，
思考孝道</td><td>教师引导学生将阅读的故事与"孝"之间构建起联系，从关注故事上升为思考故事中的孝义</td><td>活动：分享故事，验证孝道
请大家观看故事图片，这是一些学生搜集绘制的，请你们用《论语》中的语句来解释和评价故事中的人物
参考句式：
我认为_____这个人物身上有（无）孝道表现，因为故事中他（具体表现），正验证了《论语》的句子_____</td><td>引导学生结合阅读经验，积极思考</td></tr>
</table>

教学环节	教师为主的活动	学生为主的活动	设计意图
环节三：疏通文意，探究孝道	师生合作，引导学生阅读《论语》中与"孝"相关的材料，解词析句，疏通文意，总结"孝"行为，尝试深入探究儒家"孝"文化的孝道伦理：从"亲亲相隐"到"家国同构"	活动：小组整合归类，合作探究 1. 请大家借助工具书和具体语境疏通文本，尝试结合个人阅读经历来概括总结孔子提倡的"孝"的具体行为 2. 质疑探究：根据下面的材料，请判断孔子对这个事情会怎么评价，并谈谈你的理由 《论语·子路》：叶公语孔子曰："吾党有直躬者，其父攘羊，而子证之。" 孔子曰："吾党之直者异于是：父为子隐，子为父隐，直在其中矣。"	学生借助工具书和具体语境，疏通文意，细读文本。在辩论中更进一步理解儒家"家国同构"的孝道伦理
环节四：观照现实，反思孝道	教师指导学生积极思辨，探讨《论语》的"孝"的时代价值	活动1：有的学生认为《论语》中的"孝"已经过时了，你的看法呢？请结合你的生活谈谈 活动2：观看习近平总书记陪母亲散步的照片，观看家长晒出的学生孝行的朋友圈。请你结合画面内容，尝试化用《论语》中的语句，对人物进行评价	自省，质疑，分享观点
环节五：布置作业	教师指导学生升华已有感悟，迁移主题阅读能力	读写结合，践行孝道 1. 作为中学生，你认为自己该如何践行孝道？请撰写对联或诗词，表达个人对践行孝道的感悟 2. 自选《论语》中包含"诚信""君子"等词的条目，完成自主阅读	巩固课堂所学，鼓励学生继续开展主题阅读

四、自我评析

第一，整节课的思路特别清晰，节奏很紧凑。比如说，张老师设计了"初识孝""验证孝""思考孝""践行孝"等环节，学生在老师的指导下，一步步进行学与思的活动，并且每次的读与思活动都能让学生有获得。

第二，在思考"孝"这个环节中，老师特别重视对学生语言建构与运用素养的训练。我个人觉得，这样一种思维引导与训练对于七年级的孩子来说还是非常有必要的，我自己在实际教学中也深有体会。因为在学生有表达欲望又不太会表达的时候，老师及时给予一个语言表达的范例，等于给学生提供了一个支架，帮助学生进行语言建构与表达，这样，让学生的思维发展与语言建构能力得到一种互助式提升。这一点让我感触最深。

第三，将《论语》这本书、《论语》中的"孝"与生活相结合，引导学生思考孝道的现实意义，这一设计很巧妙，套用一句话说，就是"使传统文化的传承在现实生活中落地生根"。这样一来，就有利于提升学生的阅读理解与感悟能力，也帮助学生形成个性化的文本解读。这个过程中，落实了语文学科的语言、思维、审美、文化等核心素养，更落实了语文学科的"立德树人"原则。

第四，这节课以主题阅读的形式，以任务驱动，再有老师的细心指导，这样，整节课都是在落实语文学科素养，提升学生的思维品质。学生最后的对联、诗词分享环节呈现了精彩的作品，能看出学生在这节课中收获满满。

五、教学反思

（一）落实核心素养，丰富文化理解，加强学生的认同感

本节阅读分享课，本着"立德树人"的原则，我希望以主题阅读的形式推进《论语》整本书阅读，培养学生的审美思辨能力，提升学生的语言建构与运用素养，实现学生综合能力的提升，让语文核心素养落地到学生的真实阅读中，落地到课堂交流中。所以，本节课在核心素养方面我做了以下几点摸索。

1. 在语言的建构和运用方面：本课通过设置具体的教学情境，指导学生借助工具书，利用小组合作开展研读文本、质疑探究等内容，扎实提高学生这方面的核心素养。

2. 在思维的发展与提升方面：本课将原本零散的语录组成有序有主题的教材内容，旨在指导学生细读文本，将《论语》内容生活化、情境化，打通《论语》学习与现实生活的联系，让学生读出文化、读出自我，提升思维能力。

3. 在文化的理解与传承方面：本课通过诵读《论语》，力争让学生形成准确深入、开放多元的学习方式，切实提升《论语》孝道主题内容的学习效果，使学生从言语内涵的研读走向文化精神的建构，增强学生对传统文化的认知与体悟，当然，整本书阅读也是"旨在拓宽学生的阅读视野，建构阅读整本书的经验，形成适合自己的阅读方法，提升学生的阅读鉴赏能力，养成良好的阅读习惯，促进学生对中华优秀传统文化、革命文化、社会主义先进文化的深入学习和思考，形成正确的世界观、人生观和价值观"。

（二）落实课程标准，设计多样活动，丰富学生认知

语文课标要求："语文课程应致力于学生语文素养的形成与发展。语文课程应激发和培育学生热爱祖国语文的思想感情，引导学生丰富语言的积累，培养语感，发展思维，……同时，语文课程还应通过优秀文化的熏陶感染，提高学生的思想道德修养和审美情趣，使他们逐步形成良好的个性和健全的人格，促进德、智、体、美诸方面的和谐发展。" 按照新课标中有关阅读指导和评价的要求，学生"欣赏文学作品，能有自己的情感体验，初步领悟作品的内涵，从中获得对自然、社会、人生的有益启示。对作品的思想感情倾向，能联系文化背景作出自己的评价；对作品中感人的情境和形象，能说出自己的体验；品味作品中富于表现力的语言"。从语文课标要求来看，《论语》一书的教学价值就不仅仅是整本书的翻译句子式的背诵积累，我们还要读出文化的传承，更应引领学生的价值观的形成。以孝道作为主题阅读的开启课，我希望可以进一步引导学生掌握主题阅读的方法和规律，提高阅读效率，指导学生感受和体验作品的情感，理解作者的人生态度，探究经典作品的意义和价值。

本节课层层深入，从文本解读到故事印证，再到辩论价值，最后落实到笔头上，读写结合，让学生充分活动，逐步深入思维层面的质疑与传承。在语言建构与运用、思维发展与提升中，逐步培养学生的审美鉴赏与创造能力、文化传承与理解能力。本节课，在小组合作的过程中，老师积极加以点评，在辩论环节中让学生激扬思维的火花，整个课堂和谐融洽，有知识的生成。

（三）为学生留足时间，充分关注学生思维成长的过程

学生展示个人的所思所悟需要足够的时间，学生之间的思维碰撞和相互激发，分享交流、建构阅读经验和认识也需要时间，所以本节课后半部分能够呈现出学生思维水平的环节就显得时间很紧凑。如继续完善本节课的教学设计，将会减少一些环节，在课前预习准备方面做足功课，在课堂上给予充分的时间让学生展示，充分关注学生思维成长的过程，关注学生每个点滴的变化和发展程度，关注阅读鉴赏、表达交流、梳理探究中的一些细节，让学生积极表达出自己的个性思考和体会，最终让课堂上的每一个学子都能有所获、有所感。

天地一片清明

——传统节日"清明"专题阅读设计与评析

北京市陈经纶中学本部初中　闵宇霞

一、教学背景

（一）课程标准要求

《义务教育语文课程标准》（2011年版）中提出："认识中华文化的丰厚博大，汲取民族文化智慧。关心当代文化生活，尊重多样文化，吸收人类优秀文化的营养，提高文化品位。""在阅读文章的过程中，发展思维能力，学习科学的思想方法，逐步养成实事求是、崇尚真知的科学态度。""能主动进行探究性学习，激发想象力和创造潜能，在实践中学习和运用语文。""对课文的内容和表达有自己的心得，能提出自己的看法，并能运用合作的方式，共同探讨、分析、解决疑难问题。"

基于以上要求，本节课，我通过设置情境，任务驱动，引导学生关注清明的节日文化，以文化为抓手，引导学生群文阅读中，聚焦清明的人文精神，探究文化内涵，吸收文化营养，提高文化品位；在阅读文章和相关材料的基础上，引导学生提取信息、整合信息，发展学生的思维能力；通过合作学习与交流，探究清明节的文化内涵，解决问题，实现对学生阅读能力、探究能力的培养。

（二）学习任务分析

传承中国文化始终是语文教学的重要任务之一。语文教学应充分发挥语文学科人文素质教育的特殊功能，通过文字这一载体，让学生在祖国灿烂的文化长河中游弋，使中华传统文化得以光大。本节课，以清明节专题阅读为切入点，通过文字这一载体，运用比较阅读、提取信息等多种阅读方法，让学生在清明的节气、节日习俗的阅读中，在古人和今人清明节的不同习俗的比较中，感受清明"慎终追远""感恩""豁达"的文化内涵，汲取文化营养，促进思维，感受中国丰富的文化底蕴。

群文阅读就是师生围绕着一个或多个议题选择一组文章，而后师生围绕议题进行阅读和集体建构，最终达成共识的过程。它追求在有限时间内让学生经历较高水平的探究性阅读，体验发现的乐趣。本节课，围绕清明文化这一主题，引导学生群文阅读，通过提取信息、整合信息，让学生在阅读中促进思维，感受中国丰富的文化底蕴。

（三）具体学情分析

本节课授课对象是八年级学生。由于在七年级的寒假与暑假，学生以小组的形式自主研究了中国的传统文化。他们对所涉及的文化进行了阅读、实地考察、撰写研究报告。其中的长城、剪纸、古诗词等文化已被列入中国非物质文化遗产。因而学生对身边的文化遗产有了一定的了解。但是对于如何传承这些文化，学生还需要认真思索与实践。到了八年级，学生探究意识增强，他们喜欢走进生活学习语文，喜欢在研究中获得发现。

二、教学目标

（一）教学目标

1. 阅读古诗、观察漫画，提取信息，了解清明节的节日习俗。

2. 比较清明习俗古今的变化，理解清明节的节日内涵。

3. 认识传承节日文化的意义，增强继承和弘扬中华民族优秀传统文化的意识。

（二）教学重难点及教学策略

本节课教学重点在于指导学生阅读文字和图片，在阅读的过程中进行探究和思考。教学汇总开展古诗、漫画的资源，与文章的阅读形成资源互补，让每个学生在了解清明习俗的同时，感受清明节的文化内涵。教学重点是阅读古诗、观察漫画，提取信息，了解清明节的节日习俗。教学难点是比较古今清明习俗的变化，理解清明节的节日内涵。在教学策略上采用比较阅读的方法，在比较阅读中，提取古今清明习俗的变化的信息，结合自己的生活实际去理解清明节的文化内涵。

三、教学过程

教学环节和教学活动		
环节一：说清明习俗	图文结合，了解节日习俗	语言建构与运用、审美鉴赏与创造
环节二：论古今异同	比较阅读，感受节日内涵	语言建构与运用、思维发展与提升
环节三：议文化传承	提出建议，探究文化传承	语言建构与运用、文化传承与理解

主要教学过程			
教学环节	教师为主的活动	学生为主的活动	设计意图
环节一：说清明习俗	引导学生文图结合，提取信息，了解清明节的节日习俗	活动1：清明节是中国重要的传统节日之一。纵观中国文学史上，与清明节有关的古代诗词丰富多彩，与清明有关的绘画作品也是数不胜数。请你阅读老师提供的古诗，仔细观察与清明有关的绘画作品，说说你看到了清明的哪些习俗 活动2：从画面走向生活，我们知道清明不仅是一个节日，还是二十四节气之一，请你回顾与清明节有关的经历，你还知道清明节的哪些习俗呢 预设：放风筝、插柳等	联系学生已有的经验引导阅读，落实阅读，从阅读材料中提取信息
环节二：论古今异同	教师引导学生进行古今清明节节日文化的比较阅读，了解清明节的节日内涵	清明节取义"清明"，古人赋予它丰富的文化意义，我们后人在阅读中体会到古人的智慧。请你阅读老师提供的文章《清明话古》，然后完成任务 活动1：请结合文中的具体内容说说古人将清明节取义"清明"的原因 明确： （1）严冬已过去，万象更新的春天来到，到处是春光明媚、桃红柳绿、草木萌芽、生机勃勃，呈现出一片清明景象 （2）万物生长此时，皆清洁而明净，故谓之清明	采用单篇阅读、比较阅读、合作探究的方式，读出自己的认识，深入理解节日文化内涵

教学环节	教师为主的活动	学生为主的活动	设计意图
		活动2：在众多的清明节习俗中，请你从下面的活动中选择一种习俗，探究一下在这种习俗的背后，传达出人们的什么情感 习俗一：清明淘井、换火、采摘新茶 习俗二：清明扫墓祭祖 习俗三：远足踏青，亲近自然 我选择（　　），从中探究出＿＿＿＿的情感 活动3：丰子恺的《清明》和于丹的《清明，血脉里的眷恋》讲述了不同时期的人们不同的清明习俗，请你再次阅读两篇文章，完成下面的学习任务： 与《清明话古》比较，说说时代发展了，古今清明的习俗有什么异同。结合这些习俗背后的文化意义，说说这些异同说明了什么 预设：保留了清明祭祖、踏青的习俗，但是没有放风筝、蹴鞠等体育活动。说明时代变化了，有的习俗缺少了传承	
环节三：议文化传承	教师引导学生阅读相关材料，探究节日文化传承的意义和必要性	活动：时代在发展，当下出现了在网上代替他人祭祖的现象，请你阅读《冯骥才：清明是近人情和近自然的节日》文章，结合"代替祭祖"的现象，以及你对文中清明节文化的理解，对这种行为表明你的看法	联系生活实际，引导学生传承节日文化
作业布置	中国自2014年开始，增加了传统节日的法定假期。清明节就是其中之一，请结合清明节的习俗和文化内涵，设计清明节放假的节日安排		

四、自我评析

（一）把课堂还给学生

在《义务教育语文课程标准》（2011年版）中提出："学生是语文学习的主体，教师是学习活动的组织者和引导者。语文教学应在师生平等对话的过程中进行。"同时还提出："语文课程还应通过优秀文化的熏陶感染，促进学生和谐发展，使他们提高思想道德修养和审美情趣，逐步形成良好的个性和健全的人格。"本节课，闵老师带领学生在阅读的基础上，探究中国的五大传统节日之一——清明节，就是在语文的阅读教学中融入中国传统文化的学习与传承。为此，闵老师在课上由浅入深地设计了说清明习俗和论古今异同两个教学环节。在这两个环节中，有意识地引导学生联系已有的经验进行阅读、落实阅读，并采用单篇阅读、比较阅读、合作探究的方式，读出学生自己的认识，深入理解节日文化内涵。

在课堂上，学生能够积极思考；在阅读中，形成自己的认识；并在讨论中，对古今习俗的变化生成自己的认识。体现了尊重学生的学习主体，把课堂还给学生，唤醒学生的学习力，唤醒他们学习的潜能、开拓创新的意识，同时唤醒学生自主参与、协作团结的精神。同时也培养了学生的语言建构与运用能力，提升了学生对中国文化的理解与传承素养。

（二）关注学生的思维发展

"思维发展与提升是指学生在语文学习过程中，通过语言运用，获得直觉思维、形象思维、逻辑思维、辩证思维和创造思维的发展，以及深刻性、敏捷性、灵活性、批判性合度创新思维品质的提升。""心之官则思，思则得之，不思则不得。"我国的教育家思想家，已十分重视对学生思维能力培养。现行语文教学十分注重思维结果的正确性的教学，而忽视思维过程的训练，因此重视教学中的思维过程，科学地训练思维，有益于深化语文教学改革。

本节课，以文化探究为教学任务，开展了一系列的阅读体验，在阅读过程中培养学生的探究思维。

1. 图文阅读

在阅读教学中提供了古诗、绘画作品，课上引导学生通过阅读老师提供的古诗，观察与清明有关的绘画作品，从中提取相关信息进行整合，形成学生自己的理解和认识，从而提升学生的思维发展。

2. 比较阅读。

本节课设计的第二个环节是比较阅读。在这一环节中，闵老师有意识地引导学生在丰子恺的《清明》、于丹的《清明，血脉里的眷恋》和《清明话古》三篇文章的比较中，感受随着时代的发展和古今清明习俗的变化，并探究这些变化背后的意义，从而使学生的思维走向深度。

3. 拓展阅读

在最后一个环节中，引导学生阅读《冯骥才：清明是近人情和近自然的节日》文章，针对当下出现的网上代替他人祭祖的现象，结合本节课学到的对清明节文化的理解，发表自己的态度和主张，拓展了学生的阅读广度，使学生在课上有了灵活的生成空间。

阅读方式的使用，既培养了学生的单篇阅读能力，又培养了学生的群文阅读能力；既关注了学生的提取信息、整合信息的能力，又关注了学生探究意识的形成。在阅读中，有意识地引入学生之间的评价，在阅读与评价中，提升学生的思维能力，培养学生学会深度思维。

（三）有效开发学习资源

在语文新课标中提出"广义的课程资源是指有利于实现课程目标的各种因素"，并强调"语文教师应高度重视课程资源的开发与利用，创造性地开展各类活动，增强学生在各种场合学语文、用语文的意识，通过多种途径提高学生的语文素养"。

本节课以清明文化为载体，有效地利用了古诗、绘画作品、名家名篇和新闻多种资源整合成学生的学习材料，帮助学生"感受、体验、运用"；课堂上采用精读、略读相结合的方式，关注学生的学习习惯、思维形成，在情感熏陶的同时，引导学生形成读书的方法；我关注课堂的学习氛围，引导学生联系生活实际，唤醒课堂中学生的生命意义。本节课开发教学资源，不仅深化了学生对文本的理解与感悟，也丰富了学生的学习经验，使学生获得情感熏陶和思想启迪，从而培养创新精神和实践能力，综合提高语文核心素养。

走进岳阳楼，走近范仲淹
——专题阅读教学设计及评析

北京市陈经纶中学嘉铭分校　王　锐

一、教学背景

1. 课程标准要求

《义务教育语文课程标准》（2011年版）在"课程的基本理念"一栏的"全面提高学生的语文素养"中这样表述："语文课程应引导学生丰富语言积累，培养语感，发展思维，初步掌握学习语文的基本方法，养成良好的学习习惯。""语文课程还应通过优秀文化的熏陶感染，促进学生和谐发展，使他们提高思想道德修养和审美情趣，逐步形成良好的个性和健全的人格。"《义务教育语文课程标准》（2011年版）中对第四学段学生阅读能力提出："欣赏文学作品，有自己的情感体验，从中获得对自然、社会、人生的有益启示。""诵读古代诗词，阅读浅易文言文，注重积累、感悟和运用。"

基于以上的要求，引发我一个思考：在落实培养第四学段学生阅读能力以及语文素养方面，古诗文教学可以做到哪些突破，教师在"文言并重"的文言文教学之路上才会走得更加稳健？我认为对于教材中有文化影响力的作家、作品中的人物要给予特别关注，通过整合教学资源，精选阅读材料，开展拓展阅读。用问题做引领，在合作探究中，引导学生汲取我们优秀文化中的精神营养，发展学生思维，丰富学生的审美体验，在实践中引导学生掌握学习语文的基本方法，养成良好的学习语文习惯，加深对文字的理解感受力，最后实现传承文化、立德树人的目的。

于是，在学习完名篇《岳阳楼记》之后，我设计了这次拓展阅读课。在本次课的设计中，我以范仲淹的思想为核心，串联起很多的作家作品，在几个主问题引领下，引导学生深入理解范仲淹的忧乐观，引发学生对"忧乐天下"思想现实意义的思考，从而促进学生良好个性和健全人格的和谐发展。设计学习任务，引导学生在情感体验中，掌握积累古诗文的基本方法，养成广泛阅读的好习惯。

2. 学习任务分析

关于《岳阳楼记》，原本被编入八年级下册教材中，拿我以往的教学经验来看，学生对文中提到的两种忧乐观的理解及其现实意义的思考一直都是浮于表面，对文中所蕴含的那么多的文化传承的元素挖掘不够。

如今，新教材把它延后编入了九年级上册教材中，那么我就在想，对于九年级的学生，学习《岳阳楼记》，我怎么教才能让学生有更为深刻的认识，从而不至于辜负这一名篇以及这种新的教材调整呢？基于以上思考，本节课我的基本设想是：通过整合课内外阅读材料，在材料的对比印证中，在师生间的合作探究中引导学生深入理解"迁客骚人"和"古仁人"两种忧乐观的差异，探求范仲淹思想的来源与影响，进而引导学生亲近范仲淹并主动践行范仲淹的忧乐观。

3. 具体学情分析

对于《岳阳楼记》，学生掌握的基本情况是熟读并背诵课文，疏通文意，了解范仲淹的大致经历及写作背景，对于范仲淹的忧乐观有一定的理解；而对于文章重点词句的准确理解、对文中的两种忧乐观本质区别的理解还不够到位，对于"忧乐天下"思想的承继关系以及深远影响还不够了解，而这些内容才该是《岳阳楼记》之所以成为名篇的关键。

另外，对于初三阶段的学生而言，他们更多需要的是学习方法的引导。还要整合学生已经学习过的古诗文内容，这些原本如散在海里的珍珠，被我串联起来，不仅方便学生积累，同时又给他们做了一个学习方法的示范，他们从中会获得更大的收益。

二、教学目标

（一）教学目标

1. 引导学生进一步学习课文，在准确掌握关键词句基础上深入理解文中提到的两种忧乐观。

2. 在梳理范仲淹思想承继关系的基础上，引导学生亲近范仲淹，加强对这一思想现实意义的积极思考。

3. 通过课内外的古诗文整合学习，引导学生学会广泛阅读、自行梳理以及积累古诗文的学习习惯和学习方法。

（二）教学重难点及教学策略

1. 教学重点：通过四个环节、四个活动整合课内外阅读材料，在材料的对比印证中，在生生互动、师生互动中引导学生深入理解两种忧乐观，探求范仲淹思想的来源与影响，进而引导学生亲近范仲淹并主动践行范仲淹的忧乐观。

2. 教学难点：在材料的对比印证中，在合作探究中引导学生亲近范仲淹并主动践行范仲淹的忧乐观。

三、教学过程

教学环节和教学活动	
环节一：理解忧乐观	通过"诗句复位"，深入理解两种忧乐观的本质差异
环节二：探究忧乐观	小组讨论结局成因，通过多文本阅读，感受范仲淹的人格魅力
环节三：品读忧乐观	整合多位作家多篇作品，感受范仲淹忧乐观对当代文人的影响
环节四：学习忧乐观	引导学生主动传承范仲淹的忧乐观

主要教学过程			
教学环节	教师为主的活动	学生为主的活动	设计意图
环节一——理解忧乐观	教师在为学生设置情境中引出两首唐诗，借势	滕子京"重修岳阳楼"不仅"增其旧制"，还"刻唐贤今人诗赋于其上"，阅读下面两首唐诗，完成学习任务	引导学生以名家为线索进行系统性的梳理和积累古诗文

教学环节	教师为主的活动	学生为主的活动	设计意图
	给学生布置任务，安排学生讨论；引发学生思考	活动1：如果把这两首唐诗放在课文里，你认为应该放在文章的什么位置才合理，请选择诗句和作者情感谈谈你安置的理由 《望洞庭》（刘禹锡）、《登岳阳楼》（杜甫） 参考思路： 我选择诗句_____，诗中包含诗人情感与段落的内容有密切联系 活动2：情感比较 刘禹锡和杜甫都属于文中提到的"迁客骚人"，他们面对人生忧与乐的态度，与文中"古仁人"面对忧与乐的态度一样吗？再次阅读古诗和原文，结合具体词句对比分析两者忧乐观的不同 归纳： 古仁人：忧乐无关乎自身，只关乎君与民 迁客骚人：悲喜关乎自身，主观色彩明显	加深对课文中重点语句的准确理解，同时通过对比阅读，从而进一步理解"迁客骚人"与"古仁人"两种忧乐观的区别
环节二探究忧乐观	教师精选阅读材料，引导学生理解古仁人忧乐观的承继关系。教师精选范仲淹的主要从政经历，重视学生答案中的个性体验和感悟，引导学生理解范仲淹言行相顾的人格魅力	阅读《齐宣王见孟子》文段，范仲淹所说的"先天下之忧而忧，后天下之乐而乐"与文段中的哪句话契合，请你圈点出来并用白话文进行阐释 活动1：请用简洁的语言概括孟子向齐王提出的一条建议，结合这条建议，思考作为君主如何才能实现"与民同乐"的愿望和理想呢 活动2：阅读资料，概括范仲淹从政的主要经历，谈谈资料中的哪些内容可以印证课文第五节的内容，并谈谈根据 归纳：范仲淹一生都在用自己的行动践行着古仁人的忧乐观，同样，这种思想必然也映射在他的作品中	通过链接的阅读，引导学生切实理解：广泛阅读才是每个人获得个性体验与感悟的有效途径。通过对范仲淹思想的深入理解，为下面环节学习和践行范仲淹忧乐观蓄势
环节三品读忧乐观	教师以范仲淹的思想为核心，立体整合多位作	活动1：阅读《江上渔者》和《渔家傲·秋思》这两首诗词，体会诗词中包含的情感，你觉得在《江上渔者》和《渔家傲·秋思》中，找到最能体现范仲淹"忧民之忧"的词语或是句子，谈	这种资源整合，不仅加深对范仲淹思想的理解，为下

教学环节	教师为主的活动	学生为主的活动	设计意图
	家的多篇作品，从而引导学生践行范仲淹忧乐观	谈你的根据是什么？ 活动2：品读《渔家傲·秋思》这首词，你认为这首词的感情是通过哪些意象传递出来的，"将"与"夫"的忧愁表现不一样，他们背后的原因也一定不同，请结合背景材料，具体分析其中的原因	一环节学习、践行范仲淹蓄势；同时激发了学生思维、开阔了学生的文化视野，较为系统性地梳理和积累初中阶段古诗文
环节四学习忧乐观	教师引导学生深入理解忧乐观	活动：拓展延伸 范仲淹的人生追求和政治抱负影响着后人，作为后人我们应该具有怎样的忧乐观，请结合下面提供的有关美德的关键词，从中选择1~2个并谈谈你的认识 美德关键词： "关爱他人""欣赏他人" "先忧后乐""先人后己" "先苦后甜"	引导学生对范仲淹忧乐观的现实意义展开思考
作业布置	1. 请你以"心中的范仲淹"为题写一篇300字的短文 2. 阅读《论语》，选择其中的内容对范仲淹的人生经历和追求进行解释		

四、教学评析

本节课是一节优质好课，做到了以教师的功底为依托，以最新的教学理论为引领，以行为引导为课堂动力源，以立德树人为课堂灵魂，为学生呈现多种材料，让学生学习问题的解决变得有据可依，以群文阅读形式探索学生解决学习问题的有效途径，都是可资借鉴的有效教学方法。

1. 教师的自身功底很重要。

根据个性化的需要，提供精准资源，促进个性化学习。教师对教材的拓展、整合中，注重抓准一个切入点，然后对教材重组，向外延展，找到丰富的群文素材，开展群文阅读教学；然后，在学习方法上对学生给予必要的引导和示范。这些都需要教师有广博的阅读面、深刻的思考力去支撑。

2. 好的课堂应该是由教师的理念去引领的。

学生手里拿到素材后，只是有了一个感性认识，至于还有何种需求，王老师在课前就把问题抛给了学生。然后，整节课堂上也十分重视学生的感受和体验，让学生在体验中、在材料的阅读中自然而然感受到，而不是硬塞给学生。

3. 教师行为是引导一节好课的动力源。

老师不仅给学生的学习提供必要、精当的资源，还给学生提供方法、途径上的保障，通过创设多种情境，提出一系列问题，激发了学生的思维，调动了学生的学习兴趣。

4. 语文课的立德树人功能能得到了充分体现，而这种体现又是潜移默化的。

老师从"先天下之忧而忧"讲到"人不寐，将军白发征夫泪"，从《岳阳楼记》讲到《望洞庭》《登岳阳楼》，并由范仲淹的"忧乐观"引出《齐宣王见孟子》，借苏轼的《江城子·密州出猎》谈范仲淹"忧乐思想"对当代文人的影响，在这一系列过程中，不是说教，而是自然而然地引领学生走进岳阳楼，走近范仲淹，自然而然地引导学生传承"忧乐精神"，践行"忧人之忧，乐人之乐"理念。

（北京市语文教研员王彤彦老师）

《食不厌精》传统文化专题教学设计及评析

北京市陈经纶中学嘉铭分校　王　芳

一、教学背景

1. 课程标准要求

《义务教育语文课程标准》（2011年版）对七至九年级文言文学习的总体要求是：诵读古代诗词，阅读浅易文言文，能借助注释和工具书理解基本内容。在新课标背景下的中学的文言文教学，以学生为主体、教师为主导进行。在教学过程中，教师应充分信任学生，从朗读训练到理解文章字句的意思到挖掘文章的精神内涵，都应由教师引导学生采用互动的形式完成，从而提升学生学习文言文的兴趣，培养他们学习文言文的能力，使他们能通过学习自主地发现问题并解决问题。掌握一些浅显的文言文基础知识，打好扎实基础，提升他们的文学鉴赏品位，从而为今后的文言文学习奠定基础。同时，加强学习作为传统文化载体的文言文会促使学生加深对中华民族优秀传统文化的了解，丰富其文化底蕴，提升其文化品位。

2. 学习任务分析

《论语》是我国古代文献中的一部巨著，是中华民族优秀的文化遗产，对我国几千年的封建政治、思想、文化产生了巨大的影响。即使在今天，其精华部分依然为我们所效法。《论语》以其丰富的语言精华和深刻的思想精髓，对于心理发展正处于萌芽状态的初中生来说，具有十分重要的教育意义，而这篇《食不厌精》是《中华优秀传统文化》读本的首篇文章，它肩负两项重要任务：作为文言文，可以对七年级学生学习《论语》起到辅助作用；作为中华经典，它又是七年级学生了解中华优秀传统文化的载体。

3. 具体学情分析

对于刚升入初中的七年级学生来说，文言文学习无疑是摆在他们面前的一座大山。在懵懵懂懂的小学阶段，他们也只是接触了一些简单易懂古诗词，面对从未正式接触的文言文，他们头脑中毫无概念可言，除了《百家姓》《三字经》这一类耳熟能详的文言作品外，学生很难再接触到更深层次的课外文言读物。学生阅读量较少，所掌握的课外文言知识也就非常有限，让学生主动去阅读晦涩难懂的文言文就更加困难了。但是七年级学生，思维活跃，善于质疑，喜欢以合作的方式解决问题，所以，教学时应注重培养学生学古文的兴趣，并要求他们能通过学习自主地发现问题并解决问题，掌握一些浅显的文言文基础知识，打好扎实基础，从而为今后的文言文学习奠定基础；《论语》内容言简意赅，博大精深，学生理解存在一定困难，需要老师有效地指导。

二、教学目标

（一）教学目标

1. 引导学生反复诵读，要求读准字音，注重节奏与语气，并在诵读中体会其内在含义。

2. 结合注释解读与之相关的语录，培养学生阅读理解文言文的能力。

3. 引导学生联系自身的学习生活经历，深入理解孔子修身的思想境界，培养学生的人文情怀。

（二）教学重难点及教学策略

教学重点：理解《食不厌精》的文意，结合注释解读与之相关的语录，培养学生阅读理解文言文的能力。相应的教学策略包括：引导学生反复诵读，要求读准字音，注重节奏与语气，并在诵读中体会其内在含义；教师补充与之相关的语录内容，小组合作探讨理解意思，培养学生阅读理解文言文的能力。

教学难点：引导学生联系自身的学习生活经历，深入理解孔子修身的思想境界，培养学生的人文情怀。相应的突破策略包括：小组研讨、结合生活及阅读经验，理解文意以及孔子思想。

三、教学过程

<table>
<tr><td colspan="4" align="center">教学环节和教学活动</td></tr>
<tr><td>环节一：一读孔子</td><td colspan="3">从朗读《食不厌精》入手，初步了解孔子的形象</td></tr>
<tr><td>环节二：二读孔子</td><td colspan="3">品读《论语》片段，对比理解内容，概述孔子形象</td></tr>
<tr><td>环节三：三读孔子</td><td colspan="3">补充资料，介绍背景和"仁"的思想，再次理解孔子形象</td></tr>
<tr><td>环节四：各抒己见</td><td colspan="3">各抒己见，把学习的内容融合形成自己的想法，体会经典</td></tr>
<tr><td colspan="4" align="center">主要教学过程</td></tr>
<tr><td>教学环节</td><td>教师为主的活动</td><td>学生为主的活动</td><td>设计意图</td></tr>
<tr><td>环节一：一读孔子</td><td>指导学生朗读《食不厌精》，根据注释理解文意，分析孔子在食物上的要求，初步了解孔子的形象</td><td>活动1：朗读课文，圈点重要词语，结合背景知识，说说你读出了哪些内容
活动2：再读文章，结合注释说说你看到了一个怎样的孔子
评价标准：
1. 圈点词语准确
2. 表述语言精练
3. 概括孔子用词准确、全面</td><td>通过朗读语段和分析语段引导学生说出对孔子的最初印象</td></tr>
<tr><td>环节二：二读孔子</td><td>教师指导学生对比阅读孔子《论语》中的语录，找出矛盾点，训练学生的逻辑思维能力；指导学生阅读资料深入了解孔子</td><td>活动1：在《论语》中孔子也提道："贤哉，回也！一箪食，一瓢饮，在陋巷，人不堪其忧，回也不改其乐。贤哉，回也！"为什么孔子在提到"食"的问题时，会出现这种看似绝对对立的表述？结合你对孔子的了解说说你的看法
活动2：作为大思想家的孔子是不是仅仅想告诉我们关于吃的讲究呢？结合材料再读文本，你还看到了怎样的孔子
资料一：
（一）孔子的"孝"
材料一：孟武伯问孝，子曰："父母唯其疾之忧。"
材料二：身体发肤，受之父母，不敢毁伤，孝之始也。
资料二：
（二）孔子的"礼"
材料一：朝，与下大夫言，侃侃如也；与上大夫言，訚訚如也。君在，踧踖如也，与与如也。</td><td>通过孔子言语的对比可以由浅入深理解孔子的观点和思想</td></tr>
</table>

续表

教学环节	教师为主的活动	学生为主的活动	设计意图
		材料二：君召使摈，色勃如也；足躩如也。揖所与立，左右手，衣前后，襜如也。趋进，翼如也。宾退，必复命曰："宾不顾矣。" 材料三：乡人饮酒，杖者出，斯出矣 材料四：乡人傩，朝服而立于阼阶 材料五：问人于他邦，再拜而送之 评价标准： 1. 根据资料注释能准确说出语录的含义 2. 表述语言简练，有明确的看法并能从资料中找出依据 3. 概括孔子用词准确、全面	
环节三： 三读孔子	教师再给资料引导学生了解孔子生活的背景，以及孔子"仁"的思想，从而理解语录的内涵	活动：阅读下面的历史材料和文本，结合具体的词句谈谈你对孔子有哪些了解和认识 （一）时代背景 孔子生于公元前551年，卒于公元前479年，时为春秋后期。春秋时期周王的势力减弱，群雄纷争，齐桓公、晋文公、宋襄公、秦穆公、楚庄王相继称霸，史称"春秋五霸"。平王东迁以后，一些诸侯国经过长期休养生息发展了起来，而王室的力量却逐步衰微，渐渐丧失控制诸侯的能力。强大了的诸侯，不再对周王室唯命是从了，他们有的蚕食周的土地，有的攻伐别的诸侯国。这时周王的地位已经严重下降，只是还保存天下共主的虚名罢了。比较大的诸侯国凭借其实力，用战争来扩充领土，迫使弱小国家听从他的号令，并互相争夺，形成了诸侯争霸的局面。传统礼法秩序受到猛烈冲击，违背周礼行为司空见惯 （二）孔子的思想——仁 材料一：樊迟问仁。子曰："居处恭，执事敬，与人忠。" 材料二仲弓问仁。子曰："……己所不欲，勿施于人。" 材料三颜渊问仁。子曰："克己复礼为仁。"	通过阅读资料加强思考的深度，结合文本理解孔子的思想

续表

教学环节	教师为主的活动	学生为主的活动	设计意图
		评价标准： 1. 用简洁的语言概括资料一的主要内容 2. 根据注释理解资料二的含义 3. 用准确的语言分析材料一和材料二之间的联系 4. 概括孔子用词准确、全面	
环节四： 各抒己见	教师引导学生理解在两千多年的封建社会里，儒家学说备受人们的推崇，对中国的文化产生了巨大的影响，已成为中华民族的宝贵遗产，我们要批判地继承，吸收儒家思想的精华，成长为具备人文情怀与世界眼光的现代人，使其发扬光大	活动1：阅读了这篇文章之后，请你结合具体内容说说学习了这篇课文，你又收获了什么 评价标准： 1. 表述语言准确流利 2. 结合自己的生活经历或阅读积累阐述新的理解和认识 3. 发表看法有层次	通过学习本文让学生汲取孔子思想的精华，对他们的学习和生活产生影响
作业布置	1. 阅读于丹的《〈论语〉心得》和周国平的《孔子的洒脱》 2. 诵读《论语》礼篇		

四、专家评析

1. 授课定位准确

《食不厌精》选自《论语》又是七年级《优秀传统文化》读本的第一篇。如果把它当作单纯的文言文来处理就与传承传统文化的要求相差甚远，如果把它当成单纯传统文化课来讲就很容易上成"吃文化"的拼盘，如何在学习文言文的基础上传承中华传统文化是这一课的中心问题。通过《食不厌精》中注重礼的细节和孔子对待其他"礼"的细节让学生明白表层的形式其实是核心思想的体现，由表及里传输儒家"仁"的思想，既学习了文言文，又理解了孔子的思想，一举两得，定位准确。

2. 关注学生主体

《食不厌精》肩负着文言文学习和传承传统文化双重作用，但学生学习古文的兴趣不高，基础也比较薄弱，所以本课用朗读教学的方法，拉近了学生和文本的距离。琅琅读书声让课堂有了学习的氛围，减轻了学生对古文学习的抗拒感，运用不同的形式，引领学生反复诵读课文，在诵读中培养学生的语感，推动对课文内容的理解，潜移默化中提升了学生的审美能力，给学生深入理解课文提供了支持；补充资料阅读教学的方法，不仅丰富了文本的内容，而且帮学生理解文本搭好了梯子，让学生自己在攀爬过程中深入文本，有效地打开了学生的思维，还使学生的视野和课堂教学的空间得到较好的开拓。合理的拓展，延伸了语文教学的深度和广度，将知识传授、能力培养、价值观引导和谐融为一体。在教学的过程中注重小组合作，通过学生思考讨论引发他们思维的碰撞，激发学生的学习兴趣，收到很好的效果。

3. 落实立德树人

孔子是中国伟大的思想家，孔子仁学思想以道德个人主义为支点，倡导一种以生命契合为主要特征的人际伦理。孔子"仁"的特点是，强调一个人的言行举止必须在各方面都符合"礼"的要求。这是讲"仁"的品德的全面性，也就是说"仁"是一个人生活的最高准则，是一个人世界观全面修养的产物。初中阶段正是世界观和人生观形成时期，学习《食不厌精》进而了解孔子思想，熏陶了学生们的情操，帮助学生们树立正确的世界观和人生观。

——北京教育学院通州分院院长李万峰

五、教学反思

如何让文言文教学实现有效性和丰富性呢？我想，注重文言文的语言文字、文学内涵、文化深蕴是使文言文教学充满活力的一剂对症的良药。我在教授了《食不厌精》一文，和学生一起品鉴完孔子经典语录后，对教学过程的优点与不足之处有了反思。

（一）从文本的体例特征确定合宜的教学内容。

张承志在他的《心灵史》中说过一段极富启发性的话："最好的方法其实存在于研究对象自身的规定中。"阅读教学当以文本为中心，这是我们语文教师的共识。所以文言文教学必须带领学生从文章里走个来回，即首先将语言文字弄清楚，进而进入文章的思想内容，获得思想上的教益、知识上的启迪、情感上的陶冶。在讲授《食不厌精》时，我多次引导学生根据注释理解语录的含义，并且让学生重点把握"厌、精、脍、臭、饪"等关键字词，加深对文本的理解。关注文本，能使教学落实到实处，切实提高学生的语言水平，从而使语文课充满语文味道，更具语文特色。防止架空分析、空发议论的最好途径就是从文本出发，引导学生学语言、品语言。

（二）让学生自读质疑，读出文学及文化内涵

1. 读、思、问的主体是学生

叶圣陶先生在写给一位语文教师的信中写道："语文教师不是只给学生讲书的。语文教师是引导学生看书读书的。一篇文章，学生也能粗略地看懂，可是深奥些的地方，隐藏在字面背后的意义，他们就未必能够领会。老师必须在这些场合给学生指点一下，只要三言两语，不要啰哩啰唆，能使他们开窍就行。老师经常这样做，学生看书的能力自然会提高。"这段朴实的话语中蕴含着先进的教学理念；既有对学生主体地位的尊重，又具体指出了教师如何发挥指导作用，实现学生与文本、作者之间的对话。注重情感体验、强化独立阅读，关键是凸显学生的主体地位。张扬的是学生在阅读中的"言说权"，在阅读教学中则主张"让学生自己来'解'"。在教授《食不厌精》时，我准备了阅读辅助资料，引导学生结合注释理解语录的含义，结合孔子其他语录以及时代背景理解文章隐含的内容，在培养学生学习文言文习惯的同时，让学生主动阅读主动思考质疑，真正地进行有效的学习。

2. 沉浸浓郁，含英咀华

读书主要是一种内隐的心智活动，内心的激荡与外表的沉浸是和谐的，学生唯有真读才有慎思，反复朗读才能读出深意。语文课的本质就是要让学生看到单独阅读不能看到的东西，所以"深度"对语文课来说就具有了本体论的意义。在教学过程中学生跟随着我进行朗读、感受、思考、表达，在与我平等自由的对话中，对孔子的印象由对食物的精致要求到对"礼"的重注，最后得出了孔子"仁"的思想。在文本内容的挖掘上，实现了从表象看内在的转变，同时也完成了课堂教育的目的——向深层次意蕴的解读。

3. 生命的终极关照——人生文化深蕴

古代诗文把汉民族的文学语言、文章技巧发挥到了空前辉煌的高度，在思想道德和诗意情怀上也不乏值得炎黄子孙乃至整个人类继承和发扬的宝贵遗产。比如"修身、齐家、治国、平天下"的修身与社会理想，正是当代中学生建设自己精神家园不可或缺的良药。在课堂上，我设计的最后一个问题是：学习了这篇文章你有哪些收获？学生从自身的角度去理解孔子理解"仁"的思想，并形成了自己的观点和看法。引导学生对内隐在文本里的作者秉持的观点和价值取向进行批判性意义建构，加深了对世界与自身的认识与理解，从而得到了更多、更有价值的启发。

整堂课中，学生喜欢孔子，喜欢修身的思想，也喜欢这样自由思考讨论发言

的课堂，但教后反思，觉得多少还是留下了遗憾。比如笔者的提问不够迂回睿智，一些小的教学环节的设计上又犯了重复赘余之嫌；对学生回答的评价没做到恰到好处；上课遇到学生突发奇想的难疑，应变不够灵活机智；等等。如果在这几个方面有所改进，课堂定会更加完善。

鲁迅童年的有趣与无趣
——《朝花夕拾》专题阅读教学设计及评析

北京市陈经纶中学崇实分校　林　娜

一、教学背景

1. 课程标准要求

《义务教育语文课程标准》（2011年版）中对第四学段学生的阅读能力提出"欣赏文学作品，有自己的内涵，从中获得对自然、社会、人生的有益启示。对作品中感人的情境和形象，能说出自己的体验；品味作品中富于表现力的语言"等要求。

基于以上要求，本节课我将引导学生从"鲁迅童年之事的有趣与无趣"这一与学生认知相近的主题来激发学生阅读经典的兴趣，了解当时社会，理解那时候中国人的生存状态。同时让学生在经典阅读中涵养性情，启迪人生，表达自己对自然、社会和人生的感受和思考，走进经典，消除与鲁迅经典的隔膜。

2. 学习任务分析

《朝花夕拾》是人教版七年级上册名著导读中要求必读的书目之一。学生通过梳理《朝花夕拾》中的10篇文章，了解鲁迅从幼年到青少年时期丰富的成长经历和心路历程，建构整本书阅读经验，扩展阅读视野，体验读书乐趣。本次名著阅读课从学生已有的生活经验出发，制定阅读与学习目标，聚焦鲁迅的童年时期，指导学生综合运用精读、略读与浏览等多种方法阅读整本书，能够读懂文本，整体把握文本丰富的内涵，发现特点，领悟精髓，形成适合自己的读书方法。在阅读过程中，指导学生通过小组合作的方式，采用画作、PPT等多种形式促进学生对于文中小鲁迅童年的有趣与无趣进行探讨，引导学生掌握正确的思维方法，提升学生想象联想能力和思辨能力。最后唤起学生对童年体验的经验，从"小"鲁迅的童真童趣中读出"大"鲁迅对真善美人性追求的情怀，消除对鲁迅先生的隔膜感。通过本次名著阅读课的学习，培养学生高尚的道德情操和健康的审美情趣，形成正确的价值观和积极的人生态度。

3. 具体学情分析

本节课的教学对象是七年级的学生。初中学生有阅读整本书的经验，且鲁迅笔下一组组真实而生动的生活图景及契合儿童特点的心理感受表现出来的童趣会让学生产生亲近感，走进名著。但对经典作品的关注点还主要停留在对故事零散的了解，对于时代背景、人物精神、主题思想等方面的把握和理解仅仅停留在表层，不能做深入的挖掘。

经过课前调研可知，学生在读《朝花夕拾》时最感兴趣的是《阿长与〈山海经〉》《从百草园到三味书屋》《五猖会》。学生最主要的困惑在于找不到《朝花夕拾》中散文篇目内容内在的联系，以及领悟不到其思想主旨和文学价值。比如：百草园也就不过如此，为什么在作者的笔下如此有趣？《五猖会》中作者背完书后，为什么对于期待已久的庙会又毫无兴趣了？

从上述这些问题可以看出，学生对鲁迅的时代背景及其个人背景了解甚微，在阅读《朝花夕拾》时会有读不懂、没兴趣读的状况，更无法理解鲁迅先生笔下"温馨的回忆、理性的批判"。本节课的教学正是围绕"鲁迅童年的有趣与无趣"这个主题，引导学生带着个人的童年生活体验去品味经典、读懂经典，解决学生阅读《朝花夕拾》的困惑，满足学生对经典阅读的需求，提升学生阅读整本书能力设计学习任务的。

二、教学目标

（一）教学目标

1. 能掌握并使用默读、跳读相结合和批注式阅读法等整本书阅读的基本方法，了解书中鲁迅童年生活的经历和主要内容，找出作品中鲁迅童年的有趣与无趣。

2. 通过精读圈点勾画出动词、色彩、心理、神态等语言，掌握其表达效果，体会作品中鲁迅童年的有趣与无趣。

3. 结合自身经历进行小组合作探究，学生联系中华传统文化，能有自己的情感体验、思考人生问题，初步领悟作品里成长之趣的描写所体现的真善美的主题。

（二）教学重难点及教学策略

教学重点：跨越鲁迅语言形式上的隔膜，学生有阅读兴趣，了解鲁迅，掌握全书内容。通过穿越古代，携手鲁迅这一情境设置，借助演一演、画一画等方式引导学生品味探究语言之趣。通过精读、跳读、批注式阅读等方法的引导与运用，学生能了解和掌握阅读整本书的基本方法，且具有感受、理解、欣赏和评价名著的能力。

教学难点：通过自主合作探究式学习策略进行知识迁移，自主学习，能感受作者的童年生活中的有趣和无趣，虽酸涩但却充满了温馨的生活情趣，从而感悟生活，提升自我。

三、教学过程

教学环节和教学活动
环节一：精读：寻找趣味 自选篇目，精读鲁迅人物的经历，围绕"有趣或无趣"话题概括内容故事 环节二：品读：解锁趣味 品读片段，运用圈点勾画，品味语言表达的精彩之处，解锁鲁迅童年之趣味 环节三：感读：今日趣味 浏览全篇，聚焦传统文化，理解文字中包含的优秀传统文化的丰富内涵 环节四：悟读：成长趣味 知人论世，体会鲁迅童年的有趣与无趣，感悟真善美的成长观

教学环节	教学时间	教师为主的活动	学生为主的活动	设计意图
环节一精读：寻找趣味	3分钟	教师出示课前导入的要求，引导学生依据自己的画作分享自己心中对鲁迅的印象	导入：画一画鲁迅 请用漫画的形式画一画你眼中的鲁迅，并用几个词语概括你对鲁迅的印象，说说你的根据。同时猜猜鲁迅的童年是怎样的 参考句式：我对鲁迅的印象是（　　），我是从（　　）中得来的	一个无趣的相貌，对作者的全新解读激发学生阅读名著、探寻鲁迅童年的兴趣。符合新课标中"语文教学应激发学生的学习兴趣，培养学生自主学习的意识和习惯"的教学建议。同时规范并建构初一学生语言，让学生回答问题有根据
	6分钟	教师指导学生进行默读、跳读相结合和批注式阅读来读名著，了解书中鲁迅童年生活的经历和主要内容，找出作品中鲁迅童年的有趣与无趣	活动1：请你解释一下《朝花夕拾》这个书名的意思，根据老师提供的篇目名称，请自选其中的篇目，精读鲁迅人物的经历，围绕"有趣或无趣"话题概括内容故事 参考句式：我阅读了《　　》这篇文章，我认为鲁迅的童年是（有趣或无趣）的，我在（　　）这个故事中发现的	让学生精读文本，然后依据学习任务，驱动学生回归文本，结合内容及教师的阅读方法指导发散思维，形成阅读体验，符合新课标中"发展逻辑思维，探究和发现语言现象和文学现象，形成自己对语言和文学的认识"的要求

教学环节	教学时间	教师为主的活动	学生为主的活动	设计意图
环节二品读：解锁趣味	15分钟	教师指导学生进行精读，圈点勾画出文中动词、色彩、心理、神态等语言，掌握其表达效果，体会作品中小鲁迅童年的有趣与无趣	活动1：以小组合作的方式，阅读文章，寻找小鲁迅之童趣，用简洁语言概括有趣和无趣的具体内容提示：读书之趣、动植物之趣、传说之趣、迷信之趣、读书无趣、礼之无趣（旧习俗、旧道德、旧制度）解锁小鲁迅之童趣。活动2：阅读文章，请你抓住细节，概括文章中趣味内容，分析产生趣味或者无趣的原因提示：抓动词，体心情，涂颜色，画形状，观神态，猜心理，寻觅趣	组织和引导学生谈论自己对文学作品的体验和感受，品味语言，感受语言的美。符合新课标中"自主合作探究"的学习方法和"教师应加强对学生阅读的指导、引领和点拨，但不应以教师的分析来代替学生的阅读实践，不应以模式化的解读来代替学生的体验和思考"的要求。这既能有效引导学生将语文与生活结合起来，又能将名著与自身联系起来，个性化解读名著，跨越语言形式上的障碍，消除与经典的隔膜
环节三感读：今日趣味	8分钟	教师引导学生结合自身经历并联系中华传统文化，在名著阅读中能有自己的情感体验，了解和体会传统文化的今日意义所在	活动：阅读《阿长与山海经》这篇文章，你会发现过春节的一些文化。例如：送福橘、向长辈说祝福语等。请你根据老师提供的篇目，从中探究包含的传统文化内容，谈谈你的理解和认识	引导学生进入文本深处，挖掘隐含在其中的文化因素，将其与故事的梳理整合起来，落实核心素养的内容——文化传承与理解。符合新课标中"体会中华文化的博大精深、源远流长，热爱中华文化，继承和弘扬中华优秀传统文化的精华"的要求

续表

教学 环节	教学 时间	教师为主的 活动	学生为主的活动	设计意图
环节四 悟读： 成长趣 味	6分钟	教师引导学生 结合作者生平 和写作背景， 思考人生问 题，初步领悟 作品里成长之 趣的描写所体 现的真善美的 主题	知人论世，解读《朝花夕 拾》的成长观 活动：请从《朝花夕拾》 中选择一篇散文，结合链 接材料，参考下面的句 式，完成学习任务 参考句式：我读了《　》 这篇文章，从（　　）（事 情、原文词句）上，我读 出了小鲁迅是个（　　） 的人 提示：使用形容词对人物 身上的美德进行概括，或 者用名词对人物性格进行 概括	根据新课标中的"知人 论世"的阅读方法和引 导学生追求正确的价值 观、高雅的审美情趣和 高尚的审美品位鉴赏文 学作品的阅读要求。同 时从阅读出发建立写作 的联系，以固定的句式 输出学生不同的阅读体 验，指明阅读思考的方 向，却不固化学生的思 维，读写结合
作业 布置	2分钟		1. 自选并精读其中一篇散 文，选择一个人物描写的 片段进行批注 2. 请根据提示的信息，为 藤野先生或长妈妈制作人 物档案 （提示：名称、性格、外 貌、人物经历、结局）	尊重学生个性化阅读体 验，并读有所思，读有 所感，读有所获

四、自我评析

1. 整体阅读和局部精读相结合

《普通高中语文课程标准》（2017年版）指出："重视学习前人的阅读经验，根据不同的阅读目的综合运用精读、略读与浏览的方法阅读整本书，读懂文本，把握文本丰富的内涵和精髓。"本节课以"鲁迅童年的有趣与无趣"为主题来对《朝花夕拾》进行整本书阅读，拓宽学生视野，帮助学生建构起阅读整本书的经验。此外，主题阅读从整本书出发，回归于七年级上册《从百草园到三味书屋》课内教材，建立课内外阅读的联系，从而引导学生形成对人生的自我认识，符合部编教材的设计意图，顺应新课程改革趋势。

2. 名著阅读要注入阅读方法的引导

本节课设计聚焦《朝花夕拾》中描写鲁迅童年的篇章进行精读，从人物、场景、语言、动作等方面入手，进行圈点勾画，反复阅读品味，深入探究，欣赏语言的精彩之处，让学生仿佛走进鲁迅的童年，亦与自己的童年产生共鸣，消除与经典的隔膜。例如，活动2中让学生"抓动词，体心情；找趣点，涂颜色；画形状，添加趣；观神态，猜心理，寻觅趣"，引导学生在阅读经典的过程中，探索阅读整本书的门径，综合运用精读、略读与浏览的方法阅读整本书，形成适合自己的读书方法。

3. 落实语文核心素养

本课的五个环节环环相扣，很好地落实了《普通高中语文课程标准》（2017年版）凝练的语文四大核心素养：语言建构与运用、思维发展与提升、审美鉴赏与创造、文化传承与理解。七年级学生正是形成个人语言经验时期，本课中回答句式的设计、小组汇报等环节，均在规范并建构七年级学生语言，让其通过主动的积极梳理和整合，逐步掌握祖国语言文字特点及其运用规律。在活动2中，学生根据自己的兴趣自由分组，字斟句酌，通过画作，"捕鸟"实践活动，探讨鲁迅童年的有趣与无趣，落实核心素养的内容——审美鉴赏与创造和思维发展与提升。在活动3中引导学生深入文本深处，挖掘隐含在其中的文化因素，将其与故事的梳理整合起来，落实核心素养的内容——文化传承与理解。

第六章　本性莹如荆山玉

——作文教学设计与表达策略

第一节　作文教学设计与思维发散

学生写作能力是语文素养的综合体现，是认识世界和认识自我的一个过程。在这个过程中，学生进行创造性表述，这个过程是一个从量变到质变的渐进过程。学生写作需要有语言的积累，但是，相当一部分学生积累了丰富的生活素材和阅读积累之后，仍然无法表达出来，或者表达得不够确切。这里面除了学生缺少写作方法之外，更重要的一个原因就是在作文教学设计上教师没有参与指导学生的构思过程，学生的写作思维没有被激活。

教师在进行作文教学设计的过程中，应该注重贴近学生实际和关注现实生活。深入研究作文教学目标，很好地开发并利用课程资源，努力创设情境并激发兴趣，使学生写作态度主动化。作文教学中注意评价的积极性、鼓励性和建设性，引导学生学会修改文章，并从中悟出写作的规律，提高作文水平。当然，在作文教学中最重要的是发展学生的思维能力，具体的就是要发展学生的创新思维能力，这是作文教学培养学生创新能力的关键。学生的创新思维发展过程是复杂的，要高效率地促进学生创新思维的发展，必须根据创新思维的特性，科学地安排创新思维的训练。一般来说创新思维具有三个特性：就其思维广度而言，具有发散性；就其思维的灵活性程度而言，具有变通性；就其思维的个性而言，具有独特性。基于此，作文教学中教师应根据创新思维这三个特性来安排系统的作文训练和实践操作。针对作文教学中的发散思维进行实践，可以有如下策略与方法。

一、作文教学的思维发散策略

当下，学生作文为什么会出现众多雷同现象，这与学生作文时的思维定式有着密切的关系。教师在指导学生作文时，首先要对思维定式进行突破，挣脱思维定式的束缚，把作文训练与培养学生发散性思维有机结合起来。所谓发散性思维，是指以某一事物为触发点，多角度、多方向引出问题、展开思路和提炼创意的一种思维方式。作文教学中发散性思维形式大致有以下几种。

1. 多角度选材

《语文课程标准》明确提出："写作教学应贴近学生实际，让学生易于动笔，乐于表达，应引导学生关注现实，热爱生活，表达真情实感。""根据表达的中心，选择恰当的表达方式。合理安排内容的先后和详略，条理清楚地表达自己的意思。"著名的美学家朱光潜说："发散思维就是抱着题目四面八方地想。"例如：半命题作文，补题是很关键的一步，教师不妨从补题入手，请同学们运用发散思维，去设想空白处填的词语，尽量做到新颖和有别于其他人。

以上是从题目入手发散思维，写文章最关键的任务是要解决写作素材的问题。在选择材料的这个步骤更需要拓展创新思维的空间，让学生放胆表达。例如：教师可以提供作文的范围——社会、家庭、自然、校园，然后让学生循着这四个词语，搜索自己的材料，聚焦文章的立意，发散思维想象出多个写作素材，这时学生的生命力和创造力就会像火山一样爆发出来。这里强调一点，学生自由选择写作素材，不是说不需要教师进行写作方法的指导了，因为学生刚进入选择材料的状态，教师不宜用太多要求束缚学生思维。当学生选择了多个写作材料后，写法指导在此应该进行了。建议推荐片段，让学生阅读感悟其中的写作方法，选择自己能够驾驭的去仿写或者运用，教师在此刻的指导应该做到有的放矢，只有这样，学生的写作才会有真情实感。

为了培养学生的创新思维，教师在作文指导时，要注意引导学生围绕同一题目从多种角度选择材料。例如，写《朋友》，大多数学生只是写同学怎样关心自己的事，往往千人一面。教师可以启发学生将小鸟、花儿、小桃树等身边的自然物作为自己的朋友，跳出家庭和学校的范围进行选材，引导学生从"山重水复"走向"柳暗花明"，就会出现有写不完的材料的情况。

2. 唤醒记忆表象

学生思维能力不足主要体现在三个方面：思维方式太过单一；屈服于作文权威；跟随大众的思维模式。发散思维是学生的文章区别于其他文章的个性所在，反映了学生的思维创新能力，发散思维的培养可以从多向思维、逆向思维和聚合思维三个角度进行，以此突破传统语文作文教学的局限性，改变学生作文写作的思维模式，使学生的作文体现其个性。

有些作文题限制了文章中心，学生在作文时容易出现雷同，需要教师引导学生摆脱思维定式的束缚，才能写出各具特色的作文来。例如：作文题目是《我熟悉的一个人》，教师为了引导学生摆脱思维定式，建议采用这样的导语：同学们，在你们的生活中，经常和各种不同的人打交道，在这些人中，有你熟悉的人，有你喜欢的人，有你讨厌的人，有你敬佩的人……能不能把他们介绍给老师呢？介绍这个人要包含他的事件，同时写出事件给你留下的深刻印象。接着可以组织学生分成四人小组，针对老师提出的问题进行交流，让学生在互动中相互启发，同时，允许学生调换所要介绍的那个人。最后，启发学生根据自己介绍的人，按性格特点和人物品质选择典型事例并写出提纲。

在作文教学中强调思维的发散，并不是要违背写作原则。对学生进行写作引导的时候，要结合写作目标的完成、写作能力的培养，同时将发散思维应用到作文教学当中。

3. 扩大阅读范围

著名教育家叶圣陶先生说过："生活有多广阔，语文就有多广阔。"我们一个人不可能事事都亲身经历，所以只能从古今中外的书籍中间接获得经验。多读有益的课外书，对丰富我们的知识、开阔我们的视野、提高我们的能力、陶冶我们的情操有着极大的作用。要丰富学生的作文素材，提高他们的写作能力，必须先提高学生的阅读能力和宽度。作文教学是一个大概念，并不单指课堂教学。而且一个真正懂得作文教学的老师必须知道，作文仅仅依靠作文课是教不好的。所以西方就有人说，作文是不可教的。我们古人也说，作文有可教者，有不可教学者。所谓不可教学者，一是依靠天赋，二是在阅读中学会，三是在生活中学会。而作文课上可以教的是其中一部分，甚至是一小部分。所以，懂得作文的语文教师会从更为广泛的范畴进行读写结合的指导。语文课上的阅读，课外自由的阅读，对写作都有着不同寻常的意义。每一个人，凭直接经验，对社会的了解总是有限的，要积累素材，也不可能样样亲历，这就必须通过阅读积累间接经验。所谓"读书破万卷，下笔如有神""劳于读书，逸于作文"说的就是这个道理。

从语文学习的规律看，读和写几乎不可分。在读中可以学习写，在写中可以学习读；阅读可以为写作服务，写作也可以为阅读服务。读书是吸收、积累储存的过程，一旦需要，这些储存就会蜂拥而至，使学生不假思索而顺理成章，多读的确是一条通向学好写作的成功之路。当代著名女作家叶文玲在《我的长生果》一文中谈到第一次发表小小说的感受时说道："假如不是读过几百部真正的小说，我绝不可能写出那800字。"其所强调的正是课外阅读的重要性。仿写，是读写结合传统的方式，也是最基本的方式。或者是读一篇文章，或者是读一组具有共同点的文章，也有的时候是读一部作品，然后明确模仿的写作点布置作文题目，让学生模仿。例如：学习了《白杨礼赞》这篇文章之后，指导学生从外形到内在精神去模仿写一篇文章。

"合抱之木，起于毫末；九层之台，起于垒土。"写作并非一蹴而就，也不是立竿见影的，它是一个长期积累的过程，厚积才能薄发。作文教学是语文教学的基础环节，只要在这个环节上指导得法，就会像毫末之苗终成合抱之木一样，学生写作能力会明显提高。当然，作文教学中对学生进行发散性思维培养同样很重要，不仅有利于激发学生对作文的兴趣，写出独树一帜的文章，还有利于发展学生的创造性。

第二节　作文教学实施案例

《心中的风景》写作教学设计及评析

北京市陈经纶中学本部初中　冯淑娟

一、教学背景

1. 课程标准要求

《义务教育语文课程标准》（2011年版）中对第四学段学生写作能力提出"多角度观察生活。发现生活的丰富多彩，能抓住事物的特征，有自己的感受和认识，表达力求有创意""注重写作过程中搜集素材、构思立意、列纲起草、修改加工等环节，提高独立写作能力"等要求。

基于以上要求，本节课我引导学生关注从身边的世界选择写作材料，表达自己对自然、社会和人生的感受和思考。培养学生多角度的观察生活，发现生活的丰富多彩，能抓住事物的特征，表达自己的认知能力，从而在写作上进行有创意的表达，提升学生景物描写的能力。

2. 学习任务分析

学会描写景物是部编语文教材八年级下册第三单元的写作任务，进入初中以来，学生阅读了一部分散文作品。本次作文指导课是在学生七年级阶段已经掌握了写景的基本方法之后，经过八年级第三单元《三峡》《与朱元思书》《记承天寺夜游》等古代写景名篇学习之后，进行的一次写景散文的作文引导，目的是提升学生选择材料的能力，提高学生抓住景物特征进行描写的能力。通过本次作文指导课的学习，让学生掌握描写自然景物的方法，学会从形神兼备的角度思考景物描写的顺序，掌握景物描写的层次，在景物描写中抒发自己的个性感受和观察体验，表达自己对社会、人生和自然的独特思考。

3. 具体学情分析

本节课教学对象是八年级学生，他们的特点是思维活跃、善于质疑，喜欢以合作的方式解决问题，有良好的景物描写基础。在散文写作方面，学生能够描写景物的内容，但是描写景物还只是停留于景物的表面，喜欢在景物描写过程中面面俱到，选择的材料不够精当，景物特征不够突出，个性感受和思考表达不够明确。经过采访与调查发现，学生喜欢阅读写景散文作品，也喜欢仿写作品中的一些段落和文字，但是独立完成一篇个性非常鲜明的散文习作还是有很大的困难。在修改自己习作上缺乏自改的方法，需要教师提供一些景物描写的方法，将自己的文章写出真情实感并充满个性。

从上述这些问题可以看出，学生对于景物描写的方法掌握不足，在写作中如何突出主旨、抒发真情实感方面也充满困惑，需要通过专门的景物描写专题课进行指导来解决以上问题。本节课的教学正是围绕学会描写景物这个主题、解决学生的写作困惑、满足学生的写作需求、提升学生景物描写能力来设计学习任务的。

二、教学目标

（一）教学目标

1. 阅读景物描写片段，分析并发现景物描写的方法，懂得选择自己真实观察的景物，并抓住特征进行描写。

2. 通过品读比较景物描写文段，掌握景物描写不仅要抓"形"，还要抓"神"的方法，能初步选取体现景物之"神"的特征进行描写。

（二）教学重点难点及教学策略

教学重点：在绘景的基础上，学会以"我之思，我之情"对自己的写景材料进行补充和修改。相应的教学策略包括：提供景物描写片段，让学生在品读的过程中理解景物描写片段的内涵，思考作者的思想感情；小组合作探讨景物描写的方法，从"形"和"神"两个层面进行思考和分析景物片段；教师下水文补充相关资料，深入理解景物描写的方法。

教学难点：通过品读景物描写文段，掌握抓住特征生动形象进行景物描写的方法，提高写作能力。相应的突破策略包括：小组研讨，资料补充；从下水文中分析并收获写作方法，教师补充有关写作知识，引导学生抓住特征对景物描写方法进行运用。

三、教学过程

教学环节和教学活动	
环节一：绘景　写片段	从题目"心中的风景"入手，指导学生描绘景物片段
环节二：读景　学方法	小组讨论结局成因，品读景物片段，理解片段内容，掌握形神兼备写景方法
环节三：描景　抓特征	下水文引导，抓住景物特征，写出自己对景物的个性理解

主要教学过程			
教学环节	教师为主的活动	学生为主的活动	设计意图
环节一：绘景写片段	展示"心中的风景"作文题目和有关要求，引导学生从题目"心中的"入手，思考题目的隐形要求，运用思维导图的方法，选择写作素材，设计景物描写片段。引发学生对生活中印象最深刻的景物进行选择，形成风景的片段文字	请你以"心中的风景"为题，写一篇600字以上的文章。要求：能抓住景物的特征，写出真情实感 活动1：作文题目"心中的风景"具有实虚结合的特点，用"心中的"修饰"风景"，我们体察到景物的不一般。请回顾生活经历，有哪些风景曾经在你的心中停留过，抑或至今还一直深藏在心中呢 活动2：请以"风景"为核心，运用思维导图的方法，搜集心中的"风景"素材，运用恰当的方法描写"风景"片段，字数在80字以上	阅读作文试题，引导并鼓励学生从生活出发，搜集写作素材
环节二：读景抓形神	教师指导学生精读片段，从文字表层入手，分析景物描写的深层内涵，引导学生从"形"和"神"两个层面入手，掌握景物描写的方法	活动：景物描写要抓住形、香、色、质才会吸引读者，阅读下面甲乙两个片段，对比甲、乙两段景物描写的不同，说说哪一个片段让人读起来更有深度和韵味，思考这是为什么 甲：洁白梅花在寒冷的冬天绽放了。半圆形的花瓣整齐地站立在花托上。有些枝干上的花苞咧开了嘴巴，露出洁白的牙齿，笑了，正享受着寒冷的侵袭，它们在枝头挨着挤着	提供片段阅读，引导学生对景物描写的方法进行深入思考和讨论。教师发现、保护和支持学生阅读中的真知灼见，让学生在分

教学环节	教师为主的活动	学生为主的活动	设计意图
		乙：梅花在寒冷的冬天绽放了。越是寒冷，花开得便越发灿烂。枝干上的花苞咧开了嘴巴，露出洁白的牙齿，正享受着寒冷的侵袭，它们在枝头挨着挤着。虽然经历了暴风雪的洗礼，梅花仍然能一如既往地挺直腰，没有丝毫的低头，更看不到怯懦 归纳：写出景物深度和神韵，要从形到神，形神兼备，同时要具备以万物为友的心态	析过程中形成对景物描写方法的新认识
环节三：描景抓特征	教师补充下水文，从景物描写要抓住特征的角度，引导学生深入思考景物描写的方法	活动1：体会下面描写"月"的两个片段，思考为什么同样写的是月景，抒发的情感却是不同的呢 片段1：仰望夜空的明月，它如一枚银色的印章刻在黑色的苍穹。月光笼罩的世界是多么祥和，一颗流星划过天际，我双手合十，在心中默默祈祷：远方的朋友啊，祝你一切安好 片段2：一轮残月孤独地站在夜空，只有那几颗寂寞星星陪伴在它的周围。站在并不明亮的月光里，勾起我对远在天堂外婆的思念，也许只有在梦中才会相见，此刻，眼角的一滴清泪慢慢划过 归纳：景物描写要"与我有关"，才会走进我的"心中" 活动2：从不同角度抓住景物的特征，会让景物具有不同的情韵，自然景物不仅有它的自然属性，还应该在我们的情感和立意的统领下，浸染上我们人的主观情感，从抓住景物特征的角度，建立景物与你、我、他的关联，请回看你们"心中的风景"景物描写片段，是不是还有可以改进的地方呢？请大胆尝试 评价标准：景物形神兼备 　　　　　有真情实感 　　　　　抓住景物特征	教师下水文，引导学生思考景物描写抓住特征的方法，从而运用学到的方法对自己的景物描写再次修改，提升写作品质
作业布置	1. 将"心中的风景"片段扩写，加入人物，运用联想，写成600字文章 2. 阅读读写教材《走》上的散文，巩固学习成果		

四、自我评析

1. 注重方法指导

《心中的风景》是一个命题作文，题目中的修饰语"心中的"，让风景带有抒情的特点，学生描写景物是没有困难的，但是将景物写出特点，还要将景物写入心中，在心中留下深刻的印象就存在一定的困难。据此，本节课定位于从学生的生活出发，采用思维导图的方法发散写作思维，引导学生以"我之思，我之情"选择材料并进行景物片段创作。然后提供经典片段，引导学生在阅读中思考并掌握景物描写的方法，教学定位很准。

在作文方法的指导上，采用让学生阅读景物描写片段的方法，关注景物描写的"形"，思考景物描写所蕴含的"神"，从"形和神"两个层面整体把握景物描写方法，落实学生对形神兼备描写方法的深入理解，这一点很到位。教师在本节课上将写作融入片段阅读过程之中，学生在阅读过程之中，教师进行写作方法的引导，建立读写联系并进行仿写训练。仿写是读写结合传统的方式，也是最基本的方式训练。在本节课教学中，学生阅读精美的片段，教师指导学生通过阅读挖掘片段中包含的写作方法，促进学生对写法的理解，然后选择内容进行语言模仿、结构模仿和表现手法模仿等。

2. 关注学生主体

在教学中引导学生通过合作、探究的方式共同提高写作能力，促进学生关注写作材料的选择，抓住典型景物特征，实现从"神"到"情"的过渡，建立自我感受和景物描写之间的有效途径。教师以自己的下水文平等参与交流、讨论与答疑，发现、保护和支持学生在阅读写作中产生的想法和收获。关注学生的主体地位，通过对作文片段或文章的点评，强化学生的思维能力，通过现场对文段的修改与探讨，让学生认识到"翔实的材料内容"和"明确的个性感受"是写好散文的重要条件，促使学生多角度观察生活，从而表达自己对自然的感受、体验和思考，落实了语文课标对作文教学提出的要求。

3. 落实立德树人

通过学生对景物的描写与创作，把握学生的情感倾向和价值取向。教师在教学过程中的下水文和下水片段，注意选择正能量作文素材，对学生进行做人教育。从学生的视角出发，提供学生可以借鉴的写作样例，实现学生作文"情"与"理"的结合，以此提升学生作文的品质。例如：在教学环节二中，老师为学生提供的片段文字："乙：梅花在寒冷的冬天绽放了。越是寒冷，花开得便越发灿烂。枝干上的花苞咧开了嘴巴，露出洁白的牙齿，正享受着寒冷的侵袭，它们在枝头挨着挤着。虽然经历了暴风雪的洗礼，梅花仍然能一如既往地挺直腰，没有丝毫的低头，更看不到怯懦。"其中画线的句子，不仅用它来教会学生写出精神，教师在引导学生学习方法的过程中，希望学生在未来的人生中，也不要向困难低头。从这个环节来看，教师对文段的选择很合理，文段内容不仅适合学生学习写作方法，也对培养学生的精神品质有帮助，特别是教师在对学生的思路引导和点评中，也渗透了立德树人思想。

印象太白之初出蜀地
——《峨眉山月歌》剧本创作与演绎

北京市陈经纶中学本部初中　杨海龙

一、教学背景

1. 课程标准要求

《义务教育语文课程标准》（2011年版）中指出："了解诗歌、散文、小说、戏剧等文学样式。""能够区分写实作品与虚构作品，能变换文章的文体或表达方式等，进行改写。"

2. 学习任务分析

剧作作为语言综合运用的一种艺术形式，能够全面培养学生的语言能力和素养。将校园剧纳入语文教学课程，将话剧表演有机地引入学生的语文学习生活，不仅激发了学生语文学习的兴趣，更是提升了学生的语文学科素养，还促进了学生表演、鉴赏、心理等综合素质的提高。

3. 具体学情分析

李白是学生最为熟悉的诗人之一。从"山随平野尽"，到"杨花落尽子规啼"，再到"长风破浪会有时，直挂云帆济沧海"，对李白诗歌的学习贯穿了学生的语文课堂。然而，对于中学生来说，虽然学习了很多李白的诗歌，也对李白有了一定的了解，但是缺少一个契机将这些诗歌联系起来，形成对李白的整体认识和理解。

在剧本阅读和写作方面，初中阶段的学生能够基本读懂剧本故事情节，而且能够根据自己的理解续写故事，但需要教师在人物心理的细致揣摩和表现方面进行恰当的引导。剧本表演方面，初中阶段的学生具备强烈的表演欲望，乐于在舞台上表现自己，但是学生在舞台上的表现会出现过于随意或者放不开的现象，需要教师在排练过程中予以指导。

学习的过程就是建立联系的过程。将李白的诗歌作品联系起来看，"诗仙"的生命历程就在其中，"诗仙"的旷达、豪情、无奈也在其中。本节社团课力求引领学生将从小到大学习到的片段式的李白联系起来，形成流动的画面，从而获得对李白的整体感知。在朗诵中感受诗仙豪情，在表演中品味诗仙风骨。

二、教学目标

（一）教学目标

1. 演绎《峨眉山月歌》，揣摩人物心理，形成对初出蜀地的李白形象的认识。

2. 修改剧本并学习剧本编演特点，进行即兴表演，培养舞台表现力。

3. 创编首尾，读写演结合，在互相评价中培养审美鉴赏能力。

（二）教学重难点及教学策略

修改剧本并学习剧本编演特点，揣摩人物心理，形成对初出蜀地的李白形象的认识。

教学策略：小组研讨

三、教学过程

教学设计思路（教学结构图）		
教学主要环节教学活动		核心素养
环节一：印象太白，创作小引		
环节二：印象太白，创作小引	回顾所学李白诗歌，形成对李白的整体印象	审美鉴赏与创造 思维发展与提升
环节三：结合画面创编短剧	小组讨论结局成因，想象诗歌画面，创编剧本并互相评价	思维发展与提升 语言建构与运用
环节四：揣摩心理个性演绎	揣摩剧本动作心理，演绎剧本并互相评价	文化传承与理解
主要教学过程			
教学环节	教师为主的活动	学生为主的活动	设计意图
环节一：飞花令	教师引导学生以飞花令的形式回顾之前所学的李白诗歌，对李白形象形成整体认识	活动：同学们，今天我们要进行剧本创作，剧本的内容是关于诗人李白的。下面请你朗诵你所知道的李白诗歌，朗诵之后请你概括这几首诗歌中的李白形象	指导学生回顾小学所学的李白诗歌，快速走入课堂，形成对李白的整体形象认识

教学环节	教师为主的活动	学生为主的活动	设计意图
		望庐山瀑布 日照香炉生紫烟，遥看瀑布挂前川。 飞流直下三千尺，疑是银河落九天。 **静夜思** 床前明月光，疑是地上霜。 举头望明月，低头思故乡。 **黄鹤楼送孟浩然之广陵** 故人西辞黄鹤楼， 烟花三月下扬州。 孤帆远影碧空尽， 惟见长江天际流。 **独坐敬亭山** 众鸟高飞尽， 孤云独去闲。 相看两不厌， 唯有敬亭山。 **赠汪伦** 李白乘舟将欲行， 忽闻岸上踏歌声。 桃花潭水深千尺， 不及汪伦送我情。 **望天门山** 天门中断楚江开， 碧水东流至此回。 两岸青山相对出， 孤帆一片日边来。 **早发白帝城** 朝辞白帝彩云间，千里江陵一日还。 两岸猿声啼不住，轻舟已过万重山。	

教学环节	教师为主的活动	学生为主的活动	设计意图
环节二：印象太白，创作小引	指导学生结合链接材料，深入理解《峨眉山月歌》的创作背景以及诗中的情感	活动：阅读链接材料的内容，以自己喜欢的形式写一段话作为剧本的引子，介绍《峨眉山月歌》中李白的形象（诗歌、故事场景、排比） 链接材料：《峨眉山月歌》写作背景 《峨眉山月歌》是年轻的李白初离自己家乡蜀地时的作品，大约作于开元十三年（725）。青年李白仗剑辞亲，外出漫游，渴望能够建功立业。途经峨眉，恰逢秋高气爽之时，朗月高悬，月影浮动。小船行进在湛绿的江水之上，想到此次出蜀，不知何时才能再见这清丽的山水，诗人颇有感触，创作了这首诗歌 示例 1：才华横溢，你是诗之神，峨眉山月见证了你的才情诗意 放荡不羁，你是酒中仙，平羌江水记着你的少年豪气 示例 2：开元年间，青年李白仗剑辞亲，外出漫游，此时的他还未识世事艰辛，满是建功立业的豪情壮志 示例 3：……	指导学生阅读链接材料，明确《峨眉山月歌》创作背景理解诗歌情感，为创作剧本做铺垫。教学环节设计体现剧本引子的实用性，学生在设计引子的过程中，学生形成并表达自己对李白的独特认识，发展学生语言建构与运用能力，同时发展与提升学生的思维能力
环节三：结合画面创编短剧	引导学生想象诗歌的场景和画面，补全剧本	活动：请你朗读并想象《峨眉山月歌》中描绘的场景和画面，帮老师补全对话，完成剧本的台词设计 场景：夜外 人物：李白、老渔夫 地点：峨眉山 旁白： 李白告别好友后，离开了家乡，到成都乘船，经过嘉州的峨眉山 老渔夫：（乐呵呵地开口问道）公子去哪里呀 李：去往长安 老渔夫：（惊讶了一下）呀，那还远着呢	指导学生想象《峨眉山月歌》的画面，把握诗歌意象，不仅要读通作品、读懂作者，还要读出自己。过程中注重培养审美鉴赏和创造能力

教学环节	教师为主的活动	学生为主的活动	设计意图
		李：是呀！老人家，这里峨眉的山水真是别致得紧哪 老渔夫：哈哈！（自豪地拍拍胸脯，开口道）那是当然，咱这峨眉啊就是别致（伸手一指）公子啊，你看＿＿＿＿＿＿＿＿ 李：（顺着老渔夫指的方向看去，负手而立） 老渔夫：咋样，是不是更美了。你看＿＿＿＿＿＿＿＿＿＿＿＿＿＿＿＿。哎呀，我实在是说不出来呀 李：（望着月亮，缓缓吟诵）峨眉山月半轮秋，影入平羌江水流。夜发清溪向三峡，思君不见下渝州 老渔夫：（抚掌赞叹）＿＿＿＿＿＿＿＿＿＿＿＿＿＿＿＿＿＿＿！ 李：＿＿＿＿＿＿＿＿＿＿＿＿＿＿＿ 老渔夫：＿＿＿＿＿＿＿＿＿＿＿＿＿ 李：＿＿＿＿＿＿＿＿＿＿＿＿＿＿＿	
环节四： 揣摩心理 个性演绎	教师引导学生小组合作，揣摩动作、语言、语气，个性演绎剧本	活动：请你在小组内朗读并尝试演绎剧本，在朗读过程中揣摩人物心理，批注对话时的语气与动作 标准：1. 语气动作反映人物心理 2. 动作连贯自如 | 个性演绎	语气符合人物性格	神态反映人物心理	动作流畅自如	小组配合默契 | |---|---|---|---|---|
评价等级	优良中	优良中	优良中	优良中
演员姓名						小组合作揣摩语气、动作，演绎《峨眉山月歌》，培养小组合作能力
作业布置	1. 走出蜀地的李白会有什么样的境遇呢？请你发挥想象，联系所学续编本剧第二章节的内容 2. 收集并阅读李白的有关文章，写一段200字随笔，题目是《我心中的李白》		

四、自我评析

1. 教学设计新颖

本节课将诗歌改编成课本剧的设计独具一格。教学过程中，教师从学生的兴趣出发设计课堂教学，以飞花令引入课堂，一节课的时间内完成了创编、导演，课堂效率极高。在对学生演的评价的过程中，学生在把握剧中人物语言、动作、表情的基础上了解了"诗仙"太白的境遇。

2. 教师引导适当

课堂上，教师应为学生提供资料，但是什么时候提供资料、提供什么资料是一门艺术。本节课，教师并没有直接给学生提供全部的资料，而是在学生有疑惑、编写遇到难点的时候为学生提供了《峨眉山月歌》的创作背景，这就是不愤不启、不悱不发。教师并不是课堂的权威，而是学生活动的帮助者、引导者。

3. 评价方式多元

评价不仅仅是为了评价，我们看到教师在活动开始之前为学生提供评价标准，这时候的评价并不是为了评价，而是为了引导，引导学生朝着最高的水平努力。除此之外，本节课融合了小组互评、学生自评以及教师评价，多种评价方式纵横交错，构成了一个三维立体的评价体系。教师以评价表格为学生提供了努力的目标，以教师和学生的评价让学生在表演中加深认识。

五、自我反思

演读助力诗文理解

每一个学生的想法和头脑中思维相互碰撞、呼应起来的交响乐本身，才是课堂学习过程中最大的妙趣所在。本节课以课文中的《峨眉山月歌》为基础，引导学生在编演剧本的过程中建构对李白的整体印象，课堂上力求让参与其中的每一个人都有自己的思考，有独特的收获并能够发出自己的声音。

（一）语文教育：整个人的教育

语文学科是关于语言的学科，是承载着一个国家、一个民族文学文化的学科。学生由小学至中学学过很多首李白的诗歌，对李白有了初步的印象，但是却没有一个机会将这些诗歌串起来。《望庐山瀑布》《静夜思》《黄鹤楼送孟浩然之广陵》……本节课所选的《望庐山瀑布》是七年级上册的诗歌，本首诗歌是李白初出蜀地的作品，从中能看到初出蜀地之时李白的豪情壮志、对家乡的眷恋。

人是一种文化的存在，人类历史是一种文化的历史，教育的过程是历史文化过程。初中学生正处于精神成长的阶段，对语言的感觉，语言文字所承载的理想胸襟、情怀抱负，滋养着学生精神的成长。因此本节课不仅仅停留在《峨眉山月歌》，而是透过诗歌看到诗歌背后的李白，引导学生将以往学过的李白诗歌联系起来，形成对"诗仙"的独特印象。正如雅思贝尔斯所言："教育的过程，对儿童来说，更多的是思维成长的过程。"所以本节课设计过程中更多地注重学生在剧本创作与编演过程中的思考，表达出对李白独特的感受。

（二）尊重差异，把握生成

文本不是一个自给自足的封闭结构，也不是一个静止、单一的意义形态，文本是可以不断衍生出意义的文本。在学习过程中，教师与学生是平等的交流主体，教师不可随意地以知识权威的身份打断学生的发言，纵使学生说的有偏差。教师的教学智慧在于，将学生的问题联系起来，引导学生自觉发现真理；将学生收获的方法联系起来，并且推而广之。先哲苏格拉底从不给学生现成的答案，而是让学生自己通过探索得出结论。经过探索的失败和错误后得到的收获往往印象更为深刻。

因而本节课采取了多元性课堂评价。本节课教学过程中既包括教师评价，也包括同学之间的评价。在教学重点编演剧作的过程中由学生评出最佳小组，用评价为学生树立了优秀的标准，并在互相评价中审视本组的表现，揣摩人物心理，提升舞台表现力。

世界正因为丰富而精彩，学习也是一样，学生在对自己的剧本、动作、表情揣摩演绎的过程中，在一个又一个的"言之有理"中逐步建构起了自己对李白的独特认识。"声一无听"，如果学习只有一种声音，那么也就没有了继续的必要。当每一个人所体验到的不同在课堂上汇聚、碰撞时，我想每一个参与其中的人都会有新的理解角度。成长的过程不就是打破局限、接纳新知的过程吗？

（三）开发资源，丰厚课堂

语文学习的选材既要依据教材，又要有开发教材的意识。本节课注重对学生资源的挖掘和开发。挖掘了学生在小学时学过的李白诗歌，为本节课理解李白形象打下基础。同时对于学生理解的难点，教师提供了链接材料，帮助学生理解诗歌创作背景以及情感。本节课编写演结合，教学中从李白的生命历程中选择了四个画面，化抽象为具体。学生在课堂上边创作边表演，在互相评价表演的过程中让自己的表演更加细致，综合提升学生的理解力、观察力、想象力、感应力与表现力。

"文学""文化"居住在"语言"之中，透过语言文字，在品味体悟中与作者同情共谋，体验文学魅力，吸收文化营养，实为语文教学的一大乐事。本节课的教学力求挖掘一首诗歌背后的学生资源、课本资源，引导学生在声情并茂的诵读中爱上汉语的抑扬顿挫，在品味文字的情味中滋养精神的成长，在精妙的语言中引领学生体察生活的点滴，在表演中感悟风采，在40分钟的课堂上，让文字中的"文学""文化"回归课堂，滋养学生思维的发展、心灵的成长。

苏霍姆林斯基说"学校应当是一个积极思维的王国"，课堂是学生思维发展碰撞的殿堂，以文本为基调，奏响语文课堂上这场思维的交响乐，在思维的交锋中品味文字、体察人生，乃是课堂学习的真正妙趣所在。

主旨是灵魂　方法巧呈现
——作文突出中心教学设计及评析

北京市陈经纶中学嘉铭分校　安京利

一、教学背景

1. 课程标准要求

《义务教育语文课程标准》（2011年版）中对第四学段学生的阅读、写作能力提出了"欣赏文学作品，有自己的情感体验，初步领悟作品的内涵，从中获得对自然、社会、人生的有益启示""写记叙性文章，表达意图明确，内容具体充实"等要求。

基于以上要求，本节课我的教学设计主要是引导学生从阅读课外记叙文入手，分析并总结记叙文突出中心的方法，以此来培养学生在阅读记叙类文章时能准确地体会作者的思想情感、快速地把握住文章的中心主旨的能力，以及在写记叙文时，做到内容具体充实、能明确地表达自己意图的能力。

2. 学习任务分析

"记叙类文章如何突出中心"是部编语文教材七年级上册第五单元的写作任务。按照学期初制定的教学进度，这个教学任务基本上是要在11月份进行落实的。经过小学6年的学习，学生对记叙文文体特征有了一定的了解，但是要说起在阅读一篇记叙文时，如何能做到迅速地找出中心、把握住文章的主旨，在写一篇记叙文时如何能做到内容具体充实、明确地表达自己的意图，这对于刚刚升入七年级只有3个月的孩子来说确实还是有一定的困难的。针对这一点，我做了本课的教学设计，目的就是让学生在阅读和写作记叙文时能准确地把控好文章的主旨。

3. 具体学情分析

本节课的教学对象是七年级学生，他们正处在睁开眼睛看世界的年龄，对外界事物充满了好奇心。正因为他们的年龄特点，所以他们对有着丰富的故事情节的记叙类作品有着浓厚的兴趣。也正因他们的年龄小，生活阅历有限，很多孩子在阅读和写作记叙类作品时还只停留在简单的、浅显的感性认识中，很少有对生活深入的、理性的思考。所以他们在记叙文阅读中往往只侧重关注故事情节，难以准确把握作者的创作意图，真正领略文学作品的内涵；在记叙文写作中也多是记流水账，没有明确的主旨，不能很好地表达出自己的创作意图。针对这一点，我特意做了本课的教学设计，目的就是让学生从别人的优秀作品里总结出记叙类文章表现主旨的方法，然后更好地应用到自己的阅读与写作中。

二、**教学目标**

（一）教学目标

1. 阅读两篇课外记叙文，归纳概括文章中心，并分析总结出记叙类作品突出中心的方法。

2. 通过赏析同学的习作，培养学生在阅读记叙类文章时，能熟练地使用前面总结出的记叙类作品突出中心的方法，快速地把握住文章主旨的能力。

3. 通过小组合作互相批改作文，培养学生在写记叙文时能熟练地使用前面总结出的记叙类作品突出中心的方法，做到内容具体充实，明确地表达自己的意图的能力。

（二）教学重难点及教学策略

教学重点：

1. 阅读两篇课外记叙文，总结出记叙文突出中心的方法。

2. 利用总结出的记叙类文章突出文章中心的方法，赏析同班同学的习作《没网的一天》，快速准确地找出作品的主旨；然后通过小组合作学习交流，相互批阅习作是否使用上述方法，做到内容具体充实，明确地表达出自己的创作意图；如果没有，小组内相互提出改进意见，每个同学自己修改作文。

教学难点：

学以致用。每个同学，根据小组成员给自己提出的习作改进意见，使用前面总结出的记叙类文章突出文章中心的方法，当堂修改作文。

教学策略分析：

挑选优秀的记叙类作品，让学生用阅读法、圈点勾画法、归纳总结法找出记叙类文章突出中心的方法，然后以此方法赏析同学的习作，以便达到让学生熟练使用此方法快速准确找出文章主旨的目的。最后以自检法、小组合作相互批改作文的方法，把前面学到的记叙类文章突出中心的方法应用到自己的阅读、写作中。

三、教学过程

教学环节和教学活动	
环节一：读文　找方法	阅读并找出文章中心，总结文章突出中心方法
环节二：赏文　验方法	利用记叙文突出中心的方法，赏析同学习作
环节三：改文　用方法	互批习作并提出修改建议，形成自改能力

主要教学过程			
教学环节	教师为主的活动	学生为主的活动	设计意图
导入	引导学生根据自己的阅读经验，结合读过的文章总结什么是记叙文的中心，并谈谈其作用	同学们，一篇文章的中心就好像是一个人的灵魂，如果没有了灵魂，文章就会变得没有生气，今天我们一起在阅读中行走，寻找突出中心的写作的方法，请大家完成下面的学习任务	引导学生明确文章的中心及作用
环节一：读文找方法	出示两篇记叙文《昂起头真美》《高贵的生命不卑微》，引导学生找出文章的中心并总结出文章突出中心的方法	活动1：请大家快速阅读两篇记叙文《抬起头来真美》和《高贵的生命不卑微》，分别完成下面的学习任务 例文一 根据文章内容，选择一个恰当的词语补充在题目的（　　）里，并结合文章内容说说你选词的理由 明确：（附例文及圈画出的作为填词依据的内容）括号填"昂起头"或"自信"。因为这段文字从情节上（圈画内容）可以看出女孩是因为抬起头来表现出自信时才美的，而不是装饰物所起的作用，因为她的头花在出商店时就已经被碰掉了，只是自己还没有发现罢了。而题目恰巧起到了点明中心的作用，文章详写的部分也很好地呼应了题目 例文二 阅读《高贵的生命不卑微》，用横线在文中画出体现文章中心的词句，用方框圈画出点明中心的词句，然后用自己的话概括这篇文章的中心	引导学生从优秀的作品中总结出记叙文突出文章中心的方法

教学环节	教师为主的活动	学生为主的活动	设计意图
		明确：（附例文及圈画的内容）文章详细写了乔丹三次如何通过自己的努力让一件普通的衣服变得高出了它原本的价值（文中画横线的句子）。乔丹父亲的跟乔丹所说的话的意思(文中画方框的句子)，也是本文作者在文章里想要表达的意图（本文的中心）：不管一个人身份多么卑微，都可以通过自己的努力，让自己的生命高贵起来 活动2：同学们，阅读了两篇记叙文，你发现了记叙类文章常用表现中心的方法了吗？请你进行概括 （1）题目点明中心 （2）重点语句揭示中心 （特别要关注记叙文中的议论、抒情句） （3）详写的内容突出中心	
环节二： 赏文 验方法	指导学生利用刚刚总结的记叙文突出中心的方法阅读同学的习作，迅速而准确地找出文章的中心	活动：阅读下面的一篇习作，这篇习作的题目是《没网的一天》，运用文章中心突出的方法，在文中画出体现文章中心的语句并归纳概括出文章的中心。然后在班上跟文章的作者交流，看看自己用总结的方法找到的中心和作者的创作意图是否一致 明确：（附学生习作及相应的画横线、画方框的内容）这些画横线的内容都起到了突出文章中心的作用，而画方框的词句都起到了点明文章中心的作用	引导学生在阅读中使用总结的方法迅速而准确地找出文章的中心
环节三： 改文 用方法	指导学生在小组内相互批阅彼此的习作，就习作中是否使用了上述方法突出文章中心提出自己的意见或建议	活动1：请你们运用突出文章中心的方法，在小组内相互批阅同伴的习作，把对方习作中表现文章中心的文字圈画出来，然后就"习作中是否恰当地使用了突出文章中心的方法"提出修改建议，并与作者进行交流 活动2：请你结合同学的评语，运用学到的突出文章中心的写作方法自行修改作文	引导学生把学到的突出文章中心的方法应用到自己日常的写作中

续表

教学环节	教师为主的活动	学生为主的活动	设计意图
		评价标准： 1. 能够正确使用突出中心的写作方法 2. 能够恰到好处地修改自己的作文	
作业布置	阅读文章满分作文《没网的一天》，用评语写出获得满分的理由		

四、自我评析

这是一节以读带写，读写结合的语文课。下面我从以下三个角度来评析本课的教学设计。

1. 注重方法指导

在记叙文阅读教学中，最难的恐怕就是教学生快速读懂文章的意思，体会作者的思想情感，准确地把握文章的内涵；而如何在自己的记叙文写作中明确地表达自己的意图，突出文章的中心也是写作教学中的一个难点。本次教学设计，就起到了一箭双雕的作用。它就是要让学生通过阅读两篇记叙文，从别人的作品中总结出突出文章中心的方法，并把这个方法应用到自己的阅读和写作里。真正做到了以读带写，读写不分家。

2. 关注学生主体

本次教学设计很好地体现了在教学中"教师是主导，学生才是主体，老师的教是为了学生更好地学"的理念。

首先，教师在教学设计中注意引导学生自己从优秀的作品里总结好的方法并应用到自己的阅读写作中。

其次，老师让学生使用自己刚刚总结的方法赏析同学的习作，这样既验证了前面总结的方法的实效性，又提高了学生迅速找准文章中心的阅读能力。同时还在班里树立了写作的榜样，因为同班同学的习作会让学生有一定的亲近感，这样学生们就不会觉得写好文章遥不可及、高不可攀了。

再有就是小组合作学习过程中学生互批互改习作，这样提高了学生在阅读中使用学到的方法快速而准确地找出文章中心、在写作中做到内容具体充实明确地表达自己的创作意图的意识。而且在小组合作学习时，孩子之间的交流更畅通，因为他们交流的语言更符合他们的心理特征，相比老师课上的满堂灌的讲授，他们接受起来也就更容易。

3. 落实立德树人

本次教学设计，老师从课外选了两篇记叙文《昂起头来真美》《高贵的生命不卑微》让学生阅读。两篇文章都涉及自信的话题，并且告诉学生们一个道理，就是每个人通过努力，都可以让自己的生命变得更美、更有价值。

另外选用的班上同学的习作作为阅读练习选文，也是考虑到目前电子产品和网络困扰大家的生活，越来越多的人成了电子产品和网络的牺牲品，很多人已经无暇顾及我们生活中真正的美好。而学生的习作里，作者正好就写了自己没有网络的一天的经历，突然意识到"世界太快，有时候需要我们慢下来欣赏风景"的道理。以上三篇选文都在心理和思想上给即将步入青春期的初一学生一个正面的引导，有助于他们形成正确的人生观。老师的这个教学设计在教学生阅读写作方法的时候，也教给了他们积极面对自己的生命和生活的态度。在知识教学中同时潜移默化地起到了立德树人的作用。

《走一步，再走一步》
——读写教学设计及评析

北京市陈经纶中学嘉铭分校　张　旭

一、教学背景

1. 课程标准要求

《义务教育语文课程标准》（2011年版）中明确指出：要重视听说读写的结合，加强语文学习与生活实际应用的联系。要积累课文中的优美词语、精彩句段，以及在课外阅读和生活中获得的语言材料。尝试在习作中运用自己平时积累的语言材料，特别是有新鲜感的词句。这些都是对学生阅读和写作能力提出的要求，但是当前许多学生阅读能力不强，写作能力更差，就更别提读写结合了，那么分析和探究其原因，并试图找出解决问题的措施，显然有着重要的意义。

2. 学习任务分析

《走一步，再走一步》是部编本七年级上册第四单元中的一篇，这一单元人文主题为"人生之舟"，课文都是关于人生的，体裁丰富，形式多样，强调了人生意义和人生价值。而本篇课文是对人生经验的总结和回顾。讲述此类文章时，要试图引导学生初步思考人生，学会规划人生，珍爱生命。《走一步，再走一步》是美国作家莫顿·亨特的一篇小说，写了作者童年时克服恐惧、收获自信的一段回忆。故事从生活中的一则插曲引申出深刻的人生哲理，深沉而令人信服。这种课文贴近学生生活，学生感觉亲切，也有益于读写结合。圈点勾画是本单元默读的训练点，教师要引导学生借鉴古人读书的方式，圈出课文中的精彩语句、关键语句，勾画出重点词句，从而学习文中的写作方法，总结特点，得出对人物心理的描绘方法，借此尝试写作。

3. 具体学情分析

本节课教学对象是七年级（6）班学生，他们的特点是比较认真但能力不强，思维活跃但总是说不到点子上，平时上课投入不够，主动思考的不多，而且他们的写作总是平淡无奇，语言色彩单调。因此我在方法指导上采用了图文兼顾的方式，激趣的同时强化知识点，以求达到更好的效果，让他们从阅读中学会描写方法，然后当堂应用于作文修改，从而达到提升他们写作的表现力和感染力。

二、**教学目标**

（一）教学目标

1. 有感情朗读全文，在感知课文内容的基础上学习人物描写的方法。

2. 学习动作、心理和环境描写方法，探究这些方法在文章情感表达上的作用。

3. 掌握动作和心理描写以及环境描写的方法，利用这些方法对文章进行评改。

（二）教学重难点及教学策略

教学重点：利用圈点勾画的方法，掌握动作和心理描写以及环境描写的方法，并总结、利用这些方法尝试修改或创作作文片段。

教学难点：学习动作、心理和环境描写方法，探究这些方法在文章情感表达上的作用。

教学策略：学生个人先结合文本进行圈点勾画，进而以小组合作的方式进行研讨。教师进行适度点拨与指导，总结方法并得出结论。对于习作的评改，教师先补充有关写作知识，然后通过下水文的方式引导学生思考，促进学生抓住特征对人物进行心理描摹，最后教师组织小组之间的讲评活动，通过学生之间的互评互批，有效地提升学生的写作能力。

三、教学过程

教学环节和教学活动	
环节一：圈点勾画	圈画文中描摹性词句，感知文章写人方法
环节二：描绘蓝图	品读心理或情感词句，学习结构安排的方法
环节三：修改习作	教师引导修改习作，在实践中掌握评改方法

主要教学过程			
教学环节	教师为主的活动	学生为主的活动	设计意图
环节一：圈点勾画	引导学生在文章中画出所有心理描写、动作描写和环境描写的语句，并说说它们之间的关系。教师适当巡视指导，并提示学生，这些语句可以是动作描写、语言描写、心理描写或者环境描写等	活动1：请你在文章中画出所有心理描写、动作描写和环境描写的语句，并说说它们之间的关系 描写方法提示：动作描写、语言描写、外貌（神态）描写、心理描写，甚至环境描写 活动2：请你以小组合作的形式，参照示例的内容进行探讨交流。思考：作者采用这种描写方法写人，对人物特点和性格的刻画起到了什么作用 示例："我往下看，但是却感到阵阵晕眩；一股无名的力量好像正在逼迫我掉下去。"作者运用动作和心理描写方法，这种描写方法突出了人物的胆小和怯懦。	学习文中对人物心理的描摹方式，感受作者的行文结构。让学生在阅读学习中总结写作方法
环节二：描绘蓝图	教师指导学生在圈点勾画的基础上绘出示意图，并标注好心理变化趋势，以及关键转折点，等等 老师在学生回答的基础上在黑板上绘出示意图 老师根据学生的示意图，提示学生注意文章转折点即事件的波折，提示起承转合的方法，为下文的写作方法指导做铺垫	活动1：请你根据全文情节发展，就主人公的心理活动进行梳理，标注出每次心理变化时呈现出的不同动作或神态等外在表现，并画出一幅折线示意图。注意关键性的转折点和关键人物，最好标出环境描写的作用 评价标准： 1. 示意图体现心理变化 2. 体现事情发展经过 具体步骤： 第一步：学生以小组为单位进行探讨，丰富改善内容 第二步：学生代表发言，并在老师黑板上绘出的示意图基础上给自己的示意图润色	在圈点勾画的基础上更为明确地梳理了描摹人物心理的具体方法，为下一步的写作奠定基础

教学环节	教师为主的活动	学生为主的活动	设计意图
		第三步：在教师提示的基础上找到关键点——心理变化的同时要有各类描写作辅助；转折点即事件的波折，也是作文中最吸引人的地方，这是文章避免平淡的不二法门 活动2：作者从人物心理变化角度出发，设计故事情节的波折，启发我们写作文的时候，应该从心理活动入手设计文章情感主线。对此，作者在写作构思上使用的方法对你有什么启发？请用简洁的语言进行概括	
环节三：修改习作	教师出示近期学生几篇习作，指导学生用所学方法进行修改。教师补充下水文，从各个描写角度对人物心理进行描摹，引导学生学习方法	任务1：下列是几篇咱们同学最近写的小作文《百米比赛》《让座》《挖宝》，请你阅读文章，找到文章存在的不足，如：是否缺少能展现人物心理的具体描写，文章有没有起承转合等 任务2：请选择其中一篇进行具体修改，然后小组互评 要求： 1. 要使用上多种的描写方法对人物心理进行描绘 2. 修改后情节上要有起承转合，有转折点，注意情节上的跌宕起伏 具体步骤： 1. 阅读老师的范文，对比感受修改后的文章的不同之处 2. 学生按要求进行习作的修改 3. 小组互评、赏析，最后推荐出优秀文章在班内展示	练习以熟练掌握心理描写、动作描写和环境描写，为作文打基础 教师下水文，引导学生再次明确描摹人物心理的具体方法，结合自己圈点和绘图得出的方法修改习作。有助于学生的合作意识和竞争意识，也锻炼了学生的鉴赏能力
作业布置	1. 继续完善习作《百米比赛》的修改，体悟描摹人物的方式，特别是通过动作、神态等描写展现人物心理的具体方法 2. 选一篇习作《让座》或者《挖宝》进行描写方面的修改，巩固学习成果		

四、自我评析

语言文字是文化的载体，又是文化的重要组成部分，学习语言文字的过程，也是文化获得的过程。

语文学科核心素养要求学生通过主动的积累、梳理和整合，逐步掌握祖国语言文字特点及其运用规律，形成个体的言语体验，在本课教学内容中，教师充分利用课文中人物描摹的方法，特别是心理活动描写的外在体现上的具体方法指导，让学生在圈点勾画的基础上自己得出结论，从而形成个体的言语体验，并最终应用于习作的修改，且当堂反馈后再次指导修改，具有一定的实效性。在本课教学中，读写结合训练将读和写紧密联系起来，既是对阅读的反馈，又是写作能力的提升，学生在整个探究活动中能积累较为丰富的语言材料和言语活动经验，并且能在自己获得的语言材料之间建立起有机的联系。

《北京市中小学语文学科教学21条改进意见》中指出："要在初中阶段强化学生语文阅读和写作的基本能力。要重视听说读写的结合，加强语文学习与生活实际应用的联系。"这堂课的教学，学生通过阅读过程中教师对于的人物描摹方法指导，把读和写有机地结合在一起，获得了对语言和文学形象的直观体验，并在探究活动中运用联想和想象，丰富了自己对现实生活和文学形象的感受与理解，丰富了自己的经验与语言表达。

教师在整个教学过程中始终坚持：阅读的过程是吸收的过程，写作是倾吐的过程，阅读的过程是学生理解感悟文章的过程，写作是表达自己思想感情的过程，同时也是学生思维训练的过程。在第一环节教学中，学生动手操作，在课文中自行圈点勾画，形成自己的阅读体验，教师适当巡视的过程中，又给予相对专业的方法指导，接着学生以小组为单位进行合作式探究，有意识地提升思维发展。在环节二中，教师指导学生把抽象的情感体验化为具体的心理变化折线图，更为清晰地引导学生加深阅读体验，因为阅读和写作是互为逆反应的东西，阅读对学生写作有较大的促进作用，反过来写作又可以帮助学生更好地阅读。而课文就是学生写作最好的范例，学生通过教材找到写作的素材和范本。故阅读教学中要将读与写结合起来，在阅读中教给写作借鉴，在写作中促进阅读。在本课教学中，教师有意识地引导学生进行这方面的体验，在课文讲解的过程中注重与后续习作修改的联系，在第三环节习作修改的过程中又注重联系参考第一、第二环节中学生阅读体验中获取的经验，让课文成为学生写作的最好范例。从语言的发展提升了思维的发展。通过探究和发现语言现象和文学现象，形成自己对语言和文学的认识，提高语言运用的能力和思维的深刻性、灵活性、敏感性、独创性。

另外，语文活动是人形成审美体验、发现审美能力的重要途径。在语文学习中，学生是通过阅读鉴赏优秀作品、品味语言艺术而体验丰富情感、激发审美想象、感受思想魅力、领悟人生哲理的，并逐渐学会运用口头和书面语言表达美和创造美，形成自觉的审美意识和审美能力。在第三环节中，教师的下水文就为学生提供了一个相对较高的审美参考，学生在观摩过程中，联想前两个环节中获取的知识以及总结的方法，进而尝试修改学生习作。比如：教师下水文把学生习作中"我站在赛道上做好准备，活动活动手脚，抻抻筋、压压腕，最后摆好姿势等待开始"这句话的准备活动改为"我站在赛道上环视全场，此时此刻观众席上人声鼎沸，但对于我而言好像全世界都静止了一般，只有耳畔不停的嗡鸣声和止不住的眩晕感，我又把手心的汗往裤腿上蹭了蹭，心中不停地默念'镇定镇定'，心跳的速度刚刚要降下来，忽听到裁判员说了声'运动员准备'，沉下的心忽又提到了嗓子眼，慌乱之中我竟然蹲了下来，太丢人了，脸红得像火烧，我感觉周围发出了一阵阵的哄笑，我成了大家吐槽的对象，我感觉眼泪都要从眼眶滋出来了，但为了我仅剩的一点点尊严，我又故作镇定，顺势以蹲踞式做了预备动作"。这一修改大大地增加了一瞬间的心理活动，通过环境、神态、动作等描写，把一个正在准备起跑的学生的心理展现得淋漓尽致。整个过程也是一个审美鉴赏与创造的过程。教师的下水文侧重点放在了与课文相同的心理感受外显性描写上，这点上学生在审美的过程中又再次加深了前一阶段语言构建和思维发展的进程，且效果显著。

总之，这堂课教师在课文《走一步，再走一步》的教学过程中，充分体现了读写结合这一方法指导，把课文看成是例子，作为例子，作为凭借，去训练学生的听说读写能力，全面增强学生语言构建能力，提高思维发展，积累阅读体验，培养审美能力，让学生在阅读感受中总结规律，学会写作。其次，教师在引导学生修改习作过程中，正确把握学生的感情倾向和价值取向，引导积极正面地修改创作内容。另外，教师的下水文，不仅从学生视角提供了写作样例，还在文章感情基调上做了正面引导，有助于提升学生对习作思想内容的把控。这种读写教学方法值得借鉴。